碳排放权交易规则及合同争议解决

黄瑞　高原　马赛　刘文鹏　周丞　丁建勇／著

法律出版社 | LAW PRESS

北仲争议解决新探索文库总序

北京仲裁委员会/北京国际仲裁中心(以下简称北仲)是首批依据《中华人民共和国仲裁法》重新组建的仲裁机构之一。成立二十余年来,北仲始终坚持"公正、独立、专业、高效、卓越"的价值目标,坚持专业化、国际化的发展方向,已经逐渐成为了国内领先并在国际上有一定影响力的多元争议解决中心,成为践行仲裁法精神、锐意改革创新的一面旗帜。

北仲一直致力于打造多元争议解决研究中心,不断推动知识的固化与实践经验的总结推广,助力行业前沿探索,形成体系化的研究布局。自成立伊始,北仲就编辑《北京仲裁》(前身为《北京仲裁通讯》),搭建多元化争议解决理论研究和实务经验交流的平台。从2013年起,北仲每年组织专家编写中英文同时出版的《中国商事争议解决年度观察》,对具体实体领域的上一年的争议解决进行综述,介绍新颁布的法律法规,深入分析典型案例,探究行业热点问题,展望行业发展方向,为中外专业人士研究中国争议解决发展提供详实的资料,并基于此在欧洲、亚洲、北美等地举行发布会。"中国仲裁文库"通过精选北仲经典案例,并邀请业内专家进行评析,为读者提供原汁原味的裁决书,是业界了解、研究中国仲裁的重要窗口。"北仲争议解决新视野译丛"则着力于引进国际优秀而富有影响力的作品,为国内从业者提供了解国际行业发展的动态,以期借"它山之石"攻自家之"玉"。此外,北仲还设立了科研基金项目,每年选取一些在业内引起反响且具有实践指导意义的问题给予一定的资助，推动业界形成研究合力。

作为北仲研究体系中的一个重要组成部分，“北仲文库”设立于2013年，全称为“北仲争议解决新探索文库”，旨在全面分享作者学术思想观点，系统展示多元化争议解决领域的学术成果。自设立以来，“北仲文库”始终以促进争议解决行业理论研究为目标，积极鼓励和支持在多元化争议解决领域有原创性、探索性、实践性研究学术成果的研究者，力求通过资金资助、平台宣传支持等多种手段，促成具有理论和实务应用价值并与多元化争议解决主题相关著作的出版发行。

我们期待业内同仁和社会各界朋友关注“北仲文库”，为“北仲文库”提供更多有思想、有创新、能够体现行业引领者对于行业发展探索的作品，也欢迎对“北仲文库”的遴选和编辑出版提出富有见地的意见和建议。北仲会继续努力，秉承北仲一以贯之的进取和务实之精神，将“北仲文库”打造成多元化争议解决研究领域的品牌项目。

是为序。

北仲争议解决新探索文库编委会

2020年2月28日

序

2016年,我在北京仲裁委员会(以下简称北仲)审理一件关于国家核证自愿减排量购买权交易合同争议仲裁案时,注意到“碳交易领域”和“法律界”存在较为隔膜的现象。联想到数年前在北仲审理另两件关于清洁能源机制委托开发合同争议仲裁案时,也曾观察到类似情况,我萌生了开展相关研究以联接这两个貌似交集不大领域的兴趣。

幸运的是,2017年,我作为牵头人以此想法为基础申报的“碳排放权交易规则及合同争议解决研究”课题,入选北仲为期两年的重点科研项目。我们项目组的构成充分匹配了课题“搭桥式”“跨领域”研究的目标和特色——北京环境交易所的时任副总裁周丞先生和高级经理高原女士,不仅具有对碳排放深入思考、广博的国际视野及丰富的交易实操经验,他们自身的法律专业教育背景和在政府机构及交易所的工作背景,更增添其复合型研究特点的说服力;而北仲的副秘书长丁建勇先生及其带领的法律顾问刘文鹏先生和马赛女士,对法律及合同争议解决则具有卓越的、一以贯之的精深专注。我们团队集合了领域中两个如此出色的行家里手,大家在研究中展示了极致的专业合作精神,使得课题顺利结题并于2019年获评“北仲科研基金优秀项目”。

在课题研究的过程中,项目组阅读梳理了大量法律法规、交易规则、项目合同、争议案例以及专著和文章,在体会研究艰辛之际,也意识到因在先研究较少涉及沟通融合两个领域的视角，如果此课题研究能成书出版，则可以更广泛地分享研究成果。于是，我们进一步申请并有幸获得“北仲文库”项目的出版支持。

沟通产生价值，对于新型业务尤其如此。

碳排放权交易无疑是新型业务。对于正在或拟从事碳领域工作的读者，希望本书可以在三个方面有帮助：一是较完整了解现有的碳排放权的交易规则；二是知晓碳排放权交易合同的类别和特点；三是结合法律案例理解碳排放权本身的政策性特点及其法律风险防范，特别是如何选择合同争议解决方式以及法律案件的应对和处理。当然，如果读者还能够在阅读中，思考碳排放权交易的发展未来，以及相关法律规则和行业政策的供给、选择及约束边界，则是我们更加欣慰并期待的。

碳排放权交易合同争议解决的方式——仲裁或诉讼，既体现项目非诉法律咨询的质量，更需要律师和法律顾问提供案件代理服务。对于具有法律背景的读者，希望本书可以帮助其快速理解碳排放权的概念、交易标的的产生、碳交易法规框架、规则和流程、交易合同的类别和特征，及已发生的案件类别和争议内容。如果读者通过阅读，能够初步构建碳排放权交易相关知识图景，因而提高与碳客户的沟通效率或节省研究成本，则是我们不胜欣喜的。

本书的篇幅不大甚至可以说是浓缩型。但是，我为项目组的成果感到自豪，因为在如此特别的视角下，大家克服了诸多困难和挑战，基本完成预定研究目标，而其中的若干研究和初步成果还具有一定的开创性。本书的特点是，以法律界理解的方式整理重述碳排放权交易和法律体系及规则，以碳领域理解的方式总结解读合同争议解决方式及案件处理。

本书不是将碳交易领域及法律界的既有研究成果进行拼接。事实上，随着研究的推进，我们才意识到这个独特视角所带来的集成研究难度。法律界的相关系统研究几乎空白；碳领域的诸多著述多着眼于碳市场、碳政策及碳业务本身。这从另一个角度支持了我们对选题价值的认识，也更加坚定了我们出版分享的信心。

能够顺利完成本书的研究和出版，首先要感谢北仲秘书长林志炜先生，他的独到远见和热情鼓励给了我们克服困难和挑战的极大信心。在申办课题研究和文库项目过程中，北仲课题项目负责人王瑞华女士、林晨曦先生承担了大量的工作，值得我们诚挚的感谢。在课题调研过程中，华能资本服务有限公司副总法律顾问兼风控部经理宋红梅女士给予了热忱帮助，华能碳资产经营有限公司总法律顾问钟青先生及其同事杨以楼先生、董淑荣先生与我们进行了专业而深入的研讨，我们对他们表达诚挚的感谢，也希望特别说明他们所介绍的公司先进管理经验令人印象深刻，他们关于碳政策的深入思考给了我们很多共鸣和启发。当然，在本书历经“新冠疫情”得以付梓之际，我们特别的感谢应送给法律出版社的赵明霞老师，本书也是她带领出版社的同事辛勤而无畏工作的成果。最后，感谢本书的每一位共同作者及其家人，感谢大家付出的宝贵时间和智慧。

由于能力、资料、时间所限，尽管我们在研究、写作的过程中尽了最大努力，但不足之处仍在所难免，望广大读者批评指正。

黄　瑞

2020年4月26日于北京

目　录

第一章

碳排放权交易背景及相关基本概念

一、科斯定理与碳排放权交易机制

（一）科斯定理

碳排放权交易的理论基础源于科斯定理，其目的之一即讨论如何解决外部性问题。1960 年，诺贝尔经济学奖获得者罗纳德·哈里·科斯（Ronald Harry Coase）教授发表了一篇题为《社会成本问题》（"The Problem of Social Cost"）的文章，对通过征税的方式来矫正负外部性的"庇古传统"提出质疑，并提出了一种新的理论，即产权理论。[①] 科斯认为，产权的经济功能在于克服外部性，降低总体社会成本，从而在制度上保证资源的有效配置。

根据科斯的产权理论，明晰产权对减少交易成本具有决定性作用。只要产权界定清晰，人们就可以有效地选择最有利的交易方式，使交易成本最小化，通过交易来解决各种问题，从而使外部性因素内部化，实现资源最优配置。

例如，一家化工厂在生产过程中向周边排放废水废气，造成大气和水污

① ［英］罗纳德·哈里·科斯：《社会成本问题》，载《法律与经济学杂志》1960 年 10 月（第三卷）。

染,进而导致附近居民生病的概率上升,这就是化工厂对周边居民产生的外部性。化工厂排放废水废气是一种权利,附近居民阻止废水废气的排放也是一种权利。如果把权利界定给化工厂,认为其有权排放废水废气,附近居民可以为化工厂提供经济补偿,要求其通过减产或改进生产技艺从而减少排放;如果把权利界定给居民,居民有权阻止化工厂生产,化工厂可以通过向居民提供经济补偿使居民允许其生产,也可以减产或改进技艺减少排放减低损害。不管将权利界定给谁,只要在初始阶段把权利界定清楚,允许他们之间讨价还价,就能够达到控制污染的目的。

科斯定理认为,除了制定界定和保障产权的法律框架,政府其他的干预是不必要的。这一原理在碳排放权交易的引入和实践中得到了充分的体现。

(二)总量控制与交易

为应对全球气候变化,通过各种政策工具减缓温室气体排放是国际社会的共识,而成本有效性(Cost - effectiveness)是世界各国在选择政策工具的一个关键标准。常规的促进减排的政策工具主要有三大类,一是所谓"命令与控制"(Command - and - Control)的强制性政策,如强制性的排放标准,再如我国常用的淘汰落后产能等。二是基于市场的政策,如碳税和碳交易,这类政策主要是通过价格机制来影响市场行为。其优势是较为灵活,社会成本较低;不足的是其治理效果依赖于制度设计是否合理,市场机制是否健全。三是引导性的政策,如引导性的政策标准(如绿色建筑标准)、自愿环境协议等。三类政策的实施效果由强到弱,社会成本也由大到小。

碳交易实质上是二氧化碳排放权的总量控制与交易(Cap - and - Trade),是指政府在确定碳排放总量目标并对排放配额进行初始分配后、企业之间(或国家之间)以碳排放配额为标的进行的交易。管理当局首先根据科学研究结果确定碳排放的总量,再把具体的排放配额分发给企业,由企业根据各自的边际减排成本决定买入或卖出排放权,在市场出清时,总的排放将处于边际减排成本和边际社会损害相等的水平上。作为以市场化手段解决环境问题的政策,可以在全社会范围内以成本有效性最优的方式予以实施。

二、碳排放权交易基本原理与实施步骤

(一)设定排放总量

设定碳排放权交易体系的排放总量,是指政府限定特定管辖区在一段指定时间内可供发放的配额总量,从而限定碳市场受监管实体产生的排放总量。设定排放总量是碳排放权交易体系中最重要的政策决定之一,需要在环境目标与经济成本之间求取平衡。理论上,总量应设定在减排边际成本和减排边际收益均衡处;实际上,碳排放总量通常以一个国家设定的(国内或国际)减排目标为导向,并考虑到减排方面的责任。在所有其他要素不变的条件下,排放总量设定的越低,碳价越高,受监管实体减排动力也越大。然而,其他设计要素(如许可的抵消额度、碳市场链接和不同的成本控制机制)与排放总量进行互动,从而决定排放总量的限制和由此产生的碳价。在实践中,总量设定是一项旨在谋求平衡的行为,借此在更广泛的政策框架内产生减排的相对价值、成本限制、可信度及公正性。

设定总量需要评估当地的历史排放水平、其预计的未来排放量(这取决于排放强度的预期改善程度和经济增长与发展速度的预期水平)以及减排机会和成本。它应反映决策者对于其他现有政策或已规划政策对碳交易体系成果之影响的考量,符合当地的总体减排目标。设定排放总量时,决策者需在减排目标和体系成本之间权衡,根据总的目标水平调整碳市场总量水平,并在碳市场覆盖行业与非覆盖行业之间分配减排责任。

在构建排放交易体系初期,排放总量可能会设定得较为宽松;随着市场成熟且数据更加可靠,可以逐步收紧排放配额。不过,为了更好地作出资源

利用规划,企业宁愿选择长期稳定的政策信号。因此,需要保证排放限额在未来几年内都能够有利于碳市场的稳定。同时需要注意的是,限额松紧与否往往与经济形势联系在一起,如在经济低迷时期,由于经济活动减弱,对应的排放也将减少,从而让配额显得富余。

(二)确定覆盖范围

碳排放权交易体系的覆盖范围是指受监管主体必须上缴配额的地理区域、行业、排放源和温室气体类型。碳排放权交易体系覆盖范围旨在界定政策界限,因此,覆盖范围对受监管实体的数量、被控排的排放量占总排放份额,以及被覆盖与未被覆盖行业之间,为实现整个经济体范围内减排目标而进行的任务分担等,均存在潜在影响。以下各要素与确定排放交易体系覆盖范围相关:

1. 涵盖的气体

大多数碳排放权交易体系会主要关注化石燃料燃烧排放的二氧化碳排放控制,因为此类排放源有限、容易测算,且在大多数国家中二氧化碳是主要的温室气体排放源。若要获取准确的燃料用量数据与排放因子,计算与能源相关的二氧化碳排放量通常较为简单、直观。例如,根据我国区域碳交易试点公布的资料,这些试点都只包括二氧化碳。排放交易体系亦可涵盖其他温室气体,如化学工业某些生产工艺造成的氧化亚氮排放量,以及铝制品生产造成的全氟化碳(PFC)排放量等,这些工业过程的温室气体排放因子较易获得。例如,欧盟碳排放权交易体系(European Union Emissions Trading Scheme,EU ETS)在第三阶段就包括氧化亚氮(N_2O)和全氟化碳(PFCs)两种温室气体。

2. 覆盖的行业

确定碳排放权交易体系覆盖的行业时,需权衡若干因素:第一,分析某特定行业的减排潜力与企业的减排成本。若参与排放交易的企业的减排成本有差异,则更易实施排放交易;否则,不存在交易的动力。排放交易的参与方数量越少，个体对市场的控制力越大，市场运行越容易受到个体的操纵。第二，了解该行业对交易机制的熟悉程度。第三，分析该行业的监测、报告与核查的可行性。如需确定总量限制，需取得大量排放和减排潜力数据，以及各个排放设施的信息。

3. 纳入交易体系的排放源规模

监管机构决定覆盖的行业之后，下一步必须决定这些行业中多大规模的排放设施应当纳入交易体系中。将每一个排放源都纳入排放交易体系，会给管理造成过大的负担，并且交易成本非常高；但是，如果只包括规模最大的排放设施，导致被纳入的排放源数量过少，则会减少市场流动性。对于未被纳入交易体系的排放源，排放交易体系仍需施予一定的监控，以便监管机构核查此类排放者的排放量是否达到了能够被纳入交易体系的要求。由于各利益集团均会积极游说各方选择能够满足其需求的设计，因此，确定覆盖的行业和排放规模是一个多方博弈的决策过程。根据国内外的经验来看，最现实也最具前景的方式是从核心行业着手（此类行业的规模必须大到足以支撑排放交易顺利开展），然后随着时间的推移逐步扩大管制行业范围，力求在减排目标与减排成本之间谋取动态平衡。

4. 我国试点省市的覆盖范围

目前，我国碳排放权交易在北京、天津、上海、重庆、湖北、广东、深圳七试点省市试点（以下简称七试点）。七试点的经济结构和能源消费总量差别很大，各自的配额总量和覆盖范围也大为不同。广东和湖北的总量超过3 亿吨，天津、上海、重庆总量介于 1 亿 ~2 亿吨，而北京和深圳的配额总量只有几千万吨。从覆盖行业来看，除了电力等重点排放行业之外，北京还纳入了交通及大量服务业，上海纳入了航空和港口，深圳纳入了大型公建。七省市的管制门槛差别很大，最低的为深圳工业企业 3000 吨碳，最高的为湖北企业 6 万吨标煤。我国七试点碳排放权交易总量及覆盖范围情况详见表 1.1。

表 1.1　国内七试点碳排放权交易系统(ETS)总量及覆盖范围①

	北京	天津	上海	重庆	湖北	广东	深圳
总量	约 0.5 亿吨,40%	约 1.6 亿吨,50% ~ 60%	约 1.5 亿吨,40%	约 1.3 亿吨,40%	约 2.81 亿吨,44%	约 4.2 亿吨,50%	约 0.3 亿吨,40%
行业企业	电力、热力、水泥、石化、交通、其他工业、服务业企业(2016 年新增 430 家,包括 26 家内蒙古企业,目前共约 950 家企业/单位)	钢铁、化工、电力热力、石化、油气开采五大重点排放行业,114 家企业	钢铁、建材、有色、电力、石化及航空、港口、机场、铁路等非工业企业,210 家企业	电力、冶金、化工、建材等多个行业,254 家企业	电力、钢铁、水泥、化工等 12 个行业,207 家企业	电力、钢铁、石化和水泥,242 家企业(2013 年);电力、钢铁、石化和水泥,244 家企业(2016 年)	能源生产、加工行业和工业制造等 26 个行业 + 大型公建,635 家 + 200 栋
门槛	控排单位 5000(含)吨碳(2009—2012 年)	2 万吨碳(2009 年以来)	工业 2 万吨碳,非工业 1 万吨碳(2010—2011 年)	2 万吨碳(2008—2012 年)	6 万吨标煤(2010—2011 年)	2 万吨碳(2011—2012 年)	工业 3000 吨碳,政府机关及大型公建 1 万平方米

5. 欧盟的覆盖范围

从欧盟经验来看,EU ETS 分 2005—2007 年、2008—2012 年、2013—2020 年三个阶段实施,各阶段的控排范围略有不同:

第一阶段(2005—2007 年),是“边做边学”阶段,主要是积累技术和经验,奠定后续发展的基础。该阶段控排主体来自能源行业、石油冶炼行业、

① 本书表格如未有特殊说明,则表内数据信息来源均为各试点发改委、交易所网站,最后访问日期:2019 年 8 月 30 日。

钢铁行业、水泥行业以及造纸行业等，涉及约 11，500 家企业，年覆盖二氧化碳总量占欧盟排放总量的一半左右。主要控制六种温室气体中的二氧化碳排放，在这一阶段要完成《（联合国气候变化框架公约）京都议定书》（以下简称《京都议定书》）中所承诺减排目标的 45%。

第二阶段（2008—2012 年），是全面减排阶段。除二氧化碳以外的其他温室气体在这一阶段被逐步纳入减排体系中来，同时这一阶段有更多的企业被要求控制温室气体的排放，国际航空业在 2012 年被要求纳入EU ETS，但随后因国际社会强烈反对而暂时搁置。

第三阶段（2013—2020 年），要求更为严格，到 2020 年温室气体排放相较于 1990 年水平需减少 20%，到 2030 年比 1990 年水平需减少 40%。2013 年新增覆盖国家冰岛、挪威和列支敦士登，2014 年新增克罗地亚。新增覆盖的行业——航空业、化工和电解铝，新增温室气体的种类——N_2O 和 PFCs。①

（三）分配排放配额

由于分配涉及大量资源，配额分配决策可能成为备受利益相关方关注和讨论的争议性焦点议题。政府分配碳排放权配额的方式有多种，可通过免费分配和拍卖二者相结合或以配额奖励碳清除等方式分配配额。

1. 免费分配方法

免费分配有不同的方法，可以根据配额分配，是基于受监管实体的历史排放水平还是基于特定行业的基准线，可加以选择。也就是通常所说的免费配额分配“祖父原则”（Grandfathering）和“标杆法则”（Benchmarking）：

（1）“祖父原则”。“祖父原则”相对简单，根据受监管排放源历史上特定时期的排放量，确定现阶段的碳排放配额。其弊端是不考虑能效，有“奖励”排放大户的负面效果——历史排放较高的企业可以其较高的排放量为

① EU ETS 详细介绍，可参见欧盟委员会网站：https://ec.europa.eu/clima/policies/ets_en，最后访问日期：2019 年 12 月 30 日。

基础，获得更多配额；同时，还有“鞭打快牛”的嫌疑——在实施碳排放交易之前已经采取减排行动的受监管主体，反而会由于采取了前期的减排行动缩减了排放量计算基础，而获得较少的免费配额。

(2)“标杆法则”。“标杆法则”技术上实施的难度较高，它需要定义受监管行业内每单位产出的二氧化碳排放量，并由此设定标准作为后续配额分配的基准。采用“标杆法则”有助于平等对待具有可比性的设施，鼓励受监管排放主体努力提升其排放绩效。其难点在于为排放体系中的所有工业部门的所有异质产品设定标杆，还需要选定既切实可行又能满足控排要求的标杆。

2. 我国试点省市的分配方法

目前，我国碳排放权交易七试点的配额分配方式大同小异，均采用无偿分配和有偿分配相结合的方法。无偿分配部分，除上海一次性发放3年外，其他省市均为逐年发放。就具体分配方法：北京、天津、上海、广东采用历史法和基准线法，湖北采用历史法和标杆法，[①]重庆采用竞争博弈法，深圳制造业采用竞争博弈法、建筑业则采用排放标准法。有偿分配部分，在大多数试点省市往往作为补充分配方式用于价格调节。具体情况详见表1.2。

表1.2　国内七试点碳排放权交易系统(ETS)配额分配

	北京	天津	上海	重庆	湖北	广东	深圳
无偿分配	逐年分配	逐年分配	一次分配三年	逐年分配	逐年分配	逐年分配	逐年分配
方法	历史法和基准线法	历史法和基准线法	历史法和基准线法	总量控制与竞争博弈结合	历史法和标杆法	历史法和基准线法	制造：竞争博弈；建筑：排放标准

① 七试点分配方法中的历史法，本质上与国际上的“祖父原则”一致；基准线法或标杆法，本质上与国际上的“标杆法则”一致。

续表

	北京	天津	上海	重庆	湖北	广东	深圳
有偿分配	预留年度配额总量的 5% 用于定期拍卖和临时拍卖	市场价格出现较大波动时	适时推行拍卖等有偿方式，履约期曾拍卖	暂无	预留 30% 配额拍卖，开市前曾拍卖	企业配额的 3% 有偿获得，每季度组织 1 次配额竞价发放	年度配额总量的 3% 用于拍卖，履约期曾拍卖

3. 欧盟的分配方法

由于欧盟成员国间的经济发展水平、体制制度、能源利用效率并不相同，为了兼顾其碳排放权交易体系下覆盖的各主权国家的不同利益，欧盟在碳排放权交易的配额分配机制设计上独具特色，采用分权化的治理模式，即国家分配计划（National Allocation Plans，NAPs）。在该模式内，欧盟成员国具有很大的自主决策权，可根据自身特色在《欧盟排放交易指令》的标准内决定其温室气体排放总量，并相应地分配给本国企业一定量的配额。最后，每个成员国会将自己的分配方案呈送给欧盟委员会进行审核，并在排放权的中央登记系统备案。为了确保对排放配额的发放、拥有、转让和取消进行精确计量，指令要求各成员国建立和拥有注册系统。

第一阶段，欧盟配额分配以免费发放为主。2009 年 4 月 23 日，欧洲议会通过了新修订的《欧盟排放交易指令》，对温室气体排放交易机制进行修改，以拍卖作为配额初始分配的主要方式。而后，基于前两个阶段运行暴露出来的问题，在第三阶段，欧盟委员会取消了国家分配计划，由欧盟委员会负责控制碳排放总量的设定；同时，进一步提升了碳配额的拍卖比例，57% 的碳配额通过拍卖方式发放。具体到各行业来看，航空公司的排放配额大部分仍然是免费获得；制造业所获得的配额中有 80% 是免费的，但免费配额的比例将逐年递减，到 2020 年将降至 30%；发电厂理论上不再获得任何免费配额，但为了促进电力行业现代化发展，部分成员国电厂仍可获得部分免费配额。①

为保障公平,欧盟委员会在碳排放权交易体系设计之初就考虑到对新增设施及显著扩建设施的配额分配问题,并且有计划地向符合条件的主体发放适量的配额。2016 年 7 月 15 日,欧盟委员会发布了第三阶段新增主体储备配额(New Entrants' Reserve, NER)的最新分配情况。其中,得到确认的新增固定设施有 203 个,2013—2016 年为其发放的储备配额约 1330 万吨,计划在 2017—2020 年继续发放的储备配额为 1220 万吨;得到确认的显著扩建设施有 289 个,2013—2016 年为其发放的储备配额约 4180 万吨,计划在 2017—2020 年继续发放的储备配额为 4190 万吨。以上在第三阶段计划发放的 1.09 亿吨配额,占欧盟 NER 初始预留的 4.8 亿吨配额的 23% 。②

EU ETS 的配额分配监督机制也非常有特色。2016 年 4 月 28 日,欧盟法院(Court of Justice of the European Union, CJEU)宣布判决,判定 EU ETS第三阶段免费配额的分配方法需要被修订,并由此判定欧盟委员会于 2013 年通过的配额分配决议无效。欧盟委员会在接下来的 10 个月时间里,必须按照 CJEU 的判决对其配额分配方法进行修正。③ 这一判决的发布,有力证明了欧盟碳排放权交易体系的配额分配,在立法机关、行政机关之外,还受到来自司法机关的监督,以进一步确保其合法性、公正性和严谨性。

---

① 数据来源:欧盟委员会网站:https://ec. europa. eu/clima/policies/ets/auctioning_en,最后访问日期:2017 年 8 月 20 日。

② 数据来源:欧盟委员会网站:https://ec. europa. eu/clima/news/articles/news_2016071501_en,"Allocation of allowances from the New Entrants' Reserve 2013 - 2020",最后访问日期:2017 年 8 月 20 日。

③ 参见欧盟法院网站:https://curia. europa. eu/jcms/upload/docs/application/pdf/2016 - 04/cp160047en. pdf,"The Court declares invalid the maximum annual amount of free allowances for greenhouse gas emissions determined by the Commission for the period of 2013 - 2020",最后访问日期:2017 年 8 月 20 日。

（四）进行排放权交易

1. 排放权交易的三个系统

在设定好排放总量、确定覆盖范围及分配排放配额后，超额排放的主体需要到市场上购买配额以完成排放不超标的履约任务，否则，将面临罚款等行政法律责任；而有富余配额的受监管主体则可以出售多余配额，以获得出售收益。由此，需购买配额的排放受监管主体与配额持有方之间，产生直接的排放权交易需求。为保障大量排放权交易顺利、高效地进行，则需要对交易标的识别、交易促成及结算建立系统，给予支持。交易环节通常包括三个系统，即注册登记簿系统、交易系统和结算/清算系统。这三个系统可以分立存在，也可以集合在一个平台上：

（1）注册登记簿系统。注册登记簿系统承担着碳配额和碳信用的在线储备功能，负责记录碳配额和碳信用的持有、履约提交、注销等情况，一般由政府主管部门负责监督管理。注册登记簿系统的效率、安全以及是否与交易平台相匹配，是一个排放交易体系能否有效发挥经济功能的硬件基础，也是衡量该排放交易市场是否成熟的重要标志。

（2）交易系统。交易系统促成碳配额和碳信用在不同交易账户之间的买卖和流转，一般由交易所负责监督管理。除了可供各实体从政府手中通过拍卖直接购买碳排放配额的一级市场之外，还存在旨在提供上述实体互相出售这些碳排放交易品种的二级市场。

（3）结算/清算系统。结算/清算系统，用于处理交易标的交割和相应资金转移。通常是政府制定的结算/清算平台或交易所链接的电子银行系统。

2. 我国试点省市的碳排放权交易

目前，我国碳排放权交易七试点碳市场的交易产品、交易主体和交易方式都十分相似。交易主体均包括控排单位和机构投资者；除上海外，其他试点省市还都将个人投资者纳入交易主体。交易产品主要包括本地配额和国家核证自愿减排量(China Certified Emission Reduction,CCER)。交易方式都包括线上和线下。具体情况详见表1.3。

表1.3　国内七试点碳排放权交易系统(ETS)交易制度

	北京	天津	上海	重庆	湖北	广东	深圳
交易平台	北京环境交易所	天津排放权交易所	上海环境能源交易所	重庆碳排放交易中心	湖北省碳排放权交易中心	广州碳排放权交易所	深圳排放权交易所
交易主体	控排企业单位、机构、个人	控排企业、个人和机构	控排企业单位和机构	控排企业单位、个人和机构	控排企业单位、个人和机构	控排企业单位、个人和机构	控排企业、国内外机构和个人
交易方式	公开交易和协议转让	网络现货交易、协议交易、拍卖	挂牌交易和协议转让	定价交易和协议转让	协商议价、定价转让	单双向竞价、点选、协议转让	现货交易、电子竞价、大宗交易
涨跌限制	公开交易:20%	10%	30%	20%	10%(自2016年7月,跌幅曾调整为1%)	10%(挂牌)单向竞价不限	10%(大宗30%)
交易产品	BEA、CCER、林业碳汇与节能项目碳减排量	TJEA、CCER	SHEA、CCER	CQEA、CCER	HBEA、CCER	GDEA、CCER	SZA、CCER

3. 欧盟的碳排放权交易

欧盟碳市场初期,交易活动的3/4是通过场外柜台交易(Over the Counter,OTC)和双边交易来实现,2008年次贷危机后慢慢转向以清算为基础的场内交易。目前,欧盟碳市场最主要的场内交易平台是欧洲气候交易所(European Climate Exchange,ECX)和欧洲能源交易所(European Energy Exchange,EEX)。其中,ECX以碳排放权期货衍生品交易为主,而EEX则以碳排放权现货及一级市场拍卖为主。

目前，ECX 碳排放权现货交易在洲际交易所（Intercontinental Exchange，ICE）电子市场上进行，并由 ECX 和 ICE 指定的清算所进行交易的清结算业务。与普通大宗商品电子市场交易不同，欧盟碳排放权配额（European Union Allowances，EUA）是由政府发行的、可排放一定数量温室气体的电子证书，因此当买方在市场上购得 EUA 后，清算所将扣除的卖方 EUA 转入买方账户，并通知 EUA 的发放和管理部门进行登记。ECX 温室气体排放权期货交易与一般商品期货没有显著差异，交割流程与现货交割流程相近。

EEX 的 EUA 交易与 ECX 相似。所有交易的清算须通过欧洲商品清算公司进行。所有交易参与人必须有清算公司清算会员的担保才能进场交易。在一级现货市场中，EEX 定期组织 EUA 拍卖，每次拍卖的数量约为 30 万吨 EUA，且是一个所谓的“全部或没有”的拍卖。这意味着，在每一次拍卖中，总数量必须全部出售，以便形成有效的拍卖。对于每个竞价参与人来说，单手数量至少为 500 吨或其整数倍的 EUA。2016 年 7 月，EEX 与欧盟委员会及其代表的 25 个欧盟成员国续约，继续承担接下来五年时间内的 EU ETS 配额拍卖平台工作。①

（五）排放抵消机制

1. 主要作用和类别

碳排放权交易体系可以允许受监管主体采用抵消额度，即在未被覆盖排放源与未被覆盖行业中产生的减排量，以此履行排放总量框架下的履约义务。此举有助于扩大碳配额的供应量，并可大幅降低碳交易体系的履约成本。对于既定排放总量，如在碳交易体系之外存在较低成本的减排潜力，则接受抵消机制有助于降低碳价。受监管排放源产生的排放量有所上升，

---

① 参见 https://ec.europa.eu/clima/news/articles/news_2016071502_en，“Commission re-appoints European Energy Exchange AG（EEX）as common auction platform”，最后访问日期：2017 年 8 月 20 日。

但是总体上看排放总量不会上升。目前,国内使用的抵消机制主要是指各试点使用 CCER,国际上使用的抵消机制主要是指欧盟碳交易体系使用清洁发展机制(Clean Development Mechanism,CDM)项目产生的减排量。

2. 我国试点省市的抵消机制的差别

抵消机制的具体安排,是七省市试点方案中差别最大的地方之一。七省市在抵消比例、项目地域、项目类型和减排量产生时间等具体规定方面千差万别。在七试点省市中,北京市率先出台了《碳排放权抵消管理办法》。具体情况详见表 1.4。

3. 欧盟的抵消机制

作为全球最大的碳市场,目前 EU ETS 是国际信用额需求最大的源头。因此,该体系成了国际碳市场的主要驱动者和发展中国家及转型经济体清洁能源的主要投资者。2009 年修订的《欧盟排放交易指令》强调了对项目产生的减排信用使用进行限制,比如项目减排的信用使用必须根据欧盟与第三国达成的双边或多边协议才能使用,或排放交易机制与 EU ETS 相连接的国家项目。至 2020 年,欧盟排放交易的参与者仍可以使用来自 CDM 和联合履行机制(Jointly Implementation, JI)的国际减排信用,以履行 EU ETS下的部分义务,但信用额的使用有定性和定量的限制:

(1)定性限制:企业可以使用除核能、造林或再造林项目(土地利用、土地利用变化与林业)、摧毁工业气体的项目(如三氟甲烷和一氧化二氮)、装机容量超过 20 兆瓦的水电站项目的信用额(只能在某些情况下被接受)以外的各种国际信用额投资项目。禁止在 2012 年后使用新项目信用额或核证减排量,除非该项目注册在最不发达国家。

(2)定量限制:欧盟第二阶段、第三阶段每个减排体系参与者可以使用的国际信用额度由各成员国决定,再由欧盟委员会根据有关法规批准。第二阶段,EU ETS 的参与者共使用了 10.58 亿公吨的国际信用额。未使用的信用额则转到第三阶段(2013—2020 年)。第三阶段以来,核证减排量(Certified Emission Reduction,CERs)和减排单位(Emission Reduction Units,ERUs)

表 1.4　国内七试点碳排放权交易系统(ETS)抵消机制

	北京	天津	上海	重庆	湖北	广东	深圳
比例限制	不高于年度配额的 5%	不超出当年实际排放的 10%	不超过年度分配配额量的 5%	不超过审定排放量的 8%	不超过年排放初始配额的 10%	不超过上年实际排放的 10%	不高于年度排放的 10%
地域限制	京外项目不超过 2.5%	未限定	未限定	未限定	本地	本地 70% 以上	梅州、河源、湛江、汕尾；新疆、西藏、青海、宁夏、内蒙古、甘肃、陕西、安徽、江西、湖南、四川、贵州、广西、云南、福建、海南；林业碳汇、农业减排项目无地理限制
类型限制	2013 年 1 月 1 日后，非 HFCs、PFCs、N_2O、SF_6 等工业气体与水电项目，此后签约的 EMC 项目或启动的节能技改项目；本市 2005 年 2 月 16 日后的造林和森林经营碳汇项目	2013 年 1 月 1 日后，非水电项目；本市及其他碳交易试点省市纳入企业排放边界范围内的 CCER 不得用于碳排放量抵消	2013 年 1 月 1 日后产生；不能使用在其自身排放边界范围内的 CCER	2010 年 12 月 31 日后投运（碳汇除外）的节能、能效、清洁能源和非水可再生能源、能源活动、工业生产过程、农业废弃物处理等减排项目，碳汇项目	项目监测期为 2015 年 1 月 1 日至 2015 年 12 月 31 日之内的减排量；减排量需来自本省行政区域；项目所在地区为本省连片特困地区的农林项目	非来自水电项目，非来自使用煤、油和天然气（不含煤层气）等化石能源的发电、供热和余能利用项目；非来第三类项目；来自 CO_2 和 CH_4 的项目	可再生能源和新能源项目类型；清洁交通减排项目；海洋固碳减排项目；林业碳汇项目；农业减排项目；深圳本市企业在全国投资开发的减排项目均可在本市进行履约

不再是EU ETS内允许的、可以直接使用的抵消减排信用，必须兑换成欧盟减排配额。运营商必须申请兑换核证减排量和减排单位，最高限额为他们注册时标明的排放配额（不超过2013—2020年配额总量的4.5%）。[①]

（六）监测、报告、核查与清缴（MRV和履约）

1. 监测、报告与核查机制（Monitoring，Reporting and Verification，MRV）

在建立碳交易体系的过程中，及早开始并有效实施温室气体排放监测、报告、核查机制将对日后的履约十分有利。MRV的准确性决定了碳排放权交易体系中有价资产——碳排放权配额的价值有效性。

在MRV层面，我国正着手构建国家、地方、企业三级温室气体排放基础统计和核算工作体系。七试点省市都通过颁布行业核算报告与核查指南、认可相关核查机构、建立报送系统等工作，相继建立起了初步的MRV制度。具体情况详见表1.5。

表1.5　国内七试点碳排放权交易系统（ETS）MRV制度

	北京	天津	上海	重庆	湖北	广东	深圳
行业指南	7个行业排放核算报告指南；核查指南	5个行业排放核算指南；1个报告指南	9个行业排放核算和报告指南	工业企业排放核算和报告指南	11个行业排放核算报告指南；核查指南	4个行业排放报告和核查指南	组织的量化和报告指南；核查指南
核查机构	26家	7家	10家	11家	8家	29家	28家
报送系统	电子	纸质	电子	电子	电子	电子	电子

① 数据来源：欧盟委员会网站：https://ec.europa.eu/clima/policies/ets/credits_en，最后访问日期：2017年8月20日。

根据2003年颁布的《欧盟排放交易指令》,温室气体的监测和报告原则上由欧盟委员会决定,以企业商业负担最小化为原则;核证工作由具备资质的核查机构负责。[①] EU ETS覆盖的各类设施必须具备一个经批准的监测计划,以监测和报告温室气体的年排放量。该计划也是各类设施运营许可的组成部分。运营方必须每年递交排放报告。年度有关数据必须在次年3月31日前获得具备资质的核查机构核证。一旦得到核证,运营商必须在次年4月30日上缴数量相当的排放配额。[②]报告与核查制度方面,将指南上升为法规,直接在欧盟层面制定统一的监测与报告条例,[③]要求所有成员国必须按照条例要求进行监测和报告。同时,欧盟委员会还专门制定了对第三方核查机构的认证条例,[④]统一成员国的核查制度。因此,核查报告是具有可比性的。第三方核查机构和核查人员的资质也是统一管理的。欧盟委员会提供的指导和模板旨在:推动排放交易机制下所有国家以更统一、更具成本效益的方式执行条例。

2. 清缴(履约)

强有力的清缴即履约[⑤]制度是碳排放权交易体系的支柱,是碳市场信誉的先决条件。监督不力的碳市场会滋生欺诈与操纵行为,而过度监管则可能增加履约成本,并降低市场灵活性从而降低市场效率。

我国目前碳交易七试点的履约制度比较相似,都将报告期和履约期分别集中在每年的第一和第二季度,大都将履约截止日期设在6月左右。均对未履约及未按规定进行报告、监测、核查制定了处罚规定。在处罚措施的效力方面,北京和深圳为地方立法,其余试点为政府规章。具体规定详见

---

① 董岩:《美国和欧盟碳交易价格的法律规制及其借鉴》,载《管理现代化》2011年第4期。

② 数据来源:欧盟委员会网站:https://ec.europa.eu/clima/policies/ets/monitoring_en,最后访问日期:2017年8月20日。

③ Monitoring and Reporting Regulation (MRR), COMMISSION REGULATION (EU) No. 601/2012.

④ Accreditation and Verification Regulation (AVR), COMMISSION REGULATION (EU) No. 600/2012.

⑤ 碳排放相关管理规定中,履约指履行减排义务。

表1.6。

表1.6 国内七试点碳排放权交易系统(ETS)履约制度

	北京	天津	上海	重庆	湖北	广东	深圳
排放报告	2月28日	4月30日	3月31日	2月20日	2月最后工作日	3月15日	3月31日
核查报告	3月30日	4月30日	4月30日	暂无	4月最后工作日	4月30日	4月30日
遵约	6月15日发布限期履约通知;6月30日履约(整改期)截止	6月30日	6月1—30日	6月20日	6月底	6月20日	6月30日
未遵约处罚	市场均价3~5倍罚款	限期改正,3年不享受优惠政策	5万~10万元	清缴期届满前一个月配额平均价格3倍	15万元内市场均价1~3倍罚款,下年双倍扣除	下年双倍扣除,罚款5万元	下年扣除,市场均价3倍罚款
其他处罚	未报送排放报告或核查报告5万元以下罚款	限期改正	记入信用记录并通报公布,取消专项资金	未报告核查2万~5万元罚款,虚假核查3万~5万元罚款	未监测报告罚1万~3万元,扰乱交易秩序罚15万元	不报告1万~3万元,不核查1万~3万元,最高5万元	违规5万~10万元罚款

三、碳市场主要交易标的

进入试点阶段以来,我国已经形成了全国自愿市场与试点强制市场并存的多层次的碳交易市场体系。按强制与自愿的属性划分,现阶段国内碳市场的交易标的可以分为两大类,即基于强制试点市场的碳排放配额和基于自愿市场的项目减排量。受限于金融市场发展,我国碳市场尚未有真正意义上的、可实现持续交易的基于配额和减排量的衍生产品,故国内碳市场的主要标的均为现货产品。

(一)碳排放权配额

碳排放权配额为强制市场交易标的,由北京、天津、上海、重庆、湖北、广东及深圳等试点省(市)相关主管部门依据历史排放法和基准线法,逐年分配给纳入试点的履约企业,允许其在试点行政区域一定时期内排放二氧化碳的数量,仅在试点范围内有效。1 个配额代表 1 吨二氧化碳排放量,单位以"吨二氧化碳当量(tCO_2e)"计。北京试点每年分配(免费)约 5000 万个配额,占全市排放总量的 40% 左右。北京试点预留不超过年度配额总量的 5% 用于拍卖,分为定期拍卖和临时拍卖。截至 2018 年履约期未出现过拍卖活动。

(二)项目减排量

1. 项目减排量的种类

基于项目的减排量交易是指在总量控制之外,对某个具体减排项目产生的减排量(又称为碳信用)进行交易,具体又可分为与配额交易相关联的碳信用交易机制以及其他自愿减排机制。前者典型代表为《京都议定书》下的 CDM、中国碳交易试点里的中国温室气体自愿减排机制,后者的代表包括国际上一些自愿减排交易机制,如 VCS 和"黄金标准"等。

(1)CDM:CDM 是"京都三机制"中发达国家和发展中国家之间的合作机制,通过允许发达国家在发展中国家投资温室气体减排项目,由此产生的经 CERs 可以抵消该发达国家所承担的减排义务。CDM 项目必须按照在 CDM 执行理事会(EB)批准的方法学进行项目设计,并在 EB 注册,经第三方核证和 EB 签发之后，CERs 方可交易。[①]

(2) 中国自愿减排机制：中国在推进碳市场建设时，也引入了类似于 CDM 的制度，即由国内减排项目产生合格的碳信用，抵消纳入碳交易体系企业的部分减排量，帮助其更好地履行强制减排义务。根据国家发改委《温室气体自愿减排交易管理暂行办法》，参与自愿减排的减排量需经国家主管部门在国家自愿减排交易登记簿进行登记备案，经备案的减排量称为 CCER[②]。国家发改委要求：申请备案的自愿减排项目应于 2005 年 2 月 16 日后开工建设，且属于：①采用经国家主管部门备案方法学开发的自愿减排项目；②获得国家发改委批准作为 CDM 项目，但未在联合国 CDMEB 注册的项目；③获得国家发改委批准作为 CDM 项目且在联合国 EB 注册前就已经产生减排量的项目；④在 EB 注册但减排量未获得签发的项目。[③] 虽然 CCER 标准体系适用于自愿减排，但也适用于强制市场充当抵消额度以降低履约企业的减排成本。CCER 交易不受地域限制，但需在国家发改委指定的九家交易机构交易。[④]

(3) 其他自愿减排机制：不承担温室气体减排义务的机构、企业和个人，为应对气候变化尽一份责任，自愿购买一定数量的基于减排项目产生的减排量，以中和自身的生产和生活活动所产生的碳排放。自愿减排项目产生的减排信用一般被统称为自愿减排量（Voluntary Emissions Reduction，VER）。相比于《京都议定书》及各个碳交易体系这类的“强制碳交易市场”，VER 交易往往被称为“自愿碳交易市场”。与 CDM 项目类似，VER 交易市场需要一个全球性的质量保证标准，但与 CDM 由一个联合国下辖的

---

① 有关 CDM 的相关情况，参见联合国气候变化公约网站：https://cdm.unfccc.int/，最后访问日期：2019 年 12 月 30 日。

② 该办法中存在“国家核证自愿减排量”和“核证自愿减排量”两种表述，实践中还存在“中国核证减排量”的称谓。

③ 《温室气体自愿减排交易管理暂行办法》第 13 条。

④ 国家发改委指定的九家交易机构为：北京环境交易所、天津排放权交易所、广州碳排放权交易所、上海环境能源交易所、深圳排放权交易所、湖北碳排放权交易所、重庆碳排放权交易中心、四川联合环境交易所及海峡股权交易中心。

权威机构管理不同，VER 项目标准众多，往往由国际组织或者国际 NGO 联合发起，如 VCS、“黄金标准”、“熊猫标准”等。

2. 项目减排量的异同

上述三种机制所产生的减排量最大的共同点，是这些碳信用的产生均基于各种类型的减排项目，这些项目的业主并不承担强制减排责任。最大的不同点在于，这三种机制将项目减排量开发为碳信用过程中所要符合的方法学、标准不同。以一个小型清洁能源项目为例，在符合各项法规和要求的情况下，同一个项目的减排量，如果按照 CDM 的要求开发可形成 CER，如果按照中国国家核证自愿减排量开发标准开发可形成 CCER，如果按照某国际自愿减排标准开发便可形成 VER。具体开发成何种碳信用，业主需要根据市场情况判断。①

（三）金融化的衍生品

1. 碳金融市场的构成

无论从国际经验还是国内实践来看，丰富的碳金融产品交易都是碳市场发展的目标和方向。目前，国内各交易所对于碳期货等衍生产品的开发，以及基于碳交易的融资工具的开发，一直十分关注，虽然受到 38 号文②及 37 号文③影响，国内碳排放权交易尚未产生严格意义上的衍生品交易，但各类促进市场活跃的碳金融产品创新不断涌现。

碳金融市场是基于碳现货市场发展起来的金融化交易市场。随着低碳经济和碳市场向纵深发展，碳金融活动表现形式日趋丰富，碳金融市场主要由以下三类活动构成：

（1）碳交易。包括碳排放权配额和项目减排量两类碳现货交易，以及

---

① 德国国际合作机构，国家发改委应对气候变化司：《碳交易培训教材》（第二版），2014 年 8 月。

② 《国务院关于清理整顿各类交易场所切实防范金融风险的决定》（国发〔2011〕38 号）。

③ 《国务院办公厅关于清理整顿各类交易场所的实施意见》（国办发〔2012〕37 号）。

依托现货市场发展起来的碳期货、期权、远期等衍生品交易。其中,碳现货市场是基础市场、原生市场,其发展必然带来传统金融行业的关注并与其逐渐融合。但真正意义上的碳金融市场发展,应该是以碳期货为代表的衍生品交易市场,它的出现是现货市场发展的内在要求,也将极大地促进碳市场与传统金融行业的融合。

(2)涉碳投融资。当前碳市场存在多样化的投融资模式,包括碳信贷、碳基金、[①]碳债券、碳指标质押融资、碳中和等。碳融资的资金供给源于国内和国际资本两大方面,国内资本的供给主体有政府、金融机构、企业,国际资本主要通过世界银行碳基金,以及《京都议定书》下的 JI 和 CDM 项目合作,进入一国低碳资金供给。

碳期货、碳期权、碳远期、碳互换、碳股票、碳债券等衍生品,既是在交易市场上用于交易的产品,又是为碳融资的服务的工具,属于以上两类的交集部分。

(3)碳中介服务。除了碳交易和涉碳投融资以外,碳金融还包括为减少温室气体排放、减缓和适应气候变化相关的金融活动提供咨询、担保、信息服务等的中介活动,以及碳排放权交付保证、低碳指数等相关产品。

围绕以上碳金融活动,国际组织和国家职能部门根据发展需要,制定的监管办法、政策措施等,也是碳金融体系的重要组成部分,是推动和促进碳金融健康有序发展的重要保证。[②]

2. 全国碳市场交易品种

根据国家发改委的安排部署,全国性碳市场于 2017 年年底启动。从交易标的角度来看,在转向全国市场的过程中,七试点市场的配额将逐渐淡出,取而代之的是全国碳市场配额,由国家碳交易主管部门统一发放到地

---

① “世界银行的碳融资业务从开拓性的原型碳基金开始不断发展扩大,帮助从2000 年最初的碳市场催化成目前的十项基金,资本总额超过25 亿美元。”世界银行:《碳融资十年的经验、见解与启示》,载《国际金融》2010 年第 112 卷第 2 期。

② 马骏主编:《中国绿色金融发展与案例研究》,中国金融出版社 2016 年版,“第十二章 碳金融产品创新”,第 272 ~273 页。

方，再由地方分解发放到企业及设施。而在2020年以后，碳市场交易标的还有从现货拓展到期货等衍生品的可能。具体如表1.7所示。

表1.7　全国碳市场交易产品汇总

<table>
<tr><td>2012年及以前</td><td>2013年</td><td>2014年</td><td>2015年</td><td>2016年</td><td colspan="2">2017年及以后</td></tr>
<tr><td>• 自愿市场：VER
• 清洁发展机制市场：CER</td><td colspan="4">• 自愿市场：VER、CCER
• 清洁发展机制市场：CER
• 强制试点：BEA、SHEA、TJEA、CQEA、SZEA、GDEA、HBEA、CCER以及试点地区允许的其他交易产品，如碳汇、节能量等。以及少量金融创新产品，如掉期</td><td>• 自愿市场：VER、CCER
• 全国强制市场：全国配额（CEA）、CCER</td><td>• 自愿市场：VER、CCER
• 全国强制市场：全国配额（CEA）、CCER以及基于二者的衍生品</td></tr>
<tr><td>自愿市场</td><td colspan="4">①自愿市场
②地区强制市场</td><td>①自愿市场
②全国强制市场</td><td>①自愿市场
②全国强制市场</td></tr>
<tr><td colspan="6">主要为现货市场（基于现货的衍生品产品种类、交易量有限）</td><td>现货+期货市场</td></tr>
</table>

第二章

碳排放权交易相关法律规定

一、国际公约

（一）《联合国气候变化框架公约》

1. 目的和生效

随着社会的发展，环境问题日趋凸显，人类逐渐意识到气候变化带来的潜在风险。为应对气候变化的不利影响，1992 年在巴西里约热内卢举行的联合国环境与发展大会上，通过了《联合国气候变化框架公约》（以下简称《公约》；United Nations Framework Convention on Climate Change，UNFCCC）。[①]《公约》第 23 条规定：自第 50 份批准、接受、核准或加入的文书交存之日后第 90 天起生效。《公约》1992 年 5 月 9 日订于纽约，于 1994 年 3 月 21 日正式生效。中国签署时间为 1992 年 6 月 11 日，交存文书时间为 1993 年 1 月 5 日。[②] 截至 2017 年 7 月，共有 197 个国家成了《公约》的缔

① UNFCCC：http://unfccc.int/essential_background/convention/items/6036.php. Accessed 30 June 2017；外交部：《〈联合国气候变化框架公约〉进程》，载 http://www.fmprc.gov.cn/web/ziliao_674904/tytj_674911/t1201175.shtml，最后访问日期：2017 年 6 月 30 日。

② 北大法宝引证码：CLI.T.3544。

约方。[①]

《公约》第2条指出:"本公约以及缔约方会议可能通过的任何相关法律文书的最终目标是:将大气中温室气体的浓度稳定在防止气候系统受到危险的人为干扰的水平上。这一水平应当在足以使生态系统能够自然地适应气候变化,确保粮食生产免受威胁并使经济发展能够可持续地进行。"[②]第2条的规定明确了《公约》制定的目的在于应对气候变化带来的不利影响。[③]

2. 五项原则

《公约》第3条具体确立了全球在预防气候变化过程中所应遵循的五项原则,包括"共同但有区别原则"、"充分考虑发展中国家的具体需要和特殊情况原则"、"预防原则"、"促进可持续发展原则"及"国际合作与开放体系原则"。[④] 其中,"共同但有区别原则"明确了发达国家与发展中国家在应对气候变化过程中,应具有不同的责任分担。[⑤]《公约》确立了发达国家(包括附件一国家及附件二国家)具有"率先减排"及"向发展中国家提供技术支持"的义务。[⑥] 同时,《公约》制定了资金机制,目的是通过向发展中国家提供资金支持,帮助其履约。[⑦]

3. 缔约方会议

定期召开的缔约方会议(Conferences of the Parties, COP)是《公约》的

---

① UNFCCC: http://unfccc.int/essential_background/convention/items/6036.php. Accessed 9 July 2017.

② UNFCCC: http://unfccc.int/essential_background/convention/items/6036.php. Accessed 9 July 2017, article 2.

③ UNFCCC: http://unfccc.int/essential_background/convention/items/6036.php. Accessed 9 July 2017.

④ 高风:《(2013)〈联合国气候变化框架公约〉二十年与中国低碳发展进程》,载 http://www.faobserver.com/NewsInfo.aspx? id=9581,最后访问日期:2019年12月30日。

⑤ UNFCCC, article 2.

⑥ UNFCCC, article 2.

⑦ 伍艳:《论联合国气候变化框架公约下的资金机制》,载《国际论坛》2011年第1期。

最高决策机构。[①] 自1995年柏林举办第一届会议至今，总共举行了24次缔约方会议。每年的缔约方会议会产生不同的“决议文”，因此，缔约方会议的职责之一在于“定期审评本公约和缔约方会议可能通过的任何相关法律文书的履行情况，并应在其职权范围内做出促进本公约的有效履行所必要的决定。”[②]《公约》项下出台的法律文件既包括缔约方会议的决议文书（Decision），也同时包括《京都议定书》（Kyoto Protocol）及《巴黎协定》（Paris Agreement）。[③]

（二）《京都议定书》

1. 目的和生效

为了实现《公约》第2条所述的最终目标，《公约》第三届缔约方大会于1997年在日本京都举行，与会各方通过了《京都议定书》。与《京都议定书》实施相关的具体细则，在马拉喀什举办的第七次缔约方会议上予以确认。《京都议定书》共28条，其中第25条第1款规定，“本议定书应在不少于55个《公约》缔约方，包括其合计的二氧化碳排放量至少占附件一所列缔约方1990年二氧化碳排放总量的55%的附件一所列缔约方已经交存其批准、接受、核准或加入的文书之后第九十天起生效。”[④]《京都议定书》1997年12月11日订于京都，于2005年2月16日生效。中国于1998年5月29日签署，于2002年8月5日批准加入，于2002年8月30日交存文书，中国的生效时间为2005年2月16日，适用于中国香港特别行政区，不适用于中国澳门特别行政区。[⑤]

---

① 伍艳：《论联合国气候变化框架公约下的资金机制》，载《国际论坛》2011年第1期。

② 《公约》第7条。

③ 戴宗翰：《论〈联合国气候变化框架公约〉下相关法律文件的地位与效力——兼论对我国气候外交谈判的启示》，载《国际法研究》2017年第1期。

④ 《京都议定书》第25条。

⑤ 北大法宝引证码：CLI. T. 4581。

2. 主要内容

《京都议定书》规定，框架公约附件一国家在2008年至2012年，应当将六种温室气体，即二氧化碳（CO_2）、甲烷（CH_4）、氧化亚氮（N_2O）、氢氟碳化合物（HFCs）、全氟化碳（PFCs）、六氟化硫（SF_6）的排放总量较1990年相比，至少削减5%。[①] 其中，《京都议定书》对部分国家的减排标准提出了更为严格的要求，如“欧盟接受8%减少量的承诺，美国接受7%，日本和加拿大接受6%的减少量”。[②] 而发展中国家包括几个主要的二氧化碳排放国，如中国、印度等国并不受约束。[③]

为了平衡经济发展与环境目标，帮助附件一国家更有效用地完成减排任务，《京都议定书》首次将市场机制引入环境领域，建立了排放交易（Emission Trading，ET）、JI，以及鼓励在发达国家和发展中国家之间建立联合削减工程的CDM。根据上述三种灵活机制，发达国家之间、发达国家与经济转型国家之间、发达国家与发展中国家之间，可以通过项目或减排额度的转让、购买，以低成本的形式，实现《京都议定书》中确立的减排目标。

3. 实施情况

欧盟为实施《京都议定书》确立的减排目标，积极建立碳排放交易机制，颁布欧盟内的相关指令，并确立了欧盟的总体减排目标。然而，作为温室气体排放大国的美国拒绝批准《京都议定书》，理由为加入《京都议定书》会加重美国的经济负担，使美国成为全球最大的输家。[④] 2011年，加拿大也宣布退出《京都议定书》，加拿大认为“只有在中国、美国等大国和工业发达国家共同积极参与的情况下，全球温室气体减排目标才能实现，否则加拿

---

① 《京都议定书》第3条。

② 韩昭庆：《〈京都议定书〉的背景及其相关问题分析》，载《复旦学报》（社会科学版）2002年第2期。

③ 韩昭庆：《〈京都议定书〉的背景及其相关问题分析》，载《复旦学报》（社会科学版）2002年第2期。

④ Sunstein, C. R. (2006). *Montreal vs. kyoto: a tale of two protocols.* Social Science Electronic Publishing, 31(536).

大无法完成目标任务。”[①]同样，加拿大认为，根据《京都议定书》的规定，“2008—2012年间成员国温室气体排放比1990年下降6%”，为实现此减排目标，加拿大必须投入约140亿美元的资金。[②] 对于加拿大而言，参与《京都议定书》的减排成本过高。[③] 由于大国的纷纷退出，使《京都议定书》一度陷入困境。

（三）《巴黎协定》[④]

1. 目的和生效

2015年12月11日，《公约》第21次缔约方大会在巴黎举行，大会通过了《巴黎协定》，将应对气候变化的焦点问题从“国家如何作出承诺”转为“国家如何实现承诺”。[⑤]《巴黎协定》形成了2020年后的全球气候治理格局，打破了气候变化谈判的僵局，被称为“一次不朽的胜利”。[⑥] 依据《巴黎协定》，各缔约方将努力把全球平均气温较工业化前水平升高控制在2℃之内，并努力将气温升幅限制在工业化前水平以上1.5℃之内而努力。[⑦]

《巴黎协定》参加主体的范围非常广泛，强调应对气候变化的紧迫性，并同时意识到要实现气候大会的目标，需要将不同的利益相关方联合起来，促进多方合作。《巴黎协定》第21条规定，应在不少于55个《公约》缔约方，共占全球温室气体总排放量的至少约55%的《公约》缔约方交存其批

---

① 商务部，http://www.mofcom.gov.cn/aarticle/i/jyjl/m/201212/20121208490753.html，最后访问日期：2017年7月20日。

② 商务部，http://www.mofcom.gov.cn/aarticle/i/jyjl/m/201212/20121208490753.html，最后访问日期：2017年7月20日。

③ 商务部，http://www.mofcom.gov.cn/aarticle/i/jyjl/m/201212/20121208490753.html，最后访问日期：2017年7月20日。

④ 《公约》中文版本为《巴黎协议》，考虑到国内相关文件及公开报道中普遍使用《巴黎协定》，本书采用《巴黎协定》的表述。

⑤ 董勤：《绿色技术应用与〈巴黎协定〉的有效实施》，载《法学》2016年第8期。

⑥ 吕江：《〈巴黎协定〉：新的制度安排、不确定性及中国选择》，载《国际观察》2016年第3期；See UN News Centre, COP21: UN Chief Hails New Climate Change Agreement as “Monumental Triumph”. Accessed 20 June 2017.

⑦ 《巴黎协定》第2条。

准、接受、核准或加入文书之日后第三十天起生效。《巴黎协定》2015 年 12 月 12 日订于巴黎，于 2016 年 11 月 4 日生效。中国于 2016 年 4 月 22 日签署、于 2016 年 9 月 3 日批准加入该协定。截至目前，共有 153 个成员批准了此协定。① 同时，《巴黎协定》还强调社会资金的注入和企业的参与。

2. 主要内容

与《京都议定书》以固定明确的方式确定各缔约方的减排目标的做法不同，《巴黎协定》创新地提出“国家自主贡献”的减排模式，以自下而上的方式促进各国按照实际国情和经济发展的需要，确立自主减排目标。② 自主贡献的模式虽然依旧秉承共同但有区别责任原则，其同时明确了发展中国家也附有与之能力相适应的减排义务。《巴黎协定》第 4 条第 4 款规定：“发达国家缔约方应当继续带头，努力实现全经济绝对减排目标。发展中国家缔约方应当继续加强它们的减缓努力，应鼓励它们根据不同的国情，逐渐实现全经济绝对减排或限排目标。”③

《巴黎协定》第 14 条建立了评估机制，以求能够及时评估《巴黎协定》的宗旨、长期目标与阶段性成果是否相一致。第 14 条第 2 款指出“缔约方会议应在 2023 年进行第一次全球总结，此后每五年进行一次”，④该机制也确保缔约方可以根据实际情况，及时调整相应的减排计划。此外，《巴黎协定》还创设了增强行动和资助的透明度框架，以加强对“发达国家向发展中国家技术转让、能力建设等方面的审评”，从而为发展中国家缔约方提供更为透明有效的支持。⑤

---

① 参见 UNFCCC：http://unfccc.int/paris_agreement/items/9485.php. 最后访问日期：2017 年 6 月 30 日。

② 《巴黎协定》第 3 条、第 4 条。

③ 《巴黎协定》第 3 条、第 4 条。

④ 《巴黎协定》第 14 条第 2 款。

⑤ 韩昭庆：《〈京都议定书〉的背景及其相关问题分析》，载《复旦学报》（社会科学版）2002 年第 2 期。同见《巴黎协定》第 13 条。

3. 现状

随着特朗普政府宣布美国退出《巴黎协定》,全球气候治理再次陷入了不确定性。在多大的范围之内,《巴黎协定》能发挥其效用,为各国所担忧。而随着美国的退出,是否会在世界范围内引起连锁反应,也是国际社会所担心的问题。

(四)《〈巴黎协定〉实施细则》

2018 年 12 月 2 日至 16 日,《公约》第 24 次缔约方会议、《京都议定书》第 14 次缔约方会议、《巴黎协定》第 1 次缔约方会议第 3 次续会在波兰卡托维兹举行(以上统称卡托维兹会议)。来自《公约》及其《京都议定书》和《巴黎协定》缔约方、国际组织、非政府组织、媒体的 18,000 余名代表参会。经过两个星期的深入谈判,各方最终完成会议核心任务,通过《〈巴黎协定〉实施细则》。

《〈巴黎协定〉实施细则》谈判授权源自 2015 年 12 月联合国气候变化巴黎大会。根据有关授权,各方需在《巴黎协定》特设工作组和公约附属机构下就协定条款进一步实施制定细化导则,为《巴黎协定》实施做好准备。

《〈巴黎协定〉实施细则》谈判进程历经 3 年,并在卡托维兹会议按计划收官。会议达成的实施细则共 90 余页,就如何履行协定有关“国家自主贡献”及其减缓、适应、透明度、全球盘点、资金、遵约等内容做出全面、平衡的一揽子规定,维护了协定基本原则,就全面落实协定、提升全球气候行动力度作出进一步安排。实施细则重点内容包括:

1. “国家自主贡献”信息导则。根据《巴黎协定》第 4.8 条的规定,为保障贡献清晰、透明和可理解,各缔约方在提交“国家自主贡献”时,须提供必要信息。导则规定,各国“国家自主贡献”主要为减缓行动信息,同时各缔约方有权在其中提供适应、资金等信息。导则将适用于各缔约方提交的第二轮“国家自主贡献”,鼓励各缔约方在 2020 年更新第一轮“国家自主贡献”时就适用导则。

2. 透明度导则。根据《巴黎协定》第 13 条的规定，各缔约方需每两年报告相关温室气体排放清单、“国家自主贡献”落实进展、适应行动、提供资金和收到资金的信息，并需就如何落实本条规定制定指南。因涉及大量技术细节，透明度是实施细则谈判中篇幅最长、关注度最高的议题之一。相关导则长达 36 页，详细规定了各缔约方在报告中如何提供信息，以及如何开展技术专家审评和缔约方间促进性多边审议。导则还照顾到发展中国家国情，为发展中国家履行报告义务做出务实的灵活的区别安排。

3. 资金。资金议题历来是气候变化谈判的焦点和难点问题。根据《巴黎协定》第 9.5 条的规定，发达国家缔约方每两年要报告拟提供的资金的定量定性信息。本次会议就发达国家具体需要提供何种信息、信息如何提交、如何汇总总结等做出安排。根据《巴黎协定》第 9.7 条的规定，发达国家还要报告已提供和动员资金的情况，有关导则制定后被纳入透明度导则的一部分。此外，卡托维兹会议还就 2025 年后气候资金新目标设立了相关进程。

4. 全球盘点。根据《巴黎协定》第 14 条的规定，协定缔约方会议应每隔五年盘点协定实施情况，于 2023 年举行第一次全球盘点。实施细则对全球盘点的具体方式、信息来源等作出细化规定，在考虑公平和最佳科学信息的情况下，将减缓、适应、实施手段和支持纳入盘点范围，并将应对措施、损失损害等纳入考虑因素。

《〈巴黎协定〉实施细则》的达成开启了全球气候行动合作新时代。同时，《巴黎协定》的落实工作仍然任重道远，在减缓、适应、资金等方面面临不少挑战。①

① 本节部分内容引自《联合国气候变化卡托维兹会议达成〈巴黎协定〉实施细则》，载中华人民共和国外交部条约法律司主办的微信公众号“中国国际法前沿”，最后访问日期：2019 年 12 月 30 日。

二、国外法规政策

目前,世界许多国家已经建立起了自身的碳排放交易体系,但是这些交易体系内部存在差别,并没有一个统一的体系能够在全球范围内实施。

(一)欧盟

EU ETS 是全球范围内最大的碳交易市场,并承担着降低欧盟 50% 左右的碳排放量的责任。① 为响应 1997 年《京都议定书》确定有法律约束力的减排目标,欧盟委员会于 2003 年提出了建立EU ETS机制的设想。同年,欧盟委员会颁布了 EU ETS 的指令,2005 年欧盟碳交易市场正式启动。②根据《京都议定书》,欧盟委员会确立了总体的减排目标,随后由各欧盟成员国根据本国的排放情况,制定本国的碳配额分配方案和目标。欧盟碳排放配额(European Union Allowanc,EUA)是欧盟碳交易市场中使用的配额单位。一单位 EUA 可以折算为"在特定期限内排放一吨二氧化碳当量(1t CO_2e)"。③

欧盟碳交易市场的实施可以被分为四个阶段:2005—2007 年为第一阶段、2008—2012 年为第二阶段、2013—2020 年为第三阶段,2021 年之后为第四阶段。④因为缺少历史排放量的记录,EU ETS 在第一阶段运行中的初始分配基本以免费发放为主。⑤在第一阶段中,参与碳交易的企业主要涉及重点能源消耗型企业及电力行业。⑥ 碳交易企业须做出年终报告,公布本年

---

① European Commission, EU - ETS Handbook, https://ec. europa. eu/clima/sites/clima/files/docs/ets_handbook_en. pdf. Accessed 25 September 2017.

② Climate Action, European Commission (2017), https://ec. europa. eu/clima/policies/ets/pre2013_en. Accessed 25 September 2017.

③ 叶斌:《EU—ETS 三阶段配额分配机制演进机理》,载《开放导报》2013 年第 3 期。

④ 《巴黎协定》第 2 条。

⑤ 《巴黎协定》第 2 条。另见《欧盟碳交易市场发展情况及对我国的启示》,载 http://www. chinapower. com. cn/tjy/20160524/27694. html,最后访问日期:2017 年 8 月 20 日。

⑥ 《巴黎协定》第 2 条。

度的二氧化碳排放数量，超额排放将被罚款，每超一吨排放额度，需要缴纳40 欧元的罚款。①

第二阶段中，欧盟碳交易市场的免费配额降至所有配额的 90%，另外10% 则以拍卖的形式进行分配。② 对不达标的企业的惩罚标准升至 100 欧元每吨，并且企业可以购买国际碳排放额度（总额相当于 14 亿吨二氧化碳当量）。③第一阶段积累的交易信息为第二阶段提供了数据支持，与第一阶段的总量上限（cap）相比，第二阶段的减排额度上限比 2005 年降低了6.5%。④ 但 2008 年的金融危机导致欧盟碳交易市场供需失衡，供大于求。⑤在第二阶段的实施过程中，欧盟将航空业也纳入了需要减排的行业之中。⑥

总体而言，EU ETS 在前两个阶段中主要以“历史排放水平”（“祖父原则”）为依据，在不同的成员国之间进行分配。⑦ 在第一阶段、第二阶段中，由于采用欧盟制定总体目标、成员国在欧盟标准下各自制定总量上限的方式进行总量控制，导致各国间碳减排义务的分配差异较大，预估的碳排放配额需求量与实际需求之间存在差异。⑧ EU ETS 进入第三阶段后，鉴于第一阶段、第二阶段在分配配额和制定总量上限过程中出现的问题，欧盟委员会决定统一确定总量上限，采取基准制的方法，以 1990 年为基准，确定欧盟范围内的减排标准。⑨ 从配额分配的方式来看，这一阶段中 EU ETS 将逐渐降

---

① 《巴黎协定》第 2 条。

② 《巴黎协定》第 2 条。

③ 《巴黎协定》第 2 条。

④ European Commission, “The EU Emissions Trading System(EU ETS)”, https://ec.europa.eu/clima/sites/clima/files/factsheet_ets_en.pdf.

⑤ European Commission, “The EU Emissions Trading System(EU ETS)”, https://ec.europa.eu/clima/sites/clima/files/factsheet_ets_en.pdf.

⑥ 王东风：《碳排放权交易的理论与实践——以欧盟减排交易机制为例》，载《沈阳师范大学学报》（社会科学版）2011 年第 5 期第 35 卷。

⑦ 《巴黎协定》第 3 条、第 4 条。

⑧ 叶斌：《EU—ETS 三阶段配额分配机制演进机理》，载《开放导报》2013 年第 3 期。

⑨ European Commission, “The EU Emissions Trading System(EU ETS)”, https://ec.europa.eu/clima/sites/clima/files/factsheet_ets_en.pdf. 同见《巴黎协定》第 2 条。

低减排的总量上限,降低标准为 2008 年至 2012 年"发行的总配额量均值的 1.74%"。[①] 并且,在第三阶段中,欧盟致力于使 EU ETS 的覆盖范围逐渐扩大,将所有温室气体的排放都纳入其中。

(二)美国

与欧盟统一碳交易市场不同,美国并未建立全国统一的碳交易市场,而是通过区域间的协议合作,建立起区域间的温室气体交易体系。其中,加州的碳交易市场是以碳排放为交易对象而建立起来的交易体系。[②] 加州空气资源管理委员会为实现 2020 年的温室气体减排目标,于 2006 年制定了《加利福尼亚州应对全球变暖法案》,用法律的形式确定了加州的减排目标。[③]

2013—2014 年为加州碳交易市场机制运行的第一个阶段,主要纳入交易的行业是电力部门。2015—2020 年,加州碳交易市场计划将燃料供应企业、天然气等行业也纳入了交易市场。[④] 至此,加州碳交易市场将覆盖加州温室气体排放总额的 85% 左右。[⑤] 加州碳交易系统以免费分配及拍卖相结合的方式,对碳排放的配额进行分配。免费分配的方式主要是针对承担强制减排义务的企业和供电企业,以防止出现减排所导致企业生产成本过高、终端消费者权益受损的情况。[⑥] 以拍卖的形式对碳排放配额进行有偿分配,其目的主要在于为技术创新提供激励机制,鼓励减排企业以技术革新的

---

① European Commission, "The EU Emissions Trading System(EU ETS)", https://ec.europa.eu/clima/sites/clima/files/factsheet_ets_en.pdf. 参见《巴黎协定》第 3 条、第 4 条。

② 戴凡、周勇:《加州碳排放权交易市场的法律基础》,载《科学与管理》2014 年。

③ 戴凡、周勇:《加州碳排放权交易市场的法律基础》,载《科学与管理》2014 年。

④ 戴凡、周勇:《加州碳排放权交易市场的法律基础》,载《科学与管理》2014 年。

⑤ 戴凡、周勇:《加州碳排放权交易市场的法律基础》,载《科学与管理》2014 年。

⑥ 《美国加州碳排放交易体系:双重拍卖为拍卖收益指定用途》,载 http://www.tanpaifang.com/tanguwen/2015/0709/45714.html,最后访问日期:2015 年 7 月 9 日。

方式实现减排目标。①

此外,美国东部地区的区域温室气体减排行动(Regional Greenhouse Gas Initiative,RGGI),作为美国首个"强制性碳排放权交易体系",为碳交易市场的核心机制设计奠定了基础。② RGGI 虽然与其他碳交易市场一样,分为一级市场和二级市场,但 RGGI 基本采用拍卖方式分配排放配额。③通过拍卖所获得的收益,会被重新投入能源项目之中,以促进节能科技发展,推动科技技术革新,同时为社区创造就业机会。④

(三)韩国

同处东亚文化圈,韩国与中国社会文化有相似之处,因此韩国的碳排放交易制度建设对于中国而言也颇具借鉴意义。

韩国属于工业制造型经济增长模式,以电子、汽车、服务业为支柱,经济发展严重依赖进口化石能源。从 1990 年到 2005 年,韩国温室气体排放量增长 86.8%,碳排放量位居世界第九,减少二氧化碳排放量迫在眉睫。为此,2008 年李明博政府提出"低碳绿色增长"国家战略,成立绿色增长总统委员会负责制定韩国绿色增长政策。2010 年 1 月,哥本哈根气候变化峰会前夕,韩国政府向联合国递交了减排目标,要在 2020 年实现温室气体排放量比基准排放量减少 30%。2014 年,韩国政府向《公约》秘书处提交韩国

---

① 《美国加州碳排放交易体系:双重拍卖为拍卖收益指定用途》,载 http://www.tanpaifang.com/tanguwen/2015/0709/45714.html,最后访问日期:2015 年 7 月 9 日。同时详见 European Commission, "The EU Emissions Trading System(EU ETS)", https://ec.europa.eu/clima/sites/clima/files/factsheet_ets_en.pdf。

② 汇通中金:《美国首个强制性碳交易体系(RGGI)核心机制设计及启示》,载 http://www.tanpaifang.com/tanjiaoyi/2016/0802/55186.html,最后访问日期:2018 年 12 月 28 日。

③ 吴大磊、赵细康、王丽娟:《美国区域碳市场的运行绩效——以区域温室气体减排行动(RGGI)为例》,载《生态经济》2017 年第 2 期。同见 RGGI(2017),载 https://www.rggi.org/design/overview,最后访问日期:2017 年 9 月 10 日。

④ 吴大磊、赵细康、王丽娟:《美国区域碳市场的运行绩效——以区域温室气体减排行动(RGGI)为例》,载《生态经济》2017 年第 2 期。同见 RGGI(2017),载 https://www.rggi.org/design/overview,最后访问日期:2017 年 9 月 10 日。(同见 RGGI Fact Sheet, https://www.rggi.org/docs/Documents/RGGI_Fact_Sheet.pdf。)

应对气候变化"国家自主贡献"文件,提出到2030年实现温室气体排放较"一切照旧(Bussiness As Usual)"情景(BAU情景)[①]下减少37%的目标。

为实现上述减排目标,推动韩国实现绿色低碳发展,2010年韩国制定了《低碳绿色增长基本法》,其中第46条规定:"在市场机制的调节下,为顺利实现国家减排目标,政府特建立温室气体排放交易体系。"2012年5月,韩国国会通过了《温室气体排放配额分配与交易法》(Act on the Allocation and Trading of Greenhouse – gas Emission Permits),[②]并于同年11月制定了《温室气体排放配额分配和交易法实施法令》。2015年1月,韩国碳排放交易市场正式启动,成为亚洲首个全国性碳排放交易市场。

韩国的碳排放交易主要涵盖发电行业、工业领域、农业、捕鱼业、公共废弃物处理行业、建筑物领域(包括公共建筑物)和交通行业的6种温室气体的直接和间接排放。[③] 约有525家企业纳入其中,其温室气体排放总量排放总量约占韩国全部温室气体排放总量的70%。[④] 共三个阶段:第一阶段为2015年1月1日至2017年12月31日,这一阶段所有的碳排放配额全部免费分配;第二阶段为2018年1月1日至2020年12月31日,这一阶段97%的配额免费分配,剩余3%有偿分配;第三阶段为2021年1月1日至2025年12月31日,免费分配的比例将下降到90%以下。[⑤]

根据2016年5月颁布的《碳排放配额分配与交易法实施法令》的规定,韩国碳排放交易市场的监管权限从韩国环境部转移给韩国企划财政部(Ministry of Strategy and Finance, Republic of Korea)。[⑥] 按照《温室气体排

---

① BAU情景是指对碳排放行为不采取任何措施进行干预和控制的情形。

② 参见 Act on the Allocation and Trading of Greenhouse – gas Emission Permits,载 https://elaw.klri.re.kr/eng_service/lawView.do?hseq=45670&lang=ENG. 最后访问日期:2018年11月26日。

③ 韩国《温室气体排放配额分配与交易法》第2条。

④ 张琪:《全球第二大碳交易市场启动》,载《中国能源报》2015年1月19日。

⑤ 张忠利:《韩国碳排放权交易法律及其对我国的启示》,载《东北亚论坛》2016年第5期(总第127期)。

⑥ 张忠利:《韩国碳排放权交易法律及其对我国的启示》,载《东北亚论坛》2016年第5期(总第127期)。

放配额分配与交易法》规定，在韩国企划财政部下设温室气体排放配额分配委员会，负责审议和解决与温室气体排放配额“国家分配计划”相关的事项、与碳排放交易市场稳定性措施相关的事项、与温室气体排放核查和碳抵消信用相关的政策的协调及其他协助工作、与国际碳排放交易市场连接和其他国际合作相关的事项等。①

韩国碳排放交易平台为韩国交易所（Korea Exchange, KRX），2018 年 11 月 19 日至 2018 年 11 月 25 日，韩国碳市场价格在 23,500 ~ 24,500 韩元/吨波动（20.78 ~ 21.66 美元/吨）。

三、国内法规政策

（一）国家层面

2016 年 3 月 16 日，第十二届全国人民代表大会第四次会议批准《国家“十三五”规划纲要》，在“十二五”规划的基础上，将国家对控制碳排放和自主承担减排承诺，提到了前所未有的高度。“十三五”规划在第四十六章专章规划“积极应对全球气候变化”，提出“坚持减缓与适应并重，主动控制碳排放，落实减排承诺，增强适应气候变化能力，深度参与全球气候治理，为应对全球气候变化做出贡献。”在第一节“有效控制温室气体排放”中，明确阐述要“有效控制电力、钢铁、建材、化工等重点行业碳排放，推进工业、能源、建筑、交通等重点领域低碳发展。支持优化开发区域率先实现碳排放达到峰值。深化各类低碳试点，实施近零碳排放区示范工程。控制非二氧化碳温室气体排放。推动建设全国统一的碳排放交易市场，实行重点单位碳排放报告、核查、核证和配额管理制度。健全统计核算、评价考核和责任追究制度，完善碳排放标准体系。加大低碳技术和产品推广应用力度。”在第三

① 韩国《温室气体排放配额分配与交易法》第 6 条。

节“广泛开展国际合作”中，声明“坚持共同但有区别的责任原则、公平原则、各自能力原则，积极承担与我国基本国情、发展阶段和实际能力相符的国际义务，落实强化应对气候变化行动的国家自主贡献。积极参与应对全球气候变化谈判，推动建立公平合理、合作共赢的全球气候治理体系。深化气候变化多双边对话交流与务实合作。充分发挥气候变化南南合作基金作用，支持其他发展中国家加强应对气候变化能力。”此外，还在第四十三章中，提出了“建立健全用能权、用水权、碳排放权初始分配制度，创新有偿使用、预算管理、投融资机制，培育和发展交易市场。”①

2016 年 10 月 27 日颁布的《国务院关于印发〈“十三五”控制温室气体排放工作方案〉的通知》，进一步明晰了全国统一碳市场的规定，明确提出“健全激励和约束机制，发挥市场配置资源的决定性作用和更好发挥政府作用”。根据该通知，全国碳排放市场的建立需要两套管理体系，即地方和中央。同时，该通知注意到了碳排放交易中核查制度的重要性，并且明确说明全国统一碳市场的建立需要完善配额机制、健全市场交易规则、拓展交易模式。

此前，国家于2011 年3 月14 日批准的“十二五”规划已经提出“逐步建立碳排放交易市场”。国家发展和改革委员会于 2011 年发布了《国家发展改革委办公厅关于开展碳排放权交易试点工作的通知》，将北京市、天津市、上海市、重庆市、广东省、湖北省、深圳市作为七个首批建立碳排放交易试点的地区。②“为逐步建立总量控制下的碳排放权交易市场积累经验，奠定技术和规则基础”，国家发展和改革委员会随后发布了《国家发展改革委关于印发〈温室气体自愿减排交易管理暂行办法〉的通知》，③就碳交易机构与国家主管部门之间的关系、国家主管部门对交易机构的备案与审查作出

---

① 《国家“十三五”规划纲要》第四十三章第七节。

② 《国家“十三五”规划纲要》第四十三章第七节。

③ 《温室气体自愿减排交易管理暂行办法》，载 http://qhs.ndrc.gov.cn/zcfg/201206/t20120621_487133.html，最后访问日期：2017 年 8 月 2 日。

了规定。[①]

2014 年《国务院关于进一步促进资本市场健康发展的若干意见》指出，国家发展商品期货市场需要将碳排放权交易作为有效工具，“以提升产业服务能力和配合资源性产品价格形成机制改革为重点，继续推出大宗资源性产品期货品种，发展商品期权、商品指数、碳排放权等交易工具，充分发挥期货市场价格发行和风险管理功能，增强期货市场服务实体经济的能力。允许符合条件的机构投资者以对冲风险为目的使用期货衍生品工具，清理取消对企业运用风险管理工具的不必要限制。”[②]

同年，国务院批复同意了《国家应对气候变化规划（2014—2020 年）》。[③]《国家应对气候变化规划（2014—2020 年）》在第七章关于健全激励约束机制中，确定了碳排放交易制度的发展方向。[④] 该规划提出了建立健全碳排放市场的阶段性目标：（1）完善和鼓励自愿减排交易活动；（2）总结七试点省市的交易经验，完善和改进实施方案；（3）加快建立全国统一碳市场；

---

① 《温室气体自愿减排交易管理暂行办法》，“第二十三条　温室气体自愿减排量应在经国家主管部门备案的交易机构内，依据交易机构制定的交易细则进行交易。经备案的交易机构的交易系统与国家登记簿连接，实时记录减排量变更情况。

第二十四条　交易机构通过其所在省、自治区和直辖市发展改革部门向国家主管部门申请备案，并提交以下材料：（一）机构的注册资本及股权结构说明；（二）章程、内部监管制度及有关设施情况报告；（三）高层管理人员名单及简历；（四）交易机构的场地、网络、设备、人员等情况说明及相关地方或行业主管部门出具的意见和证明材料；（五）交易细则。

第二十五条　国家主管部门对交易机构备案申请进行审查，审查时间不超过 6 个月，并于审查完成后对符合以下条件的交易机构予以备案：（一）在中国境内注册的中资法人机构，注册资本不低于 1 亿元人民币；（二）具有符合要求的营业场所、交易系统、结算系统、业务资料报送系统和与业务有关的其他设施；（三）拥有具备相关领域专业知识及相关经验的从业人员；（四）具有严格的监察稽核、风险控制等内部监控制度；（五）交易细则内容完整、明确，具备可操作性。

第二十六条　对自愿减排交易活动中有违法违规情况的交易机构，情节较轻的，国家主管部门将责令其改正；情节严重的，将公布其违法违规信息，并通告其原备案无效。”

② 《国务院关于进一步促进资本市场健康发展的若干意见》第 15 条。

③ 《国家发展改革委关于印发国家应对气候变化规划（2014—2020 年）的通知》，载 http://www.ndrc.gov.cn/zcfb/zcfbtz/201411/t20141104_642612.html，最后访问日期：2017 年 8 月 2 日。

④ 《国家应对气候变化规划（2014—2020 年）》，载 http://www.ndrc.gov.cn/zcfb/zcfbtz/201411/t20141104_642612.html，最后访问日期：2017 年 8 月 2 日。

(4)制定不同行业减排项目的减排量核证方法学;(5)与国外碳交易体系进行对比研究,以求实现国内外体系的衔接。[①] 同时,国务院发展改革委员会制定了《碳排放权交易管理暂行办法》。对 EUA 和 CCER 的交易活动进行了规范,为建立全国统一碳市场构建了基本的管理体系。[②]

2016 年 1 月 11 日,国家发展改革委办公厅发布《关于切实做好全国碳排放权交易市场启动重点工作的通知》,旨在确保 2017 年启动全国碳排放权交易,实施碳排放权交易制度,切实做好启动前重点准备工作。[③] 该通知提出拟纳入全国碳排放权交易体系的企业名单,名单覆盖了"石化、化工、建材、钢铁、有色、造纸、电力、航空等重点排放行业"。该通知还要求对拟纳入企业的历史碳排放进行核算、报告与核查等。

2017 年 12 月 18 日,《国家发展改革委关于印发〈全国碳排放权交易市场建设方案(发电行业)〉的通知》(发改气候规〔2017〕2191 号)对发电行业的全国碳市场建设,进行了全面的规范。[④]

(二)地方层面

七试点省市分别针对区域内碳交易市场设立了相应的规则,就总量目标设定、监管部门、管控范围、交易方式、纳入行业及第三方监管机制都作出了规定。从立法层级上看,地方碳交易试点分为地方人大立法及地方政府规章两个层级。北京和深圳适用人大立法的模式,如深圳市人大常委会通过了《深圳经济特区碳排放管理若干规定》、北京市人大常委会颁布了《关于北京市在严格控制碳排放总量前提下开展碳排放权交易试点工作的决定》。[⑤]另外五个

---

① 《国家应对气候变化规划(2014—2020 年)》,载 http://www.ndrc.gov.cn/zcfb/zcfbtz/201411/t20141104_642612.html,最后访问日期:2017 年 8 月 2 日。

② 《碳排放权交易管理暂行办法》第 1 条、第 2 条。

③ 《关于切实做好国碳排放权交易市场启动重点工作的通知》,载 http://www.gov.cn/xinwen/2016-01/22/content 5035432.htm,最后访问日期:2020 年 3 月 8 日。

④ 详见附录。

⑤ 彭峰、闫立东:《中国地方碳排放交易制度比较——基于七试点法律文本的考察》,载《中国环境法治》2014 年第 2 期。

试点省市分别以地方政府规章的形式，颁布了《上海市碳排放管理试行办法》《天津市碳排放交易管理暂行办法》《重庆市碳排放权交易管理暂行办法》《湖北省碳排放权交易试点工作实施方案》。各试点省市颁布的碳交易法律法规主要旨在提出控制总量、配额分配方式、管控企业的确定、监督机制的设立、规范注册登记系统及核查办法以及明确管控企业的违约责任。①

1. 总量目标控制

碳排放总量目标的制定，可以分为“自上而下”和“自下而上”两种模式。各试点区域基本以国家“十二五”期间制定的国家减排目标为基础，再结合各省的经济状况和行业发展特点做适度调整。总体而言，试点区域对总量目标的设定都采取“弹性”的方式，以保证减排可以循序渐进，根据时间情况进行灵活调整。另外，弹性的目标也能缓解减排试点地区排放企业的减排压力。具体详见表 2.1。

表 2.1　地方法规对比

地区	规定	内容
上海	《上海市碳排放管理试行办法》	“第六条　（总量控制） 本市碳排放配额总量根据国家控制温室气体排放的约束性指标，结合本市经济增长目标和合理控制能源消费总量目标予以确定。 纳入配额管理的单位应当根据本单位的碳排放配额，控制自身碳排放总量，并履行碳排放控制、监测、报告和配额清缴责任。”②
北京	《北京市碳排放权交易管理办法（试行）》	“第五条　根据国家和本市国民经济和社会发展计划确定的碳排放强度控制目标，科学设立年度碳排放总量控制目标，核算年度配额总量，对本市行政区域内重点排放单位的二氧化碳排放实行配额管理。 对新建及改扩建固定资产投资项目逐步实施碳排放评价和管理。”

① 郑爽：《七省市碳交易试点调研报告》，载《能源与环境》2014 年第 36 期。

② 《上海市碳排放管理试行办法》第 6 条。

续表

地区	规定	内容
广东	《广东省碳排放管理试行办法》	“第十一条　本省配额发放总量由省人民政府按照国家控制温室气体排放总体目标，结合本省重点行业发展规划和合理控制能源消费总量目标予以确定，并定期向社会公布。 配额发放总量由控排企业和单位的配额加上储备配额构成，储备配额包括新建项目企业配额和市场调节配额。”①
湖北	《湖北省碳排放权配额分配方案》	“（二）1. 实行碳排放总量控制。根据国家下达的‘十二五’期间单位生产总值二氧化碳排放下降 17% 和单位生产总值能耗下降 16% 的目标，通过科学的核算和预测，确定全省 2015 年、2020 年温室气体排放总量和分行业碳排放总量。在此基础上，对纳入全省碳排放权交易试点的企业，合理分配碳排放配额。超额排放的企业必须在碳排放权交易市场购买一定数量的配额和核证减排量，以完成减排任务。”②
天津	《天津市人民政府办公厅关于印发〈天津市“十三五”控制温室气体排放工作实施方案〉的通知》	“（一）实施能源消费总量和强度双控。加强重点行业领域和重点耗能企业用能管理，强化高耗能产业和产能过剩行业能源消费总量控制约束。提高节能准入门槛，将固定资产投资项目节能评估审查作为控制能源消费总量的重要手段。到 2020 年，全市能源消费总量不超过 9300 万吨标准煤，单位地区生产总值能源消费比 2015 年下降 17%。（牵头单位：市工业和信息化委、市发展改革委）”
重庆	《重庆市碳排放权交易管理暂行办法》	“第七条　本市实行配额总量控制制度。配额总量控制目标在国家和本市确定的节能和控制温室气体排放约束性指标框架下，根据企业历史排放水平和产业减排潜力等因素确定。”
深圳	《深圳市碳排放权交易管理暂行办法》	“第十条　本市碳排放权交易实行目标总量控制。全市碳排放权交易体系目标排放总量（以下简称目标排放总量）应当根据国家和广东省确定的约束性指标，结合本市经济社会发展趋势和碳减排潜力等因素科学、合理设定。”

① 《广东省碳排放管理试行办法》第 11 条。

② 《湖北省碳排放权配额分配方案》（二）第 1 条。

2. 配额分配

试点省市碳交易的配额分配方式可以分为有偿和无偿两种形式。各试点在市场成立初期，基本采用免费的形式分配配额。但广东省和湖北省明确采用免费及拍卖的形式完成2013—2014年度的履约期分配。[①] 具体详见表2.2。

表2.2　地方法规对比

地区	规定	内容
上海	《上海市碳排放管理试行办法》	“第九条　市发展改革部门应当根据本市碳排放控制目标以及工作部署，采取免费或者有偿的方式，通过配额登记注册系统，向纳入配额管理的单位分配配额。”
北京	《关于北京市在严格控制碳排放总量前提下开展碳排放权交易试点工作的决定》	“二、实施碳排放配额管理和碳排放权交易制度。根据全市碳排放总量控制目标和年度减排指标，对本市行政区域内重点排放单位的二氧化碳排放实行配额管理。重点排放单位在配额许可范围内排放二氧化碳，其现有设施碳排放量应当逐年下降。碳排放配额可在市人民政府确定的交易机构进行交易，其他单位可自愿参与交易。市人民政府可以采取回购等方式调整碳排放总量。”
广东	《广东省碳排放管理试行办法》	“第十四条　控排企业和单位的配额实行部分免费发放和部分有偿发放，并逐步降低免费配额比例。 每年7月1日，由省发展改革部门按照控排企业和单位配额总量的一定比例，发放年度免费配额。”
湖北	《湖北省碳排放权管理和交易暂行办法》	“第十一条　在碳排放约束性目标范围内，主管部门根据本省经济增长和产业结构优化等因素设定年度碳排放配额总量、制定碳排放配额分配方案，并报省政府审定。 碳排放配额总量包括企业年度碳排放初始配额、企业新增预留配额和政府预留配额。 第十五条　政府预留配额一般不超过碳排放配额总量的10%，主要用于市场调控和价格发现。其中，用于价格发现的不超过政府预留配额的30%。”

① 《广东省碳排放管理试行办法》第14条；《湖北省碳排放权管理和交易暂行办法》第11条。

续表

地区	规定	内容
天津	《天津市碳排放权交易管理暂行办法》	“第七条　市发展改革委会同相关部门根据配额总量,制定配额分配方案。 配额分配以免费发放为主、以拍卖或固定价格出售等有偿发放为辅。拍卖或固定价格出售仅在交易市场价格出现较大波动时稳定市场价格使用,具体规则由市发展改革委会同相关部门另行制定。 因有偿发放配额而获得的资金,应专款专用,专门用于控制温室气体排放相关工作。”
重庆	《重庆市碳排放配额管理细则(试行)》	“第七条　本市对配额实行总量控制。以配额管理单位既有产能 2008—2012 年最高年度排放量之和作为基准配额总量,2015 年前,按逐年下降 4.13% 确定年度配额总量控制上限,2015 年后根据国家下达本市的碳排放下降目标确定。”
深圳	《深圳市碳排放权交易管理暂行办法》	“第十六条　配额分配采取无偿分配和有偿分配两种方式进行。无偿分配的配额包括预分配配额、新进入者储备配额和调整分配的配额。有偿分配的配额可以采用拍卖或者固定价格的方式出售。”

3. 主管部门

各试点省市皆以“发展改革部门”作为主管部门,负责碳排放管理和监管工作。重庆市与其他试点不同,除了确定“发展改革部门”的主管地位之外,还明确了金融机构对碳交易市场的监管职能。[①] 具体参见表 2.3。

表 2.3　地方法规对比

地区	规定	内容
上海	《上海市碳排放管理试行办法》	“第三条　市发展改革部门是本市碳排放管理工作的主管部门,负责对本市碳排放管理工作进行综合协调、组织实施和监督保障。”
北京	《北京市碳排放配额场外交易实施细则〈试行〉》	“第五条　市发展改革委负责碳排放配额合规性的监督管理。市金融局负责配额场外交易规则的监督管理。”

① 《重庆市碳排放权交易管理暂行办法》第 4 条。

续表

地区	规定	内容
广东	《广东省碳排放管理试行办法》	“第四条　省发展改革部门负责全省碳排放管理的组织实施、综合协调和监督工作。 各地级以上市人民政府负责指导和支持本行政辖区内企业配合碳排放管理相关工作。”
湖北	《湖北省碳排放权管理和交易暂行办法》	“第四条　省发展和改革委员会是本省碳排放权管理的主管部门（以下简称‘主管部门’），负责碳排放总量控制、配额管理、交易、碳排放报告与核查等工作的综合协调、组织实施和监督管理。 经济和信息化、财政、国资、统计、物价、质监、金融等有关部门在其职权范围内履行相关职责。经济和信息化、财政、国资、统计、物价、质监、金融等有关部门在其职权范围内履行相关职责。”
天津	《天津市碳排放权交易管理暂行办法》	“第四条　市发展改革委是本市碳排放权交易管理工作的主管部门，负责对交易主体范围的确定、配额分配与发放、碳排放监测、报告与核查及市场运行等碳排放权交易工作进行综合协调、组织实施和监督管理，并明确有关机构具体负责本市碳排放权交易的日常管理工作。 工业和信息化、建设、国资、金融、财政、统计、市场监管和证监等部门按照各自职责做好相关工作。”
重庆	《重庆市碳排放权交易管理暂行办法》	“第四条　市发展改革委作为全市应对气候变化工作的主管部门（以下简称主管部门），负责碳排放权的监督管理和交易工作的组织实施及综合协调。 市金融办作为全市交易场所的监督管理部门（以下简称监管部门），负责碳排放权交易的日常监管、统计监测及牵头处置风险等工作。 市财政局、市经济信息委、市城乡建委、市国资委、市质监局、市物价局等部门和单位按照各自职责做好碳排放权交易相关管理工作。”

续表

地区	规定	内容
深圳	《深圳市碳排放交易管理暂行办法》	"第四条　市发展和改革部门是本市碳排放权交易工作的主管部门(以下简称主管部门),主要履行下列职责: (一)制定碳排放权交易相关规划、政策、管理制度并组织实施; (二)负责提出碳排放权交易的总量设定以及配额分配方案; (三)确定碳排放权交易的管控单位并监督其履约; (四)监督碳排放权交易相关主体的碳排放权交易活动; (五)建立并管理碳排放权注册登记簿和温室气体排放信息管理系统; (六)统筹、指导、协调本市碳排放权交易工作。"

4. 第三方核查机构

试点区域均对碳交易市场的第三方核查机构予以规范。其中,深圳市和北京市不仅确定了对第三方认证机构的要求,同时还明确规定了相关工作人员所需要具备的条件。[①] 具体详见表 2.4。

表 2.4　地方法规对比

地区	规定	内容
上海	《上海市碳排放管理试行办法》	"第五条　市发展改革委负责受理核查机构备案申请,并按照公开、自愿的原则组织申报。下列机构可以申请备案: (一)具备以下条件,在本市行政区域内注册,并具有独立法人资格的企事业单位: 1. 企业法人注册资本不低于人民币 1000 万元,事业法人开办资金不低于人民币 500 万元,具有一定的经济偿付能力; 2. 具有开展业务活动所需的固定场所、设施、办公条件,以及稳定的财务支持和完善的财务制度;

① 《深圳市碳排放权交易管理暂行办法》第 31 条。

续表

地区	规定	内容
		3. 机构或主要技术负责人近3年内承担国家或本市碳排放核算方法编制、温室气体清单编制、试点企业碳排放状况初始报告盘查等领域项目总计不少于3项；或近3年内在温室气体控制和管理领域完成至少3项国家级或本市市级课题的本市节能量审核机构、节能评审机构； 4. 具有6名以上核查人员； 5. 具备健全的核查工作相关内部质量管理制度，包括：明确管理层和核查人员的任务、职责和权限，明确至少1名高级管理人员作为核查工作技术负责人，明确保密管理、核查人员管理、核查活动管理、核查文件管理、申诉、投诉和争议处理、不符合及整改措施处理等相关规定。”
北京	《北京市碳排放交易核查机构管理办法(试行)》	“第六条　申请备案的核查机构应符合以下条件： （一）在本市行政区域内注册，具有独立法人资格，注册资金在300万元人民币以上，近两年法人年检均合格。 （二）拥有固定办公场所及核查工作办公条件，具有良好的从业信誉和健全的财务会计制度。 （三）经清洁发展机制（CDM）执行理事会批准的指定经营实体，或经国家发展和改革委员会备案的温室气体自愿减排项目审定与核证机构，或经国家认证认可监督管理委员会备案的温室气体核查机构，或经国家及北京市推荐的节能量审核机构；且近三年在国内完成的CDM或自愿减排项目的审定与核查、ISO14064企业温室气体核查、节能量审核等领域项目总计不少于10个。 （四）对无上述（三）款规定的核查或审核经历的特定行业机构，应在温室气体减排领域内独立完成至少2个国家级课题或本市市级课题，或自主开发至少3个经国家主管部门备案的自愿减排项目方法学。 （五）具备健全的核查工作相关内部质量管理制度，包括：明确管理层和核查人员的任务、职责和权限；明确至少一名高级管理人员作为核查工作负责人；明确保密管理、核查人员管理、核查活动管理、核查文件管理、申诉、投诉和争议处理、不符合及整改措施处理等相关规定。 （六）拥有3名（含）以上具有本市备案资质的核查员。”

续表

地区	规定	内容
广东	《广东省碳排放管理试行办法》	“第八条　在本省区域内承担碳排放信息核查业务的专业机构,应当具有与开展核查业务相应的资质,并在本省境内有开展业务活动的固定场所和必要设施。 从事核查专业服务的机构及其工作人员应当依法、独立、公正地开展碳排放核查业务,对所出具的核查报告的规范性、真实性和准确性负责,并依法履行保密义务,承担法律责任。”
湖北	《湖北省碳排放权管理和交易暂行办法》	“第三十六条　第三方核查机构应当具备以下条件: (一)具有独立法人资格和固定经营场所; (二)具有至少 8 名核查专业技术人员; (三)具有近 3 年从事温室气体排放核查相关业务的工作经历。”
天津	《天津市碳排放权交易管理暂行办法》	“第十五条　本市建立碳排放核查制度。第三方核查机构有权要求纳入企业提供相关资料、接受现场核查并配合其他核查工作,对纳入企业的年度排放情况进行核查并出具核查报告。”
重庆	《重庆市碳排放配额管理细则(试行)》	“第七条　本市对配额实行总量控制。以配额管理单位既有产能 2008—2012 年最高年度排放量之和作为基准配额总量,2015 年前,按逐年下降 4.13% 确定年度配额总量控制上限,2015 年后根据国家下达本市的碳排放下降目标确定。 配额管理单位在 2011—2012 年扩能或新投产项目,其第一年度排放量按投产月数占全年的比例折算确定。 2015 年前配额实行免费分配。”
深圳	《深圳市碳排放权交易管理暂行办法》	“第三十一条　工业行业碳核查机构在本市开展碳核查业务,应当具备下列条件: (一)在本市注册两年以上,具有独立法人资格的企事业单位、社会团体或者依法设立的分支机构; (二)在本市拥有固定的办公场所和必要设施; (三)具有十名以上经市市场监督管理部门备案的专职核查人员,其中至少有两名从事碳核查业务三年以上; (四)具有符合核查工作要求的组织机构及内部管理制度;

续表

地区	规定	内容
		（五）具有组织温室气体量化、核查等相关工作经验，且没有碳核查从业违法违规行为记录； （六）具备一定的经济偿付能力，并设立了应对风险的基金或者购买相应的风险责任保险。 工业行业碳核查人员在本市开展碳核查业务，应当具备下列条件： （一）属于核查机构的专职工作人员； （二）具有本科以上学历、四年以上工作经历或者理工类大专学历、八年以上工作经历； （三）个人信用良好，没有违法违规的从业记录； （四）通过市市场监督管理部门组织的专业考核。 工业行业碳核查机构及碳核查人员应当向市市场监督管理部门备案。市市场监督管理部门应当在市政府和本单位门户网站以及碳排放权交易公共服务平台网站公布经备案的碳核查机构名录。 工业行业碳核查机构和碳核查人员的管理办法由市市场监督管理部门会同主管部门另行制定。”

第三章

碳排放权交易方式和交易规则

一、碳排放权的交易种类和交易方式

（一）交易所内交易

以北京碳排放权交易市场交易规则为例，在交易所内开展配额及项目减排量交易，具有线上公开交易和线下协议转让两种方式。

1. 线上公开交易

线上公开交易，是指交易参与人通过交易所电子交易系统，发送申报/报价指令参与交易的方式。申报的交易方式分为整体竞价交易、部分竞价交易和定价交易三种方式（详见表 3.1）。整体交易方式下，只能由一个应价方与申报方达成交易，每笔申报数量须一次性全部成交，如不能全部成交，交易不能达成。部分交易方式下，可以由一个或一个以上应价方与申报方达成交易，允许部分成交。定价交易方式下，可以由一个或一个以上应价方与申报方以申报方的申报价格达成交易，允许部分成交。

表 3.1　线上公开交易的几种方式比较

项目	整体竞价交易	部分竞价交易	定价交易
成交价格	最优价格	优于底价	底价成交

续表

项目	整体竞价交易	部分竞价交易	定价交易
成交数量	全部成交	部分成交	部分成交
成交时间	自由报价期+限时报价期	自由报价期	即刻成交
对手方数量	唯一对手方	多个对手方	多个对手方
适用情况	寻找最优价格，固定成交量	寻找最优价格，可以接受部分成交	快速成交，对价格无更高追求

2. 线下协议转让

线下协议转让，是指符合《北京市碳排放配额场外交易实施细则（试行）》规定的交易双方，通过签订交易协议，并在协议生效后到交易所办理碳排放配额交割与资金结算手续的交易方式。根据要求，两个及以上具有关联关系的交易主体之间的交易行为（关联交易），以及单笔配额申报数量10,000吨及以上的交易行为（大宗交易），必须采取协议转让方式。

（二）衍生品交易

碳交易除包括在交易所场内开展的碳排放权配额和项目减排量两类碳现货交易外，还包括依托现货市场发展起来的碳期货、期权、远期等衍生品交易。其中，碳现货市场是基础市场、原生市场，其发展必然带来传统金融行业的关注并与其逐渐融合。但真正意义上的碳金融市场发展，应该是以碳期货为代表的衍生品交易市场，它的出现是现货市场发展的内在要求，也将极大地促进碳市场与传统金融行业的融合。

此外，当前碳市场存在多样化的投融资模式，包括碳信贷、碳基金、碳债券、碳指标质押融资、碳中和等。碳融资的资金供给源于国内和国际资本两大方面，国内资本的供给主体有政府、金融机构、企业，国际资本主要通过世界银行碳基金和《京都议定书》下的JI以及CDM项目合作进入一国低碳资金供给。

碳期货、碳期权、碳远期、碳互换、碳股票、碳债券等衍生品，既是在交易市场上用于交易的产品，又是为碳融资的服务的工具，属于以上两类的交集部分。为响应国务院《关于进一步促使资本市场健康发展的若干意见》及国务院《关于创新重点领域投融资机制鼓励社会投资的指导意见》有关国家鼓励和支持社会资本投资碳配额市场的意见，国内碳排放权交易各试点正在积极进行多种探索，包括鼓励重点排放单位及其他配额持有者开展碳排放配额抵押式融资、配额回购式融资、配额托管等业务，加强碳资产管理，充分利用市场机制推动节能减排工作。

（三）相关服务

除了碳交易和涉碳投融资以外，广义的碳排放权交易还包括为减少温室气体排放、减缓和适应气候变化相关的金融活动提供担保、咨询、信息服务等的中介活动，以及碳排放权交付保证、低碳指数等相关产品，包括专业机构为 MRV 和履约、为自愿减排量提供开发和咨询等提供专项服务。

二、试点区域碳排放交易规则

（一）碳排放权交易规则简述

1. 碳排放权交易规则的构成

碳排放权交易规则，是指对碳排放权交易本身及其实施全过程进行约束和规范的法律、法规、政策、规范等。具体包括规定碳排放权交易实施基础的法律法规、碳排放权配额交易法律法规、数据收集相关法律法规、排放交易拍卖相关法律法规、配额分配相关法律法规、排放交易成本相关法律法规、抵消机制相关法律法规、核证机构认可指南等。

通常来讲，碳市场是一个非常复杂的集合，出于对特定温室气体排放的控制政策而形成，本身具有政策性和策略性。因此，其存在取决于定义的目标、流程和重大规则及原则相关的框架。而且,这种市场本身已融入监管传统,受到个人自由和集体自由、公共机构本身性质和范围,以及经济活动一般参数等相关的基本决策的限制。因此,没有法律的约束和排放交易的规范,碳排放权交易机制的推出和随之进行的运作都不会得到完全认可。

2. 碳排放权交易规则的重点

确立碳排放权交易机制各个方面的法律范畴非常重要,特别在以下几个方面:

(1)界定参与排放交易相关主体对应的权利和责任。例如,监控和报告数据的要求、获得相关许可,以及在各个规定期间可用配额的数量,不履约惩罚条款;但还有关于配额的法律性质、分配、转让和交易的程序要求,包括合同和债务方面。为避免欺诈和滥用而对市场进行管理,例如,对从事配额交易的金融服务机构,形成前置性要求和限制。相关的主体同样享有一定的权力和资格,例如,保护他们作为(合法)配额持有方的法律地位,既与市场中其他机构相关,又与公共部门相关,因为相关主体基本权利可能受到妨碍。

(2)界定公共部门的权力和职责,特别是确立主管部门的运作程序规则,以及在日常运作中适用的实质或重大规范、原则和目标。除了设定排放限额和分配流程等碳排放权交易体系相关的权威机构外,还需要其他体制结构以进行注册平台的创建和运作,市场交易和交流的监管,以及安装平台的监控和认证。如前所述,一些功能可能授权给相关的民间或社会部门,如独立认证机构,他们的运作条件需要明确的定义。尽管许多任务会授权现有机构完成(例如,在污染防止和控制方面,或在金融市场监督方面),但对于无法通过现有机构执行的任务,需要新的行政和体制结构,由此将带来财务和人员等方面的挑战。

(3)碳排放权交易体系不能存在规范真空,需要按照国际、区域或国内法律不断完善,使其遵守重大规则和原则。这种完善和遵守可能涉及国家内部甚至国际间在管制方面的分歧和冲突,因此必须严肃对待。[①]

(二)七试点交易规则介绍

我国碳排放权交易七试点地区的交易活动均在当地交易所完成,交易所的业务活动主要包括以下五个方面的内容:

(1)交易市场。交易市场由交易场所、交易参与人与交易权、交易品种、交易时间等方面构成。

(2)产品买卖。产品买卖的相关规则主要对交易中各个要件进行了规定,包括委托的方式、申报方式、申报类型、竞价交易、涨跌幅限制、成交原则、大宗交易等方面进行了规定。

(3)交易支付、清算、交割机制。交易支付是交易机制的一个特殊方面,包括交易过程中的资金安排、清算和交割等环节。

(4)交易信息。包括即时行情、交易公开信息、市场成交情况等信息。

(5)交易的其他规则。包括开盘价收盘价的确定、价格稳定机制,会员管理等相关问题。

本节内容将从交易所切入,对七试点交易规则加以总结介绍。

1. 交易方式

国际上对于交易机制的划分基本是由交易价格的特点决定的,分为指令驱动和报价驱动两种。指令驱动是一种竞价制度,即市场上价格是由买卖双方订单共同驱动形成。报价驱动则是一种连续交易商市场,即买卖价格由做市商根据市场上双方力量和自身情况进行双向报价,做市商成为买卖双方的共同对手方。

碳交易试点市场中延续了国内竞价交易主导市场的现状。在订单驱动模式下,各个交易所的交易制度的区别,主要体现在下单方式及价格匹配过程的连续性。由于受 38 号文及 37 号文中“不得采取集中交易方式进行交

① 德国国际合作机构、国家发改委应对气候变化司:《碳交易培训教材》(第二版),2014 年 8 月。

易……包括集合竞价，连续竞价，电子撮合，匿名假意，做市商等交易方式……”的限制性规定，各碳交易试点多数采用部分竞价、定价交易、单向配对等交易方式来兼顾交易的效率和监管的要求。

全国七个碳交易试点城市交易所的市场交易方式分析如表3.2所示。

表3.2　试点地区交易所交易方式

试点地区交易所	交易方式		具体含义
北京环境交易所	公开交易	整体竞价交易	每笔申报数量须一次性全部成交，否则交易不能达成
		部分竞价交易	可以由一个或一个以上应价方与申报方达成交易，允许部分成交
		定价交易	申报方固定价格由一个或一个以上应价方与申报方达成交易成交，允许部分成交
	协议转让		单笔交易额超过10,000吨或关联交易进行协议转让
天津排放权交易所	网络现货交易		是指交易者通过交易所交易系统对碳配额产品进行交易申报，经匹配后生成电子交易合同，持有电子交易合同的交易者可根据申报实现实物交收的交易方式
	协议交易		协议交易是指在交易所组织下，交易者通过协商方式确定交易内容、交易价格等条款，签订交易合同，完成交易过程的交易方式
	拍卖交易		拍卖交易是指交易标的以整体为单位进行挂牌转让，在设定的一个交易周期内，多个意向受让方（不少于2人）对同一标的物按照拍卖规则及加价幅度出价，直至交易结束，最终按照“价格优先，时间优先”原则确定最终受让方的交易方式

续表

<table>
<tr><th>试点地区交易所</th><th colspan="2">交易方式</th><th>具体含义</th></tr>
<tr><td rowspan="2">上海环境能源交易所</td><td colspan="2">挂牌交易</td><td>是指在规定的时间内,会员或客户通过交易系统进行买卖申报,交易系统对买卖申报进行单向逐笔配对的公开竞价交易方式</td></tr>
<tr><td colspan="2">协议转让</td><td>协议转让,是指交易双方通过交易所电子交易系统进行报价、询价达成一致意见并确认成交的交易方式</td></tr>
<tr><td rowspan="3">重庆联合产权交易所</td><td rowspan="3">协议交易</td><td>意向申报</td><td>意向申报指令包括交易品种代码、买卖方向、交易价格、交易数量和交易账号等内容。意向申报不承担成交义务,意向申报指令可以撤销</td></tr>
<tr><td>成交申报</td><td>成交申报要求明确指定价格、数量和对手方。成交申报指令在交易系统确认成交前可以撤销。交易系统对交易品种代码、买卖方向、交易价格、交易数量、对手方交易账号和约定号等各项内容均匹配的成交申报进行成交确认</td></tr>
<tr><td>定价申报</td><td>合意的对手方通过交易系统发出成交指令,按指定的价格与定价申报全部或部分成交,交易系统按时间优先顺序进行成交确认</td></tr>
<tr><td rowspan="4">广州碳排放权交易中心</td><td colspan="2">挂牌竞价</td><td>指交易参与人通过交易系统进行买卖申报,由交易系统对申报排序后进行揭示,并在交易系统规定的时间段内对买卖申报进行一次性单向配对的交易方式。挂牌竞价的交易时段分为申报时段和配对时段</td></tr>
<tr><td colspan="2">挂牌点选</td><td>是指交易参与人提交卖出或买入挂单申报,确定标的数量和价格,意向受让方或出让方通过查看实时挂单列表,点选意向挂单,提交买入或卖出申报,完成交易的交易方式</td></tr>
<tr><td colspan="2">单向竞价</td><td>是指出让方向交易系统提交卖出挂单申报,确定标的数量和保留价,在规定时间内由意向受让方通过网络进行自主竞价并成交的交易方式</td></tr>
<tr><td colspan="2">协议转让</td><td>协议转让是指交易双方通过协商达成一致并通过交易系统完成交易的交易方式。交易参与人采用协议转让的,其单笔交易数量应达到10万吨或以上</td></tr>
</table>

续表

<table>
<tr><th>试点地区交易所</th><th colspan="2">交易方式</th><th>具体含义</th></tr>
<tr><td rowspan="3">湖北碳排放权交易中心</td><td colspan="2">协商议价转让</td><td>协商议价转让是指在本中心规定的交易时段内,卖方将标的物通过交易系统申报卖出,买方通过交易系统申报买入,本中心将交易申报排序后进行揭示,交易系统对买卖申报采取单向逐笔配对的交易模式</td></tr>
<tr><td rowspan="2">定价转让</td><td>公开转让</td><td>公开转让是指卖方将标的物以某一固定价格在本中心交易系统发布转让信息,在挂牌期限内,接受意向买方买入申报,挂牌期截止后,根据卖方确定的价格优先或者数量优先原则达成交易。单笔挂牌数量不得小于10,000吨二氧化碳当量</td></tr>
<tr><td>协议转让</td><td>是指卖方指定一个或多个买方为指定交易对手方,买卖双方场外协商确定交易品种,价格及数量,签订协议转让协议,并在交易系统内实施标的物交割的交易方式</td></tr>
<tr><td rowspan="3">深圳排放权交易所</td><td colspan="2">电子竞价</td><td>竞价过程分为自由报价期和限时报价期,进行竞价</td></tr>
<tr><td colspan="2">定价点选</td><td>是指交易参与人按其限定的价格进行委托申报,其他交易参与人对该委托进行点选成交的交易方式</td></tr>
<tr><td colspan="2">大宗交易</td><td>大宗交易是指单笔交易数量达到10,000吨二氧化碳当量以上的交易</td></tr>
</table>

从以上分析中可以看出,我国碳交易试点各个交易所的交易方式有以下几个特点:

(1)七家交易所除了重庆以外,均分有公开市场交易和大宗交易两种基本交易方式,各个试点地区公开交易和大宗交易的要求不尽相同。

(2)北京、重庆和深圳严格按照37号文和38号文的规定,未有集中竞价、电子撮合等交易方式,而天津、上海、广州、湖北等交易所等采取的网络现货交易、挂牌交易、挂牌竞价、协商议价转让等交易方式,其实施上均为集中竞价和电子撮合。

(3)七家交易所交易规则相同的部分包括:采取非连续交易为主要交易模式,交易规则大体一致;采取连续交易规则,在竞价方式成交方式等方面交易规则大体一致。其他交易规则保持一致的内容包括:公开交易信息基本一致,银行第三方存管制度基本一致,和地方及国家注册登记系统的连接方式基本一致。大宗商品的交易规则关键内容基本一致:门槛从1万吨、10万吨,到20万吨不等。

2. 交易时间

目前,根据各自发布的交易规则,各交易所有不同的开闭市时间,具体见表3.3。

表3.3　试点地区交易所交易时间

试点地区交易所	交易方式	交易时间
北京环境交易所	公开交易	9:30－11:30 13:00－15:00
	协议转让	9:30－12:00 13:30－16:00
天津排放权交易所	网络现货交易	9:30－11:30 13:00－15:00
	协议交易	9:30－11:30 13:00－15:00
上海环境能源交易所	挂牌交易	9:30－11:30 13:00－14:00
	协议转让	14:00－15:00
重庆联合产权交易所	协议交易	9:30－11:30 13:30－15:30
广州碳排放权交易中心	挂牌竞价	9:30－11:30 13:30－15:30
	挂牌点选	
	单向竞价	
	协议转让	
湖北碳排放权交易中心	协商议价转让	9:30－11:30 13:00－15:00
	定价转让	

续表

试点地区交易所	交易方式	交易时间
深圳排放权交易所	电子竞价	9:30 －12:00 13:30 － 15:30
	定价点选	
	大宗交易	

3. 申报、竞价和成交

我国七个碳交易试点公开交易的申报、竞价方式和成交原则如表 3.4 所示。

表 3.4　试点地区交易所申报、竞价方式及成交原则

交易所	交易方式		申报方式	竞价方式	成交原则
北京环境交易所	公开交易	整体竞价交易	单笔不超过 10,000 吨	分自由报价期和限时报价期。在限时报价期,如出现新的有效报价,则立即进入新的限时报价周期;在一个限时报价周期内如未出现新的有效报价,则限时报价结束	价格优先,最优价为成交价
		部分竞价交易	单笔不超过 10,000 吨	竞价活动结束,对所有的有效报价按成交原则匹配成交	价格优先、数量优先、时间优先
		定价交易	单笔不超过 10,000 吨	按时间优先的原则匹配成交,未实现匹配的数量在交易活动结束后自动撤销	时间优先
天津排放权交易所	网络现货交易		单笔不超过 20 万吨	交易者可以采用限价指令和交易所规定的其他方式委托交易会员交易碳配额产品。限价指令是指执行时必须按限定价格或更好价格成交的指令	价格优先、时间优先

续表

<table>
<tr><th>交易所</th><th colspan="2">交易方式</th><th>申报方式</th><th>竞价方式</th><th>成交原则</th></tr>
<tr><td></td><td colspan="2">拍卖交易</td><td>单笔不超过20万吨</td><td>在设定的一个交易周期内，多个意向受让方(不少于2人)对同一标的物按照拍卖规则及加价幅度出价，直至交易结束，最终按照“价格优先，时间优先”原则确定最终受让方的交易方式</td><td>价格优先、时间优先</td></tr>
<tr><td>上海环境能源交易所</td><td colspan="2">挂牌交易</td><td>单笔不超过10万吨</td><td>当买入申报价格高于或等于卖出申报价格，则配对成交</td><td>成交价为买入申报价格、卖出申报价格和前一成交价三者中居中的一个价格</td></tr>
<tr><td rowspan="3">重庆联合产权交易所</td><td rowspan="3">协议交易</td><td>意向申报</td><td>未明确说明</td><td>意向申报不承担成交义务，意向申报指令可以撤销</td><td></td></tr>
<tr><td>成交申报</td><td>未明确说明</td><td>成交申报要求明确指定价格、数量和对手方</td><td></td></tr>
<tr><td>定价申报</td><td>未明确说明</td><td>合意的对手方通过交易系统发出成交指令，按指定的价格与定价申报全部或部分成交，交易系统按时间优先顺序进行成交确认</td><td>时间优先</td></tr>
<tr><td rowspan="2">广州碳排放权交易中心</td><td colspan="2">挂牌竞价</td><td>未明确说明</td><td>挂牌竞价的交易时段分为申报时段和配对时段。
配对时段中，交易系统按“价格优先，时间优先”的原则对申报进行配对成交，并在成交后对成交信息进行揭示</td><td>价格优先、时间优先</td></tr>
<tr><td colspan="2">挂牌点选</td><td>未明确说明</td><td>交易参与人向交易系统提交挂牌点选交易挂单申报。挂单申报需提交交易标的代码、数量、单价、买卖方向等信息。申报完成后对应的交易标的或资金会被冻结，并进入挂单队列</td><td>根据“价格优先、时间优先”的原则，只可点选最优价格成交</td></tr>
</table>

续表

交易所	交易方式	申报方式	竞价方式	成交原则
	单向竞价	未明确说明	竞价的过程由自由竞价阶段和限时竞价阶段组成。自由竞价阶段结束后交易系统将根据预先设定的限时周期自动延时,进入限时竞价阶段,限时竞价阶段结束时的最新有效报价即为成交价	价格优先
湖北碳排放权交易中心	协商议价转让	未明确说明	协商议价采用非连续交易方式。每个交易时段分为申报时段、议价时段和揭示时段;议价时段和揭示时段为1分钟; 交易时段内,本中心实时揭示5个最高买入价与5个最低卖出价;议价截止后,公布成交信息	当买入价格高于卖出价格,按最低卖出价格协商成交;议价按申报价格高低、时间先后、数量多少的顺序进行排列
深圳排放权交易所	电子竞价	未明确说明	电子竞价的报价时段分为自由报价时段和限时报价时段。延时报价时段是对自由报价时段的补充	最高报价高于申报价时,最高价为成交价成交;最低报价低于申报价,以该成交价
	定价点选	单笔申报不超过10,000吨	按时间优先的原则匹配成交,未实现匹配的数量在交易活动结束后自动撤销	时间优先

注:湖北将公开转让与协议转让统称为"定价交易",但在实际交易中委托方/发起人申报挂单时并未确定最终的成交价,而是根据卖方确定的价格优先或者数量优先原则达成交易,若根据价格优先原则属于竞价(限价)交易;若根据数量优先原则属于定价交易。

根据各试点碳排放权交易所的现有规则，可将各交易所的交易方式总结如下：

(1)现货普遍采用撮合交易模式。碳排放权的现货交易和证券现货交易差距比较大，交易方式多种多样：有网络动态拍卖、定价交易、连续竞价等多种形式。成交的原则如果是撮合交易，多采取价格优先、时间优先的原则。

(2)交易前账户中应有全额资金与配额。目前各试点的现货交易模式，都规定交易参与人进行买入申报时，其交易账户中应有足额的可用资金；交易参与人进行卖出申报时，其交易账户中应有足额的可交易配额。

(3)交易方式主要有竞价、定价与协议交易。在具体的交易方式上，考虑到各交易所对于相似的交易方式有不同的名称，在此我们按照价格形成与报价者数量关系等特点进行分类，总体上将交易方式作如下区分：

1)从委托方/发起人与意向方/应价人的关系来区分，交易方式可以分为一对一的协议交易、一对多的单向交易、多对多的双向交易。

在协议转让方面，各试点碳排放权交易所的形式基本相同，即买卖双方在场内/场外已达成意向后，向交易所提交成交申请，经交易所场内确认后完成交易。其中，大部分试点交易所的协议交易分为意向申报与成交申报两个阶段。意向申报阶段实质是为协议交易者提供场内寻找对手方和进行磋商的渠道，最终实际是通过一对一的关系确定对手方，达成交易。

一对多的单向交易，指委托方/发起人首先通过系统向不特定的参与方发布明确的交易意向，包括买卖方向、数量与价格等，由多个意向方/应价人响应，并根据价格、时间等交易规则明确的优先顺序选择对手方成交的方式。

多对多的双向交易，指交易参与方自主申报交易意向，由交易所根据交易规则明确的优先顺序撮合成交的方式。

2)从价格形成方式来区分，在一对多的单向交易方式中，又可以分为定价交易和竞价(限价)交易。

定价交易，指交易委托方/发起人提交卖出或买入挂单申报时，已确定标的数量和价格，最终的成交价格即为该价格。

而在竞价交易中，交易委托方/发起人发出的报价指令实际为限价指令，最终获得的成交价取决于市场中意向方/应价人的报价，可能为委托方/发起人的报价，也可能优于该价格。一般来说，取决于委托方/发起人的挂单供需情况。

目前，我国七试点市场中出现了较多的单向交易，主要是由于受到 38 号文和 37 号文的限制，不允许采用连续交易、集中交易的方式，因而设计开发了此类交易方式。

然而，在目前各试点的碳排放权交易所中，已有部分交易所采取了多元化的设计方式，规避了 38 号文和 37 号文的限制，实现了双向竞价交易。比如部分碳排放权交易所使用系统匹配确认后成交的方式，自动将符合双方条件的买卖挂单匹配成交，部分交易所采用每五分钟进行一次配对的方式匹配成交。另外，大部分试点交易所的协议转让交易方式，都具有意向申报的阶段。意向申报阶段实质是为协议交易者提供场内寻找对手方和进行磋商的渠道，其实际作用与单向竞价的作用相似，但协议转让的意向申报阶段可以为申报方提供更灵活的沟通渠道和选择成交的可行性，在协议转让交易方式设计合理的条件下，可以不另设单向交易的交易方式。

(4)成交撮合原则分析。成交撮合原则，指买卖订单匹配后达成交易的基本条件，订单类型有市价订单与限价订单两种基本形式。根据目前我国七试点交易所及国际各类交易市场的经验，成交原则均为：买入订单报价≥卖出订单报价；订单类型均为限价订单。

订单匹配原则，指对订单进行撮合时，排序的优先原则。一般有价格优先原则和时间优先原则。价格优先原则，是指价格较高的买入订单优先于较低的买入订单，价格较低的卖出订单优先于较高的卖出订单。时间优先原则，是指当存在若干相同价格的订单时，最早进入系统的订单优先于其后的订单。我国部分试点交易所还有数量优先的原则，即使得成交数量最大的订单优先于其他订单。

4. 风险控制制度

为了维护市场稳定,各交易所均制定有以涨跌幅限制为主要内容的价格稳定机制。各个碳交易试点涨跌幅比例分析如表3.5所示。

表3.5 试点地区交易所风险控制制度

交易所	涨跌幅比例
北京环境交易所	当日基准价的±20% 注:基准价为上一交易日所有通过公开交易方式成交的交易量的加权平均价
上海环境能源交易所	上一交易日收盘价的10%
深圳排放权交易所	上一交易日收盘价的10%;大宗交易为30%
广州碳排放权交易所	上一交易日收盘价的10%;单向竞价交易不设涨幅限制(采取挂牌竞价、挂牌点选交易方式的成交价格须在开盘价±10%区间内;采取单向竞价交易方式的,保留价须在开盘价±10%区间内。协议转让交易中,申报价格应不高于前一个交易日收盘价的130%,不低于前一个交易日收盘价的70%)
天津排放权交易所	为 上一交易日收盘价的10%
重庆碳排放权交易所	为 上一交易日收盘价的20%
湖北碳排放权交易所	协商议价转让试行日议价区间限制,议价幅度比例为10%。定价公开转让和协议转让申报幅度比例为30%

从表3.5中可以看出,各试点均设有涨跌幅限制,且根据成交方式的不同,涨跌幅限制的比例也有所区别:存在协议转让或大宗交易等交易方式的试点地区,这两种成交的涨跌幅限制比例较公开市场成交涨跌幅比例扩大,其原因主要是这两种方式单笔交易量较大,议价程度较高。

此外,大多试点交易所还实行以下风险控制制度,如:

(1)配额最大持有量限制制度,即交易参与人持有的配额数量不得超过交易所规定的限额。

(2)大户报告制度,交易参与人的配额持有量达到交易所规定的报告标准或被交易所指定必须报告的，应当向交易所报告。

（3）风险警示制度，交易所认为必要的，可以单独或者同时采取要求交易参与人报告情况、发布书面警示和风险警示公告等措施，以警示和化解风险。

（4）风险准备金制度，交易所按照交易手续费收入的10%提取，风险准备金应当单独核算，专户存储等。

5. 信息披露制度

透明度是交易市场的重要影响因素，不仅直接影响到市场的公正，而且也影响到市场的流动性、有效性。当前，七试点碳市场信息披露的内容、时间不尽相同，具体见表3.6。

表3.6　试点地区交易所信息披露制度

地区	信息披露制度
北京	每个交易日发布碳排放权交易即时行情、碳排放权交易公开信息等交易信息。及时编制反映市场成交情况的各类日报表、周报表、月报表和年报表，并通过本所网站或其他媒体予以公布。即时行情内容包括：以公开交易方式交易的成交量、成交价格等
上海	交易所实行交易信息披露制度。交易所每个交易日发布碳排放交易即时行情以及碳排放交易公开信息等其他有关信息。交易所及时编制反映市场成交情况的周报表、月报表、年报表，并予以发布
天津	交易所定期公布交易价格，交易量等信息。交易所通过交易系统和专业网站发布交易所的有关文件和数据材料，想交易者提供交易行情及相关的行业综合信息
重庆	无详细规定
广东	广碳所每个交易日发布碳排放配额交易即时行情以及碳排放配额交易公开信息。广碳所定期编制反映市场成交情况的相关统计报表、分析报告，并予以及时发布
湖北	本中心披露的信息是指实施交易信息、统计资料、本中心发布的公告信息以及要求披露的其他相关信息。交易信息包括标的物代码、标的物简称、日起始价、日收盘价、最高价、最低价、最新价、当日累计成交数量、当日累计成交金额、最高五个买入价格和数量、最低五个卖出价格和数量等。本中心制定交易信息管理办法，对信息披露行为进行监督管理
深圳	主管部门应当会同相关部门建立碳排放权交易公共服务平台网站，及时披露和公开碳排放权交易相关管理信息

在交易规则中,各试点交易所一般未明确规定具体的即时行情信息与报告信息,但普遍公布竞价和定价交易的即时行情,而对大宗交易/协议转让的行情则在日终进行披露或不做披露。

(三)北京碳排放权交易试点交易规则体系

本部分以北京为例,系统介绍展示我国试点地区的交易规则体系所包含的内容。

1. 主要历程

北京碳市场自2013年11月28日开市至2018年12月31日,已完整经历了5个履约年。5年来,北京市先后出台了核查机构管理办法、交易规则及配套细则、公开市场操作管理办法、行政处罚自由裁量权规定、碳排放权抵消管理办法等配套政策文件与技术支撑文件,这对北京碳市场试点建设工作进行了有效补充和完善,新增符合条件的自然人参与碳交易,为市场健康发展提供了基础保障和新的活力。2016年度,北京碳交易市场的覆盖范围由固定设施扩展到移动排放源,同时重点排放单位的门槛由1万吨降低到5000吨,控排主体增加约1倍。与此同时,北京市新增4家核查机构,对排放单位的排放报告及核查报告的报送时间,以及碳排放权交易执法的法律依据和具体步骤予以明确,更好地保证了市场的顺利运行。

2. "1+1+N"的规则体系

目前,北京碳交易试点已形成"1+1+N"的较为完备的政策法规体系,具体包括北京市人大立法(1件)、地方政府规章(1件)和市发改委会同有关部门出台的配额核定方法、核查机构管理办法、交易规则及配套细则、公开市场操作管理办法、行政处罚自由裁量权规定、碳排放权抵消管理办法以及北京环境交易所推出的碳排放权交易规则及细则等20余项配套政策文件与技术支撑文件(N件),为试点建设各项工作规范有序和碳市场健康发展提供了基础保障。具体构成如下:

（1）北京市人大立法

2013 年 12 月 27 日，《关于北京市在严格控制碳排放总量前提下开展碳排放权交易试点工作的决定》于北京市第十四届人民代表大会常务委员会第八次会议正式通过。北京市关于碳排放权交易的人大立法，确立了碳排放总量控制、配额管理、碳排放权交易、碳排放报告和第三方核查 5 项基本制度及违约处罚措施，为北京市开展碳交易试点提供了法律依据。

（2）地方政府规章

2014 年 5 月 28 日，根据国家发展改革委开展碳排放权交易试点的相关部署和市人大常委会《关于北京市在严格控制碳排放总量前提下开展碳排放权交易试点工作的决定》的要求，北京市政府制定并颁布《北京市碳排放权交易管理办法（试行）》（京政发〔2014〕14 号），该管理办法根据北京市总体碳排放强度控制目标，规范碳配额分配及交易等活动的管理，明确相应的激励措施和法律责任，成为北京市域内碳排放权交易及其监督管理活动的主要依据。

（3）配套文件

2015 年年底，北京市人民政府发布重点排放单位范围调整通知，市发改委发布《关于做好 2016 年碳排放权交易试点有关工作的通知》，就 2016 年度重点排放单位范围、交易流程安排以及工作要求进行了详细说明。2016 年年初，北京市明确本市碳排放权交易市场在 2016 年 6 月 30 日后将继续运行，对于未来纳入全国统一碳排放权交易市场的重点排放单位，将研究提出已核发配额与全国排放配额的衔接方案，待国家主管部门商确后另行通知。对于未纳入全国统一碳排放权交易市场的重点排放单位，已核发的配额将继续有效。2016 年 12 月，北京市发改委印发《关于做好 2017 年碳排放权交易试点有关工作的通知》，对 947 家重点排放单位和 582 家一般报告单位的碳交易工作提出具体工作部署。

3. 跨区交易

除了做好北京市区域内碳交易工作外，北京市还积极与周边区域开展跨区碳交易工作。2014 年 12 月，北京市发改委与河北省发改委、承德市政府联合印发了《关于推进跨区域碳排放权交易试点有关事项的通知》，正式启动京冀跨区域碳排放权交易试点。2015 年 6 月，北京市发改委联合承德市政府发布《关于进一步做好京承跨区域碳排放权交易试点有关工作的通知》。2016 年 3 月，北京市发改委与内蒙古自治区发改委、呼和浩特市政府和鄂尔多斯市政府共同发布《关于合作开展京蒙跨区域碳排放权交易有关事项的通知》，联合开展京蒙跨区域碳排放权交易。关于北京 ETS 政策法规体系，详见表 3.7。

表 3.7　北京碳排放权交易系统（ETS）政策法规体系

项目	文件名
“1”：人大立法	《北京市人民代表大会常务委员会关于北京市在严格控制碳排放总量前提下开展碳排放权交易试点工作的决定》（2013 年 12 月 27 日）
“1”：政府规章	《北京市碳排放权交易管理办法（试行）》（京政发〔2014〕14 号） 《北京市人民政府关于调整〈北京市碳排放权交易管理办法（试行）〉重点排放单位范围的通知》（京政发〔2015〕65 号）
“N”：配套文件	《北京市发展和改革委员会关于开展碳排放权交易试点工作的通知》（京发改规〔2013〕5 号）
	《北京市碳排放权交易试点配额核定方法（试行）》（京发改规〔2013〕5 号）
	《北京市碳排放权交易核查机构管理办法》（京发改规〔2013〕5 号）
	《北京环境交易所碳排放权交易规则》及配套细则
	《北京市碳排放配额场外交易实施细则（试行）》（京发改规〔2013〕7 号）
	《北京市碳排放权交易公开市场操作管理办法》
	《北京市发展和改革委员会关于规范碳排放权交易行政处罚自由裁量权的规定》（京发改规〔2014〕1 号）
	《北京市碳排放权抵消管理办法（试行）》（京发改规〔2014〕6 号）

续表

项目	文件名
	《北京市发展和改革委员会关于发布行业碳排放强度先进值的通知》(京发改〔2014〕905 号)
	《北京市发展和改革委员会关于进一步开放碳排放权交易市场加强碳资产管理有关工作的通告》(京发改〔2014〕2656 号)
	《北京市发展和改革委员会关于进一步做好碳排放权交易试点有关工作的通知》(京发改〔2014〕2794 号)
	《北京市发展和改革委员会、河北省发展和改革委员会、承德市人民政府关于推进跨区域碳排放权交易试点有关事项的通知》(京发改〔2014〕2645 号)
	《北京市发展和改革委员会、承德市人民政府关于进一步做好京承跨区域碳排放权交易试点有关工作的通知》(京发改〔2015〕1248 号)
	《北京市发展和改革委员会关于公布 2015 年北京市重点排放单位及报告单位名单的通知》(京发改〔2015〕1524 号)
	《北京市发展和改革委员会关于对北京市 2015 年新增碳排放权交易核查机构、核查员备案结果进行公示的通知》(京发改〔2015〕1567 号)
	《北京市发展和改革委员会关于发布北京市 2015 年碳排放第三方核查机构和核查员名单的通知》(京发改〔2015〕1704 号)
	《北京市发展和改革委员会关于做好 2016 年碳排放权交易试点有关工作的通知》(京发改〔2015〕2866 号)
	《北京市发展和改革委员会关于印发〈节能低碳和循环经济行政处罚裁量基准(试行)〉的通知》(京发改规〔2016〕6 号)
	《关于北京市 2016 年碳排放权交易有关事项补充的通知》(京发改〔2016〕133 号)
	《关于发布北京市 2016 年碳排放第三方核查机构和核查员名单的通知》(京发改〔2016〕105 号)
	《北京市发展和改革委员会关于公布碳市场扩容后 2015 年度新增重点排放单位名单的通知》(京发改〔2016〕393 号)
	《关于发布本市第三批行业碳排放强度先进值的通知》(京发改〔2016〕715 号)

续表

项目	文件名
	《关于重点排放单位2016年度二氧化碳排放配额核定事项的通知》(京发改〔2016〕1639号)
	《北京市发展和改革委员会、内蒙古自治区发展和改革委员会、呼和浩特市人民政府、鄂尔多斯市人民政府关于合作开展京蒙跨区域碳排放权交易有关事项的通知》(京发改〔2016〕395号)
	《关于责令2015年重点排放单位限期开展二氧化碳排放履约工作的通知》(京发改〔2016〕1017号)
	《北京市关于重点排放单位2016年度二氧化碳排放配额核定事项的通知》(京发改〔2016〕1639号)
	《关于做好2017年碳排放权交易试点有关工作的通知》(京发改〔2016〕2146号)

三、全国碳排放交易市场建设展望

(一)全国碳排放交易市场建设进展

从"十二五"规划纲要,到十八届三中、五中全会决议,以及《生态文明体制改革总体方案》,都对建立我国的碳排放权交易制度做了相应部署。2016年3月发布的"十三五"规划再次明确要求,要推动建设全国统一的碳排放交易市场,实行重点单位碳排放报告、核查、核证和配额管理制度。为贯彻落实党中央、国务院关于建立全国碳排放权交易市场的决策部署,稳步推进全国碳排放权交易市场建设,经国务院同意,国家发展改革委于2017年12月18日印发了《全国碳排放权交易市场建设方案(发电行业)》(以下简称《方案》)。2017年12月19日,国家发展改革委组织召开电视电话会议,就全面落实《方案》任务要求,推动全国碳排放权交易市场建设做动员部署,全国碳排放交易体系正式启动。

1．明确市场建设方案（发电行业）

《方案》明确了将碳市场作为控制温室气体排放政策工具的定位，明确了碳市场建设要遵循稳中求进的工作要求，以发电行业为突破口率先启动全国碳排放交易体系，分阶段稳步推行碳市场建设。《方案》是当前我国碳市场建设的指导性文件。《方案》将和未来可能出台的"碳排放权交易管理条例""企业碳排放报告管理办法""第三方核查机构管理办法""碳排放权市场交易管理办法"以及相关实施细则，构成全国碳排放交易体系的法规基础。

（1）工作安排。一是整体分工。《方案》明确国务院发展改革部门负责制定配额分配标准和方法，各省级及计划单列市应对气候变化主管部门按照标准和办法向辖区内的重点排放单位分配配额。重点排放单位应当采取有效措施控制碳排放，并按实际排放清缴配额。省级及计划单列市应对气候变化主管部门负责监督清缴，对逾期或不足额清缴的重点排放单位依法依规予以处罚，并将相关信息纳入全国信用信息共享平台实施联合惩戒。二是发电行业配额管理。《方案》提出，发电行业配额将按国务院发展改革部门会同能源部门另行制定的分配标准和方法进行分配。发电行业重点排放单位需按年向所在省级、计划单列市应对气候变化主管部门提交与其当年实际碳排放量相等的配额，其富余配额可向市场出售，不足部门需通过市场购买。三是行业配额分配试算。此前，为推进全国碳排放权交易市场建设，国家发展改革委气候司于 2017 年 5 月 8—10 日在四川成都组织配额试算工作，开展电力、水泥、电解铝 3 个行业的碳排放配额分配试算、排放报告和核查交流工作。

（2）实施步骤。《方案》明确，未来全国碳市场将分三阶段稳步推进碳市场建设工作。一是基础建设期。用一年左右时间，完成全国统一的数据报送系统、注册登记系统和交易系统建设。其中注册登记系统和交易系统将分别由湖北省和上海市牵头承建，北京市、天津市、重庆市、广东省、江苏省、福建省和深圳市共同参与系统建设和运营，将按照"共商、共建、共赢"

的精神,共同推进开展系统建设工作。二是模拟运行期。用一年左右时间,开展发电行业配额模拟交易,全面检验市场各要素环节的有效性和可靠性,强化市场风险预警和防控机制,完善碳市场管理制度和支撑体系。三是深化完善期。在发电行业交易主体间开展配额现货交易。交易仅以履约为目的。在发电行业碳市场稳定运行的前提下,逐步扩大市场覆盖范围,丰富交易品种和交易方式并尽早将 CCER 纳入。

2. 夯实排放数据基础

2017 年 12 月 4 日,国家发展改革委办公厅发布《关于做好 2016、2017 年度碳排放报告与核查及排放监测计划制定工作的通知》,要求各省、自治区、直辖市及计划单列市、新疆生产建设兵团发展改革委组织上述企业(或者其他经济组织)和第三方核查机构,针对化工、建材、钢铁、有色、造纸、电力、航空等重点排放行业中,2013 年至 2017 年任一年温室气体排放量达 2.6 万吨二氧化碳当量(综合能源消费量约 1 万吨标准煤)及以上的企业或者其他经济组织进行温室气体排放核算与报告及制订监测计划、第三方核查和复核与报送工作。这是继《国家发展改革委关于组织开展重点企(事)业单位温室气体排放报告工作的通知》(发改气候〔2014〕63 号)和《国家发改委关于切实做好全国碳排放权交易市场启动重点工作的通知》(发改办气候〔2016〕57 号)后,又一次摸底全国控排企业基础数据,显示了国家对于全国碳市场基础数据的重视,也表明了国家将碳核查的质量和碳排放数据准确性放在了碳市场建设的首要位置。

按照相关要求,应对气候变化司组织各地方主管部门开展了 2016 年度、2017 年度碳排放数据报告与核查及排放监测计划制订有关工作。针对各地方在推进工作中遇到的各种各样的问题,建立了"全国碳市场帮助平台",对地方进行了有效的指导。

为充分发挥行业协会在行业管理、行业自律及服务方面对全国碳市场的积极作用,我国推动中国电力企业联合会开展发电行业碳排放交易相关工作,成立了电力行业碳交易工作组,就发电行业碳市场相关问题开展研讨和调研，研究制定发电行业配额分配方案，编制发电行业碳市场培训教材，研究全国碳市场运行测试方案，启动了发电行业碳排放交易技术指南编制工作。

3. 核证自愿减排项目和减排量备案申请暂停申报

2017 年 3 月 14 日，国家发展改革委发布公告指出，自 2012 年 6 月《温室气体自愿减排交易管理暂行办法》施行以来，对提高自愿减排交易的公正性，调动全社会自觉参与碳减排活动的积极性发挥了重要作用，但在施行中也存在温室气体自愿减排交易量小、个别项目不够规范等问题。为此，国家发展改革委正在组织修订《温室气体自愿减排交易管理暂行办法》，并于即日起，暂缓受理温室气体自愿减排交易方法学、项目、减排量、审定与核证机构、交易机构备案申请。待《温室气体自愿减排交易管理暂行办法》修订完成并发布后，将依据新办法受理相关申请。此次暂缓受理温室气体自愿减排交易备案申请，不影响已备案的温室气体自愿减排项目和减排量在国家登记簿登记，也不影响已备案的 CCER 参与交易。

（二）监管变革

根据 2018 年 3 月 13 日公布的《国务院关于提请审议国务院机构改革方案的议案》，国务院拟组建生态环境部，将环保部的职责、国家发改委的应对气候变化和减排职责等进行整合，作为国务院组成部门。

2018 年 4 月，按照《深化党和国家机构改革方案》要求，应对气候变化工作职能由发展改革委划至新组建的生态环境部。在转隶过程中，应对气候变化司也在按照“思想不乱、工作不断、队伍不散、干劲不减”的要求，持续推动全国碳市场建设，保证各项工作有条不紊地推进。

2018 年 10 月，生态环境部应对气候变化司司长李高在例行发布会上回应国际舆论质疑，指出气候变化司从发改委转到环境部，这实际上是“进一步加强应对气候变化工作的举措”。生态环境系统有非常强有力的监督体系和监督机制，更好地统筹协调利用好这样的体系，对推动中国应对气候变化目标的实现也具有非常重要的意义。李高司长同时还透露，碳排放权交易体系启动后,全国碳市场的制度体系建设在持续完善,核心是推动出台《碳排放权交易管理暂行条例》,作为全国碳市场建设运行基础的法律框架,目前条例草案已经形成,并已经过多次修改,争取尽快出台。

(三)基础设施和能力建设

根据国家主管部门相关安排和部署,全国碳排放权登记系统和交易系统将分别由湖北省和上海市牵头承建,北京市、天津市、重庆市、广东省、江苏省、福建省和深圳市共同参与系统建设和运营,将按照"共商、共建、共赢"的精神,共同推进开展系统建设工作。应对气候变化司组织有关省市协助研究并提出了全国碳市场注册登记系统和交易系统建设方案,开展了系统建设及后期运行、监管等问题研究。相关基础设施和能力建设至少包括以下三个方面:

1. 推进全国碳市场基础设施建设

组织研究设计了全国碳排放权注册登记系统和交易系统建设方案,开展系统建设相关专题调研,研究推进系统优化评估工作。推进全国企业温室气体排放数据直报系统建设。鼓励相关行业协会和中央企业集团开展行业碳排放数据调查、统计分析等工作,为科学制定配额分配标准提供技术支撑。

2. 加强全国碳市场能力建设

鼓励组织开展面向各类市场主体的能力建设培训,推进相关国际合作。研究制定对地方主管部门、重点排放单位、第三方核查机构等开展大规模培训的工作方案。针对职能转隶后的各地方应对气候变化工作队伍,气候司将对标建设生态环境保护铁军的要求,及时开展相关培训,使其尽快熟悉碳市场建设相关业务,保障全国碳市场建设的顺利推进。

3. 进一步研究完善全国碳市场重要机制设计

组织碳排放权交易试点省市及部分省市召开了关于做好新形势下碳交易工作的座谈会,进一步听取各方面对推进全国碳市场建设的意见,要求地方在机构调整期间,持续做好全国碳市场相关工作。气候司还召开了推进全国碳市场建设工作国际专家咨询会，邀请中外碳市场专家针对重点问题建言献策。在听取专家意见的基础上，又进一步深入研究配额分配、风险管理等碳市场重要机制设计。

（四）试点碳市场与全国碳市场关系

2017 年启动全国碳排放权交易体系，北京等七试点的既有碳市场面临如何有序融入全国碳市场的挑战。这不仅事关全国碳市场的建设进程，也与试点碳市场的未来发展息息相关。一方面，碳交易试点已经在碳市场顶层设计、机制建设和能力建设等方面做了大量探索，积累数年的经验，将如何为全国碳市场建设方案提供有效的支撑？另一方面，试点碳交易试点在控排门槛和行业范围等方面，均与全国碳市场初期阶段的设计存在较大差异，如何确保试点碳交易政策的稳定性？采用何种方式连接试点碳市场与全国碳市场？试点碳市场配额的存续和使用问题又如何解决？这些问题，都需要尽快找到答案，尽快向市场释放明确的政策信号，稳定市场主体的预期。

具体来看，碳交易试点与全国碳市场衔接涉及的主要问题包括行业企业覆盖范围、配额存续、规则统一以及时间进度安排等。针对这些问题，提出相关思考和建议如下：

1. 延续试点碳市场，形成多层次的全国碳市场体系

相比全国碳市场，试点碳交易试点控排企业的排放门槛较低，但同时覆盖行业更为广泛。在参与碳交易试点的控排企业中，属于发电行业且达到年排放 2.6 万吨二氧化碳并被纳入全国碳市场的企业数量十分有限。因此，在全国碳市场初期，按现行政策，绝大多数试点企业仍将参与碳交易试点交易。在这样的背景下，为持续推动试点省市区域性碳市场发展、进一步发挥碳市场在节能减排工作中的促进作用，碳交易试点应为未达到国家碳市场排放门槛要求的区域性控排企业提供稳定的市场预期，在延续试点碳市场的同时，也可以为全国碳市场的进一步发展和扩容打牢基础。

2. 做好试点阶段配额与全国市场配额的结转准备

碳市场是人为创设的市场，碳排放权（碳配额或 CCER）价值的核心是政府信用。综合考虑试点向全国过渡过程中的效率、公平及可操作性等因素，碳交易试点应允许参与全国碳市场的控排企业将试点碳配额在一定期限内予以保留。出于合法、合规性的考虑，政府无偿分配的初始配额具有一定经济价值，不能简单通过行政命令宣布作废，因为控排企业为获得初始分配（尽管多是免费获得）已付出了一定的配合调查、核算等相关成本，甚至对已分配配额也可能进行了动态交易安排，换言之，控排企业可能因信赖政府分配而对已获得的配额进行了处分，若随时宣布作废则可能造成控排企业的额外损失；另外，出于保护投资权益的考虑，控排企业通过试点市场交易获得的配额，试点制度也需保证其有效性。

3. 提前设定并公布相关时间表

仅就已经公布的发电行业的全国碳市场与试点碳市场的衔接而言，因各试点之间关于发电行业的配额初始分配、监管门槛、交易规则等存在差异，而全国碳市场的建设过程中，既不可能与试点市场的相关规则完全一致，还有可能基于对全国发电行业特点的把握、而与试点市场的既有规则和特点存在较大差异。因此，主管部门会商各试点主体及相关专业意见，在确定具体政策和操作规则时，应考虑协调既有市场主体的利益、成本和承受能力，综合平衡取舍并提前设定衔接的时间表，向社会进行公布。

（五）完善全国统一碳排放权交易规则的立法思考

碳排放权交易体系建立的全部基础在于法律制度。如前所述，与众多传统或新型交易不同的是，碳排放权交易品种的效用、市场需求、交易规则等全部体系，均源自法律创设，并随时受到法律制度的规制和政策的即时刺激。在此意义上，其他领域的立法，从未能像碳排放权领域的相关立法一样，如此深刻、细微并持续地影响整个领域内相关产业的形成、发展、繁荣或衰微。因此，与碳排放权交易相关的立法完善，是亟待深入全面思考、统筹

取舍的头等大事。关于全国统一碳排放权交易规则的立法,相关思考和建议如下:

1. 集成各方意见,充分调研论证

立法乃国之重器,一旦制定颁布,不能轻易更改。正所谓"先谋后事者昌",在碳排放立法领域尤为重要。应充分认识目前该领域立法面临多个需要纳入综合考量的现实、困难和挑战,包括:

(1)我国关于碳排放权交易相关的实践还非常有限。即使在多省市已经开展了数年的交易试点,但是,与我国整体上各地产业发展不平衡、碳排放管制意识和能力差异较大等复杂现实相比较,试点省市的相关经验和教训,虽然弥足珍贵,但是还不足以较为确定地支撑对全国碳排放权交易市场的充分预期。

(2)碳排放权交易规则在全国的统一实施,将广泛而深远地影响纳入管理的各地相关行业的未来发展。只要立法将某些行业纳入碳配额管理,例如,目前讨论中涉及的电力行业,则该行业的各个重点排放单位即面临着在全国总量设定的"大蛋糕"之下,各省市、各地区直至各重点排放单位的碳配额总量限制问题。虽然从长远意义上,实施碳配额管理,可以引导、促进行业中的企业、投资人和从业者,以转换思维、技术创新、大力减排为导向,采取相关行动和技术升级,但是,在一段时间内,对于因企业体量规模和成本等制约因素,难以很快实现技术升级、产业转型的单位,碳配额管理将对其在既有模式上的规模扩张,以及对企业利润提升和财政税收,可能存在现实的影响,从而在制度安排和决策过程中存在源自不同方面的阻力。

(3)相关企业及从业者对碳配额管理的承受能力参差不齐。总体上,碳配额管理在我国尚属新生事物。现在,碳配额管理在初期实行以免费分配为主的方式,计算并确定配额。即便如此,企业在数十年的发展过程中,环境成本很低或几乎免费的局面,形成了企业经营中较少考虑环境管理对企业成本及未来发展的影响的惯性思维。例如,在第七章案例中,被行政处罚的重点排放单位，自以为企业已经减产并减少用电量，当然地与上年度相比较不应有额外的配额清缴负担，但因对碳配额管理的计算规则不明而受到处罚。事实上，各地碳配额管理的尺度不同，不仅对于辖区内企业产生直接约束，也对未来投资者和投资预期形成直接影响。在立法过程中，如何预估制度选择对涉及企业及未来投资的影响，将面临较大的不确定性和样本的准确度问题。

（4）碳排放的监测、报告、核查及配额清缴（履约）相关计量工作基础较薄弱。从行政监督管理的角度看，碳配额管理有两大关键点，一是碳配额的总量确定及分配方法，二是碳盘查的准确性。与我国其他领域共同存在普遍现状类似，企业和行业的基础数据测量、统计的准确性和历史资料积累，均存在很大的改进空间（个别公开报道印证了存在数据造假的情况）。[①] 目前，国家主管部门在连续制定发布相关规范和指南，例如，国家发展改革委办公厅于 2013 年 10 月 15 日公布首批 10 个行业企业温室气体排放核算方法与报告指南（试行），[②]于 2014 年 12 月 3 日发布了第二批 4 个企业温室气体排放核算方法与报告指南（试行），[③]于 2015 年 7 月 6 日发布了第三批

① 天津排放权交易所 2016 年 8 月 9 日转发《经济参考报》的报道《碳价波动失真 企业不愿履约 全国碳交易体系仍需完善》显示，天津某化工企业在采访中承认 2014 年、2015 年连续两年均未履约，但随后天津市发改委发布的公告显示天津的 109 家企业 100% 履约。参见 http://www.chinatcx.com.cn/tcxweb/pages/news/news_info.jsp? article_id = 3446，最后访问日期：2017 年 9 月 25 日。

② 《中国发电企业温室气体排放核算方法与报告指南（试行）》《中国电网企业温室气体排放核算方法与报告指南（试行）》《中国钢铁生产企业温室气体排放核算方法与报告指南（试行）》《中国化工生产企业温室气体排放核算方法与报告指南（试行）》《中国电解铝生产企业温室气体排放核算方法与报告指南（试行）》《中国镁冶炼企业温室气体排放核算方法与报告指南（试行）》《中国平板玻璃生产企业温室气体排放核算方法与报告指南（试行）》《中国水泥生产企业温室气体排放核算方法与报告指南（试行）》《中国陶瓷生产企业温室气体排放核算方法与报告指南（试行）》《中国民航企业温室气体排放核算方法与报告格式指南（试行）》。

③ 《中国石油和天然气生产企业温室气体排放核算方法与报告指南（试行）》《中国石油化工企业温室气体排放核算方法与报告指南（试行）》《中国独立焦化企业温室气体排放核算方法与报告指南（试行）》《中国煤炭生产企业温室气体排放核算方法与报告指南（试行）》。

10个行业企业温室气体排放核算方法与报告指南（试行），①显示出整个碳排放的核查体系，还在加紧建立和完善过程中。

（5）支撑碳排放管理和交易体系运行的专家队伍亟待培育。与碳排放相关实践活动较初步的现状相关联，我国相关专家队伍，不论从行业的科学研究、理论体系、制度设计、技术推广、商务模式等各个相关领域，与国家提出的控制温室气体排放、走绿色生态可持续发展道路的战略定位相比较，均存在明显的差距和紧迫性。碳交易的系列规则和制度建设，从国际上看，包括国家清单报告、资金提供信息、《京都议定书》下的清洁发展机制或《巴黎协定》下的自主贡献机制，都是建立在人为的规则创设基础之上，而规则的执行、监督、审评等均由专家队伍支撑。从国内实践看，包括碳配额的计算、分配、碳盘查、CCER项目审定与核证、碳排放核查、配额清缴、政策调控等，各个环节都离不开专家队伍的专业服务支撑。更进一步讲，在碳排放交易继续发展繁荣的阶段，专家甚至是碳交易体系中，碳排放权交易品种及其衍生品的价值发现过程中不可缺少的要素，也是支撑碳交易体系在相关规则下得以顺畅运行的重要支撑。而目前较小的市场体量，无法吸引、培养足够的专家和专业人员从业，必然和制度的制定、实施及市场发展，形成交互掣肘的困难。

综上，碳排放权交易规则的立法是自上而下的引领性立法，凸显了站在全国高度上和未来可持续绿色发展需要的特点。其立法初衷有一定的高度、广度和对未来的战略考虑，相应地，就立法基础和现状条件而言，必然带有一定的超前性，以及对触动和改革既有利益和习惯所应充分估计的困难，

---

① 《造纸和纸制品生产企业温室气体排放核算方法与报告指南（试行）》《其他有色金属冶炼和压延加工业企业温室气体排放核算方法与报告指南（试行）》《电子设备制造企业温室气体排放核算方法与报告指南（试行）》《机械设备制造企业温室气体排放核算方法与报告指南（试行）》《矿山企业温室气体排放核算方法与报告指南（试行）》《食品、烟草及酒、饮料和精制茶企业温室气体排放核算方法与报告指南（试行）》《公共建筑运营单位（企业）温室气体排放核算方法和报告指南（试行）》《陆上交通运输企业温室气体排放核算方法与报告指南（试行）》《氟化工企业温室气体排放核算方法与报告指南（试行）》《工业其他行业企业温室气体排放核算方法与报告指南（试行）》。

所以，立法活动不能脱离该具体特点，一定要兼顾集成各方意见，充分调研论证，在此基础上进行平衡和取舍。同时，恰恰因为有上述种种困难和制约，立法中既要充分预估阻力并兼顾权衡，但是，又不能局限于任何部分行业、地方、领域的阻力，应牢牢把握以统一全国碳排放权交易规则立法的路径，带动整个碳排放管理法规制度的系统性建设和完善。

2. 发挥后发优势，协同多措并举

关于碳排放交易相关立法，从制度体系看，与我国其他传统或成熟的交易管理制度相比，明显尚属起步和试行阶段。从法律体系看，目前关于碳排放权交易管理的制度现状，表现出三个特点：

（1）法规制度的立法层级较低。目前，与碳排放权交易管理相关的法规制度中，没有全国人大或全国人大常委会制定的法律，也没有颁布施行的行政法规。2014 年 12 月 10 日国家发展改革委颁布施行的《碳排放权交易管理暂行办法》的立法层级仅属于部门规章。如第二章所述，各省市虽然有多地进行地方法规或地方政府规章的立法，但是，仅适用于地方范围内，不涉及全国统一交易规则的制度建设。

（2）相关行政许可事项亟待制定法律或行政法规。按照《行政许可法》的规定，有限自然资源开发利用、公共资源配置以及直接关系公共利益的特定行业的市场准入等，需要赋予特定权利的事项，可以设定行政许可。法律可以设定行政许可。尚未制定法律的，行政法规可以设定行政许可。尚未制定法律、行政法规的，地方性法规可以设定行政许可；尚未制定法律、行政法规和地方性法规的，因行政管理的需要，确需立即实施行政许可的，省、自治区、直辖市人民政府规章可以设定临时性的行政许可。临时性的行政许可实施满一年需要继续实施的，应当提请本级人民代表大会及其常务委员会制定地方性法规。地方性法规和省、自治区、直辖市人民政府规章，不得设定应当由国家统一确定的公民、法人或者其他组织的资格、资质的行政许可；不得设定企业或者其他组织的设立登记及其前置性行政许可。其设定的行政许可，不得限制其他地区的个人或者企业到本地区从事生产经营和提供服务，不得限制其他地区的商品进入本地区市场。

目前，碳排放权交易法律制度中，关于第三方核查机构的市场准入，均由各省市地方法规或地方政府规章设定临时性的行政许可，不仅从时间和程序上耗费大量行政资源，同时，因地方仅得依法设定本行政区域内的许可事项，客观上，在国家统一设定相关资质许可缺位的现状下，无法避免企业为开展不同地方业务而增加经营成本的情况。

（3）与生态环保、绿色发展及温室气体减排相关的制度政策存在交叉甚至局部重叠。随着我国经济发展阶段和可持续增长的需要，传统上的生态环保制度建设必然有相应性的加强。例如，2016 年 12 月 25 日第十二届全国人民代表大会常务委员会第二十五次会议通过的《环境保护税法》，根据 2018 年 10 月 26 日第十三届全国人民代表大会常务委员会第六次会议《关于修改〈中华人民共和国野生动物保护法〉等十五部法律的决定》修正，并于 2018 年 10 月 26 日实施。该法对规定的大气污染物、水污染物、固体废物和噪声等开征环保税，明确了此前征收排污费已转变为国家法定税种的立法导向。

绿色发展相关制度政策不仅满足于环保税法所容忍的低限，还进一步发挥引导、督促的作用，以促使不同产业在工程建设、设备制造等多个领域进行绿色、节能、可持续的资源配置。例如，2008 年通过并于次年开始实施的《循环经济促进法》明确提出减量化，规定在生产、流通和消费等过程中减少资源消耗和废物产生。2014 年通过的《国务院办公厅关于加快新能源汽车推广应用的指导意见》（国办发〔2014〕35 号）以及相关部门规定，都体现了对新能源汽车对降低能源消耗、减少污染物排放作用的肯定和推广。2017 年 1 月 18 日发布实施的国家发展改革委、财政部、国家能源局四部委《关于试行可再生能源绿色电力证书核发及自愿认购交易制度的通知》（发改能源〔2017〕132 号）则规定，试行可再生能源绿色电力证书的核发工作。绿色电力证书是国家对发电企业每兆瓦时非水可再生能源上网电量颁发的具有独特标识代码的电子证书，是非水可再生能源发电量的确认和属性证明以及消费绿色电力的唯一凭证。从即日起，将依托可再生能源发电项目信息管理系统，试行为陆上风电、光伏发电企业（不含分布式光伏发电，以下同）所生产的可再生能源发电量发放绿色电力证书（以下简称绿证）。2018年6月21日开始实施的《国家发展改革委关于创新和完善促进绿色发展价格机制的意见》（发改价格规〔2018〕943号）规定，鼓励各地探索建立基于单位产值能耗、污染物排放的差别化电价政策，推动清洁化改造；在推进规定改革任务的同时，鼓励各地积极探索生态产品价格形成机制、碳排放权交易、可再生能源强制配额和绿证交易制度等绿色价格政策，对影响面大、制约因素复杂的政策措施可先行试点，摸索经验，逐步推广。相关法规政策的配套或更新则是日新月异，不一一述及。以上多个关于旨在促进环境保护、循环利用、降低能耗、技术升级、减少碳排放的立法，或多或少存在相互间的关联或局部同效。如何发挥碳排放权的制度建设的后发优势，协同既有制度进行多措并举，是当前关于温室气体减排目标下，统一全国相关交易规则应通盘思考的问题。

3. 统筹立法体系，保障稳定预期

任何好的立法和规则制度，虽然具体行业、领域千变万化，但都有若干的共同点，其中最重要的特点之一是：给予各相关方以清晰、稳定的规则预期。相关各方既包括不同的市场参与主体，也包括执行规则的管理者和交易平台组织者等，还包括行政执法监督人和司法断案的争议纠纷案件审理者。而所谓“清晰、稳定”则包含了完整、符合常识性理解和解释、不同相关方对规则制度中清晰的表述大体得出一致的结论等内涵。“清晰”是“稳定”的基础和必要条件，“稳定”则是清晰、无歧义、不模棱两可的结果和表现。与良善的制度规则相反，不好的制度则存在貌似具体周到，实则存在明显断档和缺漏，或是预留了较大的、可左可右以便人为自行解释空间等问题。制度的不清晰、不稳定，必然导致制度性交易成本的增加，其害处是推拒了本可吸引的潜在社会资源，或者将社会资源分流消耗到不当浪费，甚至违法徇私的环节。正如上个建议所述，针对多个主管部门、多个相关立法目标、多个法规政策体系并存的现状下，协同多措并举是碳排放权交易规则制度建设的应有之义。与之相对应的则是，在协同的过程中，注意统筹立法体系、保障稳定预期，尽量降低不同主管机构之间的规则竞争，避免关联事项多门多政造成市场主体无所适从或疲于应付，减少企业承担不必要或叠加的成本负担及社会资源的浪费。

关于统筹立法体系的具体建议有三个：一是横向统筹碳排放权制度与节能环保、绿色发展等相关制度；二是纵向统筹全国统一碳排放权交易规则与既有试点省市交易规则的关系；三是从时间轴上统筹总体规划和分布落实的立法节奏。同时，立法统筹考虑中，既要照顾目前相关制度分别由不同部门主办、中央和地方存在具体事项、时段上的利益区别的现实，又要兼顾各个系列的法规制度最终要从不同方位、反映到规范企业生产经营管理上的现实，特别注意做好企业承受诸多相关又有区别的多系列法规政策的压力测试，综合评估相关法规政策的多方位效应，以较为科学、客观的经济学方法加以分析，而非仅仅依凭良好的立法初衷，各据行政主管的本位职权，简单粗暴地频繁出台制度政策。在后者情况下，不仅草率的制度政策会因朝令夕改而造成市场主体无所适从，也必然会伤害相关市场主体跟进尝试新事物的积极性，还会损害透支政府的公信力，甚至导致难以评估的隐性社会资源浪费。

4. 统一交易规则，明确交易规则变更流程

交易规则的设定应当符合当下的政策法规，并且交易机构有责任与义务按照政策法规的变化及时予以调整完善。对于交易规则不符合或不满足交易场所清理整顿要求的情况，要坚决予以杜绝，不可存有侥幸心理。如有必要对交易规则作出修正，则应及时准确地在公共平台上进行信息发布，以利于交易参与人了解市场情况，避免不必要的交易损失。

应当认识到，在交易规则制定与修改方面，碳交易试点机构与目前已经比较完善的证券交易所相比存在较大差距。例如，上海证券交易所于 2003 年依照《证券法》《证券交易所管理办法》和上交所章程，制定业务规则制定

办法,规范业务规则的起草、审批、公布、修改、废止和解释等环节的工作,为后续的规则制定和业务开拓奠定了基石。与之相比,目前碳交易缺乏上位法以及主管部门对于碳交易场所管理办法的缺失,是目前交易机构在制定业务规则时无法可依的客观原因;从主观方面来说,交易所自身章程不完善,有的追求大干快上而忽视制度体系建设,也是造成目前制度规则管理不善的重要原因。解决这一问题,还需试点交易所从根本上提升对于规则制度建设重要性和严肃性的认识,自查自省,加强规则制定前的起草、征询工作,规范内部审核、通过流程,重视信息披露的时效和方式,做好公众信息管理和辅导等交易所应尽职责。在全国统一碳排放权交易市场建立后,也需要做好相应的衔接准备工作。

第四章

碳排放权的法律性质

碳排放权的法律性质研究，是建设碳排放交易市场的基础性工作。如何界定碳排放权的法律属性，直接关系到碳市场相关的立法、监管框架、财税安排等关键问题的处理以及市场本身的运行效率。2017 年 12 月 19 日，中国碳排放交易体系正式启动。为保障未来全国碳市场的健康发展，进一步完善碳交易机制设计，识别和规避法律风险，尽快明确对碳排放权配额的法律性质的界定至关重要。

一、碳排放权法律性质的相关规定

（一）国际层面

在国际层面，不同法律文本和规则之下，碳排放权有不同的法律定位。在探讨“碳排放权法律性质”观点之前，有必要就主要的法律文件及相关规定简要列述。

1.《京都议定书》项下

《京都议定书》虽就此问题无明确规定，但紧随《京都议定书》之后的

《马拉喀什协定》(Marrakech Accords)明确指出,《京都议定书》没有为附件B国家创设任何类型的财产权。[①] 分配数量单位(Assigned Amount Units, AAUs)[②]不被认为是"财产"。从《京都议定书》及相关文件对AAUs的基本规定来看,AAUs更多是被界定为国家主权和公共财权的混合体。

2. 美国

美国的"区域碳排放权交易计划"和"联邦碳排放权交易计划"均明确规定碳排放权不是财产权。[③] 在美国联邦立法层面,诸如《气候变化安全法案》第201条和《美国清洁能源与安全法案》第721(c)条均明确规定,碳排放权并不是传统的财产权。美国相关法案对碳排放权法律性质的规定,很大程度上借鉴了其排污权交易机制的经验,美国《清洁空气法》第403(f)条明确规定:"本法所规定的排污权代表一种排放二氧化硫的有限授权,它没有构成财产权……"[④]

3. 欧盟

法国、德国、意大利和西班牙等国将碳排放权视为商品,受金融法律的规制;荷兰、斯洛文尼亚和丹麦等国则将碳排放权视为无形资产;瑞典将碳排放权视为金融机制,受金融服务管理机构的管理。[⑤] 欧盟有将碳排放权作为金融工具看待的趋势。比如,欧盟公布的《反市场滥用指令》(Market Abuse Directive, Directive 2014/57/EU, MAD)、《透明度指令》(Transparency Directive, Directive 2004/109/ECI, TD)和《金融工具市场指令Ⅱ》(Markets in Financial Instruments, Directive 2014/65/EU, MiFID Ⅱ)提案均

---

① 参见http://unfccc.int/cop7/documents/accords_draft.pdf,最后访问日期:2017年5月20日。

② 碳排放权交易机制的参与者通常通过免费分配或拍卖的方法从政府那里获得配额,《京都议定书》框架下的AAUs是典型代表。

③ Section 1201(c) of the Lieberman Warner Bill (S. 3036), 110th Congress, 2nd Session; Section 721(c) of the Waxman Marjet Bill (p402), 111th Congress, 1st Session HR 2554.

④ Section 403(f) Sulfur Dioxide Allowance Program For Existing and New Units [42 USC 7651b]. 42 U. S. C. § 7651b(f)(1994).

⑤ Margherita Colangelo, Creating Property Rights: Law and Regulation of Secondary Trading in the European Union, Leiden: Martinus Nijhoff Publishers, 2012, p. 168.

明确提议,应将 EU ETS 碳排放权现货交易纳入金融工具监管体系之内。①

4. 澳洲

新西兰政府作为气候变化国际谈判的积极参与者和推动者,其 2009 年经修订的《气候变化应对(适度的碳排放交易)修订法》(以下简称《碳排放交易法》)对碳排放权的法律性质进行了明确规定。《碳排放交易法》明文规定碳排放权属于《个人财产安全法》所调整的投资证券型财产。② 放眼澳洲另一主要国家,澳大利亚政府在 2011 年开始实施的"澳大利亚碳污染削减计划"中,明确承认碳排放权是属于私有财产,政府影响碳排放权价值之时需要对碳排放权的持有者进行行政补偿。③

5. 非政府国际组织

有重要影响力者,如国际会计准则理事会(International Accouting Standards Board),其于 2004 年发布了国际财务报告准则第 3 号(International Financial Reporting Standards 3)文件,主张将碳排放权作为无形资产进行会计处理。在国际会计准则理事会看来,诸如碳排放权的排污权是企业所拥有的实实在在的财产。④

各国法律文本对碳排放权的规定之所以出现较大的差异,很大程度上取决于各国政府特定的政策考量。赋予碳排放权以财产权地位的国家,是考虑到大力发展本国碳排放权交易市场的需要,澳大利亚和新西兰便是典型代表。否定碳排放权财产权地位的国家,则主要是为了确保政府在管理碳排放权时能有较大灵活性,美国便为典型代表。⑤

---

① 何鑫:《碳:商品、金融工具、还是货币? ——欧盟建议将排放权现货纳入金融工具监管体系的思考》,载《环境经济》2012 年第 4 期。

② 王慧:《论碳排放权的法律性质》,载《求是学刊》2016 年第 6 期。

③ Chapter 8, section 8.2, of the Carbon Pollution Reduction Scheme: Australia's Low Pollution Future, White Paper, 15 December 2008.

④ 王慧:《论碳排放权的法律性质》,载《求是学刊》2016 年第 6 期。

⑤ 王慧:《论碳排放权的法律性质》,载《求是学刊》2016 年第 6 期。

（二）国内层面

与国际层面多个国家或国际组织对于碳排放权法律性质做出具体、明确规定的情况不同，国内目前无论是中央还是地方的相关法律文件，均未对碳排放权的法律性质做出任何明确规定。

通过总结国家层面及地方试点层面的相关文件内容，我们试图归纳既有立法文件显示出的以下共性与特点。

1. 有关碳排放权法律性质的探讨，主要围绕碳排放配额展开

目前，我国碳市场上交易标的主要包括碳排放权配额和 CCER。

碳排放配额为强制市场交易标的。无论是国家层面的《碳排放权交易管理暂行办法》或各试点省市层面的碳排放权交易管理办法，[①]其中主要围绕"排放配额"的相关内容进行规定，包括配额管理、排放交易、核查与配额清缴、法律责任等。例如，《碳排放权交易管理暂行办法》第 47 条规定："排放配额是政府分配给重点排放单位指定时期内的碳排放额度，是碳排放权的凭证和载体。1 单位配额相当于 1 吨二氧化碳当量"。2013 年北京市发改委发布的《北京市碳排放权交易试点配额核定方法（试行）》中即对配额进行了定义："二氧化碳排放配额（以下简称'配额'），是指排放单位在特定区域、特定时期内可以合法排放二氧化碳的总量限额，代表的是各企业（单位）在相应履约年度的二氧化碳排放权利"，并且明确规定配额"是碳排放权市场交易的主要标的物"。虽然部门规章中规定了"碳排放权交易市场初期的交易产品为排放配额和 CCER，适时增加其他交易产品"，[②]也对 CCER 规定了"重点排放单位可按照有关规定，使用 CCER 抵消其部分经确

---

① 各试点层面的碳排放权交易管理办法包括《北京市碳排放权交易管理办法（试行）》《上海市碳排放管理试行办法》《深圳市碳排放权交易管理暂行办法》《广东省碳排放管理试行办法》《天津市碳排放权交易管理暂行办法》《重庆市碳排放权交易管理暂行办法》《湖北省碳排放权管理和交易暂行办法》。

② 参见《碳排放权交易管理办法》。

认的碳排放量”，[①]但是，不论从立法条文的数量，还是碳排放管理中抵消机制的体量，排放配额在碳排放权中占据绝对的分量，其法律定性将对减排和市场存在至关重要的影响。

《温室气体自愿减排交易管理暂行办法》（发改气候〔2012〕1668 号）是我国目前 CCER 管理领域最重要的文件，其中第三章为“项目减排量管理”，对包括减排量核证报告的内容、申请减排量备案所需提交的材料、国家主管部门可以予以备案的减排量应符合的条件，以及自愿减排项目减排量的交易和注销等，进行了具体规定，但也没有对 CCER 的法律性质作出规定。

本节及后续有关国内碳排放权法律性质的探讨均围绕配额展开。

2. 政府作为主体以不同方式分配、调节碳排放权

无论是国家层面还是地方试点层面，相关文件都规定了政府是碳排放权的分配者，分配方式或为免费或为有偿，且政府可以采取手段在需要时对碳排放权的数量进行调节。

国务院于 2014 年发布的《碳排放权交易管理暂行办法》第 9 条规定：“排放配额分配在初期以免费分配为主，适时引入有偿分配，并逐步提高有偿分配的比例”。北京市人大常委会于 2013 年 12 月 27 日发布的《关于北京市在严格控制碳排放总量前提下开展碳排放权交易试点工作的决定》中规定：“市人民政府可以采取回购等方式调整碳排放总量”。《北京市碳排放权交易管理办法（试行）》第 12 条规定：“市发展改革委……核定并发放重点排放单位的年度配额……可对配额进行调整”。《上海市碳排放管理试行办法》第 8 条及第 9 条规定是有关配额的确定与分配，要求：“市发展改革部门……确定各单位的碳排放配额”，“市发展改革部门应当根据本市碳排放控制目标以及工作部署，采取免费或者有偿的方式……向纳入配额管理的单位分配配额”。《深圳市碳排放权交易管理暂行办法》第 16 条规

① 参见《碳排放权交易管理办法》。

定:“配额分配采取无偿分配和有偿分配两种方式进行。无偿分配的配额包括预分配配额、新进入者储备配额和调整分配的配额。有偿分配的配额可以采用拍卖或者固定价格的方式出售”。《广东省碳排放管理试行办法》第14条规定:“控排企业和单位的配额实行部分免费发放和部分有偿发放,并逐步降低免费配额比例”。《天津市碳排放权交易管理暂行办法》第7条规定:“市发展改革委会同相关部门根据配额总量,制定配额分配方案。配额分配以免费发放为主、以拍卖或固定价格出售等有偿发放为辅。拍卖或固定价格出售仅在交易市场价格出现较大波动时稳定市场价格使用……因有偿发放配额而获得的资金,应专款专用,专门用于控制温室气体排放相关工作”。《湖北省碳排放权管理和交易暂行办法》第16条规定:“企业年度碳排放初始配额和企业新增预留配额实行无偿分配”。

从上述规定中,我们可以总结出以下共性与特点:

第一,碳排放权是政府创设的一项权利,政府依据特定规则决定其规模、数量、分配方式。

第二,在配额分配方式上,国家层面的政策原则是初期以免费分配为主,适时引入有偿分配,并逐步提高有偿分配比例。这与国际上欧盟碳市场的经验相符,目的主要在于培育市场,给予控排主体适应的时间。目前各试点地方政府在遵循国家制定原则的前提下,自主决定配额分配方式,有纯粹采用无偿发放配额的,也有将无偿与有偿分配相结合的。

第三,对于有偿分配的收入,地方政府享有支配权。

一言以蔽之,从排放权创设起直至其分配所获收益的支配,都是由政府决定。

3. 有关配额流转、承继与作废的规定有待完善

考察碳排放权的法律性质,除了配额分配方面的特征,还有一项不容忽视的内容就是配额的流转、承继与作废。

碳交易的基本原理决定了配额正常流转的途径,是在交易参与方之间进行买卖,此外,一些法定情形也会构成配额变更登记的事由。例如,《深

圳市碳排放权交易管理暂行办法》第 43 条规定："经初始登记的配额或者核证自愿减排量，有下列情形之一的，应当办理转移登记：（一）买卖；（二）赠与；（三）继承；（四）公司合并、分立导致的转移；（五）人民法院、仲裁机构判决或者裁定的强制性转移；（六）依照法律、法规规定作出的其他强制性转移。"

除此以外，部分试点对于配额的承继、作废等内容进行了规定。

2013 年 11 月 20 日发布的《北京市发展和改革委员会关于开展碳排放权交易试点工作的通知》中规定："重点排放单位被依法责令关闭或取缔的，以及弄虚作假、骗取排放配额的，市发展改革委将收回其排放配额"。《天津市碳排放权交易管理暂行办法》第 12 条规定："纳入企业解散、关停、迁出本市时，应注销与其所属年度实际运营期间所产生实际碳排放量相等的配额，并将该年度剩余期间的免费配额全部上缴市发展改革委"。《重庆市碳排放权交易管理暂行办法》第 11 条规定："配额管理单位发生排放设施转移或者关停等情形的，由主管部门组织审定其碳排放量后，无偿收回分配的剩余配额"。上述规定赋予政府主管部门在特定情形下收回重点排放单位配额的权力，也意味着重点排放单位所持有的配额在特定情形下可由政府宣布作废。

《上海市碳排放管理试行办法》第 10 条规定了配额承继的内容："纳入配额管理的单位合并的，其配额及相应的权利义务由合并后存续的单位或者新设的单位承继。纳入配额管理的单位分立的，应当依据排放设施的归属，制定合理的配额分拆方案，并报市发展改革部门。其配额及相应的权利义务，由分立后拥有排放设施的单位承继"。《天津市碳排放权交易管理暂行办法》第 12 条规定："纳入企业合并的，其配额及相应权利义务由合并后企业承继。纳入企业分立的，应当制定合理的配额和遵约义务分割方案，在规定时期内报市发展改革委，并完成配额的变更登记。未制定分割方案或未按规定完成配额变更登记的，原纳入企业的遵约义务由分立后的企业承继，其具体承继份额由市发展改革委根据企业情况确定"。上述规定体现了有关配额承继的情形、条件由政府主管部门主导确定。

由于在国际碳交易实践中出现过当年或当期配额过期作废的情形，所以部分试点省市也针对配额有效期问题做出了相应规定。《广东省碳排放管理试行办法》第 18 条规定："企业年度剩余配额可以在后续年度使用，也可以用于配额交易"。《天津市碳排放权交易管理暂行办法》第 11 条规定："纳入企业未注销的配额可结转至下年度继续使用，直至 2018 年 6 月 30 日。2018 年 6 月 30 日后，配额的有效期根据国家相关规定确定"。[①]

总结上述各试点有关配额流转、承继与作废的规定，可以看出以下共性与特点：

第一，不同于配额分配规定相对完善、规整的情况，有关碳排放权流转情形及后续处置等方面的规定，在各试点存在不同程度的缺失。

第二，在现有的规定中，体现出政府对于碳排放权绝对的掌控力，无论是配额的承继、作废、期限等都需要按照政府的规定操作。

第三，既有规定中未明确有偿交易获得的配额，是否与无偿分配取得的配额，在涉及政府宣布作废上的政策差异。目前，重点排放单位所持有的配额在特定情形下可由政府宣布作废。但是，根据配额初始分配方式的不同，对于无偿和有偿取得的两类碳排放权的处置是否有所区别，并不明确。在试点省市的实践中，尚未因此产生法律诉讼或争议。如果针对重点排放单位通过购买所取得的配额——有偿取得的碳排放权，也可由政府宣告作废，似乎值得商榷。

二、碳排放权法律性质的学术争议

关于碳排放权法律性质的界定，不仅会影响碳排放权的创设、交易等规

---

① 该时间节点或为配合与全国碳排放交易体系过渡、衔接。截至 2018 年 12 月 28 日，天津尚未更新出台与该条规定相关的政策。

则,亦会影响碳排放权在法律部门及体系中的地位,其重要性不言而喻。而无论在国际国内学术层面,关于碳排放权的法律性质,皆有不同主张,存在相关争议。

(一)国际层面

世界范围内开展碳排放交易的各国,有关碳排放权的法律条文和相关规定各异,或将碳排放权纳入私法体系下,或将其纳入公法体系下。在私法体系下,一般认为,碳排放权具有财产权的性质。在公法体系下,碳排放权则非传统的财产权,而是一种规制权。与此相关的,国外有关碳排放权的学说大致分为财产权学说和规制权学说。

1. 财产权学说

随着自由市场环保主义思潮对环境法制的影响加大,财产权学说受到推崇。其通常认为,碳排放权具备了财产权的所有特征,如可以在二级市场上交易,法律保护碳排放权所有人的占有、受益和处分权益等。① 用“财产权”体制来解决环境问题具有诸多理论优势,并被一些国家的实践经验证明具有可行性。同时,虽然“财产权体制”可以较为有效解决环境保护的现实问题,但有观点认为,其可能诱发大规模的经济“悲剧”,即在公共资源方面设定,财产权制度会让公共资源的所有者丧失其应有的公共资源。而用财产权体制来解决环境问题的最大弊端,可能使其变相地将公共资源私有化(如将公共资源配置给私人企业)。

但在自由市场环保主义者看来,权利界定明确的“财产权”制度是解决环境问题的最佳选择。有学者便指明,即便碳排放权有将公共资源私有化之嫌,但将其视为财产权将是最理性的做法,因为只有如此才可能确保企业参加碳排放权交易的动力。②

---

① 王慧:《论碳排放权的法律性质》,载《求是学刊》2016 年第 6 期。

② T. H. Tietenberg: *Emissions Trading: Principles and Practice*(*Second Edition*), Resorces for the Future, 2006, p. 192.

2. 规制权学说

碳排放权相比传统的财产权而言，带有更多的“公法规制”色彩。基于此，有学说提出碳排放权并非传统的财产权，而是一种融公权和私权于一身的“规制权”。① 碳排放权是政府创设的向大气排放一定数量温室气体的权利。虽然碳排放权利人可以对这种规制性权利进行市场交易，但是政府对这种权利享有最终的分配和管理权力。

前文已提及，“财产权”制度受诟病的原因之一，便是其会让公共资源的所有者丧失其应有的公共资源，而这便涉及“公共信托”理论。该理论认为，大气资源属公众所有，政府受公众所托管理相应的大气资源。大气资源不能成为私人财产的客体，呼吸者才是空气资源的真正所有者。只是鉴于公众的分散性，政府作为信托人承担了管理大气资源这一公共资源的重任。正是基于大气信托理论，有学者认为，碳排放权完全是一种新型的规制权。

与前述“财产权学说”相比，“规制权学说”有两个重要的考虑因素：一是确保政府在管理碳排放权时享有较大灵活性，二是避免公共资源出现私有化问题。② 无疑，模糊的权利界定无疑对政府有利，政府在创设和取消碳排放权方面便可享有较大灵活性，而清晰界定排污权的属性会限制政府的权力。

（二）国内层面

1. 环境权说

环境权的权利客体为环境资源，大气即是典型的环境资源。所谓环境权，即环境法律关系的主体享有适宜健康和良好生活环境，以及合理利用环境资源的基本权利。该说认为，碳排放权既承载了生态保护功能，也承载了财产权利保护的功能。但因该学说在内容上较为抽象，更重要的是，其无法

---

① Jillian Button. Carbon：*Commodity or Currency? The Case for an International Carbon Market Based on The Currency Model*, Harvard Environmental Law Review, 2008(2), p. 574.

② 王慧：《论碳排放权的法律性质》，载《求是学刊》2016 年第 6 期。

对碳排放权交易实践提供切实可行的指导,该学说的影响力因而有限。

2. 物权学说

该说认为,碳排放权具备物权客体所应具备的可感知性、可支配性和可确定性等特征。总体来说,该学说实质体现了碳排放权“财产权学说”的逻辑。物权学说在我国学界已是主流学说,但同时,碳排放权究竟属于何种具体物权则存在争议。有观点基于碳排放权的获得需以行政许可为前提,主张应将其界定为“特许物权”;①有观点基于排放权体现的使用和收益的特征,认为应将其归入“用益物权”;②还有观点认为,碳排放权的“物权性”并不十分完满,特别是涉及“支配性”等物权根本属性时,还需要基于解释论立场,以较为开放和宽容的思维对其进行理解,因此宜将其定性为“准物权”。③

需注意的是,碳排放权除了有别于传统物权的“不完满性”;在我国“物权法定”的法制理念之下,若欲实现碳排放权的物权化,则需要对《物权法》的相关规定做出扩大解释。

3. 新财产权说

考虑到在现有法制之下,将碳排放权物权化所面临的前述现实难题,有观点主张借鉴英美法系的“新财产理论”来解释碳排放权,认为可以将碳排放权界定为“新型财产权”④的一种。⑤ 因为碳排放权一方面看似属于公法之上的行政许可,另一方面又看似属于私法层面的私有财产权。而且,持该说的学者主张通过单行法将碳排放权认定为新财产权。

---

① 王小龙:《排污权性质研究》,载《甘肃政法学院学报》2009 年第 3 期。

② 高利红、余耀军:《论排污权的法律性质》,载《郑州大学学报》(哲学社会科学版)2003 年第 3 期。

③ 实践中,有一些虽不完全符合传统物权特性但可以准用物权相关规定的新型权利,这些权利通常被称为准物权,如矿业权、水权、渔业权、狩猎权、排污权等。

④ 所谓“新财产”是指诸如薪水与福利、职业许可、专营许可、公共资源使用权等政府福利。

⑤ 王社坤:《环境容量利用:法律属性与权利构造》,载《中国人口·资源与环境》2011 年第 3 期。

需注意的是，虽然“新财产权说”主张与“物权说”有所区别，但二者实质都认为碳排放权是一种新型“财产”，二者区别主要在于如何通过立法对碳排放权进行规制。即前者认为，碳排放权与现行的“物权”概念难以兼容，需就此制定单行法；后者认为，通过扩大解释《物权法》的相关规定，便可将其纳入物权体系。

4. 规制权学说

跟国际上“规制权”学说类似，我国亦有学者持该观点。且基于我国现实考虑，因碳排放权交易在我国仍处于探索阶段，碳排放权交易机制需较大的改革空间，将碳排放权规定为“规制权”，进而赋予政府更大管理权限，将更为便于改革。此外，我国碳排放控制目标将受国际谈判的制约，将碳排放权规定为规制权有利于政府调整政策目标，进而推动国际气候谈判。也就是说，基于碳排放权交易的实效性和气候变化政策的不确定性等因素，“规制权学说”一定程度上被认为是我国目前更为理想的选择。①

5. 其他学说

除此之外，在我国学界，还有“准用益物权说” ②“发展权说”③等观点。“准用益物权说”强调碳排放权的使用和收益性质，并因其需经行政许可程序、母权属于国家或集体所有等特点，而有别于一般意义上的用益物权，但其仍在前述“物权说”范畴之内。而“发展权说”则以碳排放权制度构建的终极目的——满足和保障人的生存和发展为基点；但将碳排放权归于发展权，是对碳排放权法律性质的高度抽象，其逻辑与作用与前述“环境权”较为相似。

---

① 如有学者便直言，规制权学说或许是更为理想的选择，它能为政府依据最新的科学信息改革排污权交易提供更多的空间。具体就我国而言，将碳排放权规定为规制权更加符合我国面临的国内实情和国际形势。（王慧：《论碳排放权的法律性质》，载《求是学刊》2016 年第 6 期。）

② 刘自俊等：《论碳排放权的法律性质——准用益物权》，载《环境污染与防治》2013 年第 10 期。

③ 杨泽伟：《碳排放权：一种新的发展权》，载《浙江大学学报》（人文社会科学版）2011 年第 41 期。

综上所述,关于碳排放权法律性质的认知,基于不同着眼点(或出于现实国情,或出于激励市场,或基于宏观视野,或基于细则构建),可得出不同结论。虽然国内学界有多种声音,总体来说,其根本还是"财产权"和"规制权"之争,也即"政府权力"在碳排放权制度构建中的定位问题,而这与国际层面的状况并无二致。

第五章

碳排放权交易合同的类别和内容

一、碳排放配额转让合同

（一）交易安排

碳排放配额转让合同，是指以碳排放配额为转让标的的合同。转让方是指持有碳排放配额[①]并能够依法转让碳排放配额的法人或者其他组织。受让方是指以有偿方式依法受让碳排放配额的法人或者其他组织。[②]

（二）合同主要内容

碳排放配额买卖合同的主要内容，通常包括术语的定义、碳排放配额买卖标的、碳排放配额买卖条件及方式、碳排放配额价款及支付、碳排放配额清算、碳排放配额交易费用承担、双方的保证与声明、违约责任、合同生效及变动、法律适用及争议解决等。

① 所持有配额包括初始分配或交易获得等不同来源，相应地，转让方可能是重点排放单位，也可能是非重点排放单位。

② 尽管碳交易中若干试点省市的交易所将个人纳入了交易主体，本书主要对法人或其他组织作为交易主体进行研究讨论。除了针对法人或其他组织的特点所进行的讨论，相关问题、评论或建议对个人作为交易主体也类似。下同，不一一赘述。

在碳排放配额买卖合同中,“保证金”“转让完成”“交易费用”“交易凭证”等事项,一般于术语定义中作出明确界定。在关于碳排放配额转让程序中,由转让方向交易所提交协议转让申请,受让方依法受让合同项下转让标的,并具有排他性。转让款和保证金作为交易的重要内容,一般需于合同中明确其具体数额、支付条件及方式等。在配额清算阶段,交易所在交收完成后一定期限将结算账户中的转让价款转账至转入转让方账户,视为转让价款清算完成。在转让交易中,必然会产生相关费用,因而,碳排放配额合同需就费用的承担及支付进行明确约定。在交易过程中,转让方需保证其标的权利无瑕疵,双方均需保证其所提交的各项资料均真实合法,订立合同、转让配额所需企业内部条件均已满足。此外,合同的生效及变动(包括变更与解除)、违约责任、法律适用及争议解决条款亦应作出明确约定。

二、CCER 转让合同

(一)交易安排

CCER 转让合同,是指以国家核证自愿减排量为转让标的的合同。转让方是指持有 CCER 并能够依法转让 CCER 的法人或者其他组织。受让方是指以有偿方式依法受让 CCER 的法人或者其他组织。

(二)合同主要内容

CCER 转让合同的主要内容,通常包括术语定义、CCER 转让标的、CCER 转让条件及方式、CCER 转让价款及支付、CCER 交易费用承担、双方证明与保证、违约责任、合同生效及变动、法律适用及争议解决等。

在 CCER 转让合同中,双方应就“保证金”“CCER 转让完成”“CCER 交易费用”“交易凭证”等基本术语作出约定。CCER 的转让程序,与前述碳排放配额转让相似，亦是由转让方向交易所提交协议转让申请，受让方依法受让 CCER。同时，转让款和保证金的具体数额、支付条件及方式亦需明确。CCER 的清算，也与前述 BEA 清算相同，由交易所在交收完成后一定期限将转让价款转入转让方账户。同样的，CCER 的转让方需保证转让标的无瑕疵；转让与受让方需保证各项资料的真实合法性，以及交易所需内部条件均已满足。至于合同生效及变动（包括变更与解除）、违约责任、法律适用及争议解决条款等事项的约定，亦不应或缺。需要指出的是，CCER 主要用于碳排放抵消机制，其市场价格及抵消效用均更大地受到相关行政管理政策的影响，相应地，对于合同相关风险分配、生效、变更、解除、违约责任等内容，可能需要结合具体交易目的和特点进行更有针对性的安排。

三、碳排放配额回购融资合同

（一）交易安排

碳排放配额回购融资交易，指卖方以约定价格向买方卖出碳排放配额，并约定在未来某一日期，按照另一约定价格从买方购回碳排放配额的交易行为。碳排放配额回购融资交易包括初始交易和购回交易。相应地，碳排放配额回购融资合同则是针对此类交易对买卖双方关于权利义务及相关事项进行约定的合同。

（二）合同主要内容

碳排放配额回购融资合同的主要内容，通常包括术语的定义、双方的保证与声明、交易基本条件、交易要素、清算与交收、违约及处理、异常情况处理、通知与送达、免责事项约定、合同生效及变动、法律适用及争议解决等内容。

在碳排放配额回购融资合同中，一般会对诸如“成交数量”“初始交易成交金额”“购回交易成交金额”“购回价格”“初始交易日”“购回交易日”“购回期限”“到期购回”“提前购回”“延期购回”等基础术语作出定义和明确界定。而在“保证与声明”部分，转让方需保证其具备相应交易资格、资产来源合法且无权利瑕疵以及提交材料的合法准确性等；受让方则需保证自身资格合规、资产合法合规，并具备开展碳排放配额回购融资交易的必要条件。“交易的基本条件”通常包括待回购期间，转让方不得撤销、变更指定交易关系；双方签署本协议后，由受让方将合同提交至环交所备案，备案成功后，转让方方可进行碳排放配额回购融资交易。关于“清算与交收”环节，碳排放配额回购融资交易实行逐笔全额非担保结算，由环交所根据双方有效成交数据办理清算交收。若因任意一方原因导致初始或购回交易交收失败，则为该方违约，并应依约定承担违约责任。合同通常还会就违约情形下合同标的碳配额处置进行约定。此外，合同双方还应就购回交易日标的碳配额暂停上市、终止上市，转让方或受让方出现账户异常、财务和信用状况恶化等“异常情况”的处理，作出约定。合同生效涉及所约定当事人权利义务法律约束力的判断，因而，“合同的生效、变更、终止”也是订立碳排放配额回购融资合同不容忽视之处。

四、碳排放配额质押合同

（一）交易安排

碳排放配额质押合同，是出质人与质权人双方就以碳排放配额为主合同债务履行达成担保事项的书面担保合同。出质人将碳排放配额交质权人持有，向质权人设定质押担保，当主合同债务人不能履行向质权人的主债务时，质权人可以依法以处分碳排放配额所得价款优先受偿。[①]

（二）合同主要内容

碳排放配额质押合同的主要内容，通常包括术语定义、被担保的主债权、债务人履行债务期限、质物（碳排放配额）状况、质押担保范围、质物（碳排放配额）移交、违约责任、合同生效及变动、法律适用及争议解决等。

在碳排放配额质押合同中，被担保的主合同、主债务的债务人履行期限等事项，直接关系到质押合同所担保的范围及质押权实现的可操作性，因而需要合同中予以明确。此外，质押财产（碳排放配额）相关信息，如数量、状况等，亦需特别注意并作详细准确的约定；对于碳排放配额权属，双方需清楚了解，通常于合同中载有出质人的权属声明及保证。此外，担保的债权范围、期限及清偿顺序亦十分重要，合同当事人可就质押担保的范围（一般包括主债权及利息、违约金、损害赔偿金、保管费用和实现质权费用等）进行充分协商，并可在合同中注明质权人有权就质押的碳排放配额及其派生权益的所得款项及权益，优先获得清偿。需注意的是，与一般质押合同类似的，受制于担保法"禁止流质"的相关规定，双方不要在质押合同中约定当债务履行期届满债权人未获清偿时，碳排放配额的所有权即转归债权人所有。如果考虑效率和成本等事项，为避免相关规定无效，应做出类似于超过出质人债务的价值/金额予以返还的约定。另外，合同生效及变动（包括变更与解除）、违约责任、意外事件的处理、法律适用及争议解决条款等，双方亦有必要明确。

---

① 尽管目前尚没有法律规定碳排放配额的法律性质，碳排放配额能否作为物权或准物权进行质押还存在争议，但是，基于碳排放配额可以有偿转让的事实，市场交易主体已经开展了多种将碳排放配额进行质押的实践。本书基于市场实践情况，梳理总结碳排放交易合同的类别，但是，相关讨论不构成对碳排放权质押合同法律效力的确认，也不因此向任何人承担责任。本书其他研究讨论内容亦如此。

五、CCER 开发合同

（一）交易安排

CCER 开发合同，是指当事人之间就 CCER 的开发所订立的合同。由一方委托另一方就 CCER 进行开发工作。①

（二）合同主要内容

CCER 开发合同的主要内容，通常包括开发的内容（包括所涉及的减排项目和自愿减排量）、开发报酬和费用的支付、开发方案及资料提供、违约责任、合同生效及变动、法律适用及争议解决等。

CCER 开发合同多为有偿委托或承揽合同，合同履行具有明显的协作性。对于双方权利义务于合同中明确约定，将有利于开发工作顺利推进，并可防范或降低争议的发生概率。如关于“开发费用”，双方可就项目设计、申请、注册、实施和核查、核证等环节相关费用的垫付和承担予以明确，而受托方应合理使用相关费用，并接受委托方监督；此外，开发碳排放权的细节及服务过程中，双方需要提供的资料或配合的事项，亦有必要约定清楚。而开发方案的确认、意见提出、款项落实、资料提供或其他应予通知委托方或需委托方配合的事项，受托方应尽及时通知之责，因而，关于“通知及送达”和及时确认（包括未及时确认的处理或其后果）的约定显得十分重要。此外，因委托或承揽合同履行的特点，虽然大多数合同当事人不会争议到发生

① CCER 开发合同通常由自愿减排项目业主委托受托方为其将项目产生的自愿减排量，经过受托方专业服务，特别是按照相关法律和规则的规定，经过将减排项目和自愿减排量获得相关主管机构审核备案，形成可以有偿转让的 CCER。在 CCER 开发过程中，还可能涉及受托方再委托第三方专业咨询机构提供与相关方法学的应用、机构审定、备案等相关咨询服务，并与第三方签订咨询或委托服务的合同，对此，本书不再一一展开讨论。

案件的程度，但是，在项目建设复杂、外部环境和管理政策变动较大的情况下，一旦发生争议案件则多为疑难复杂案件，而合同中关于合同生效及变动（包括变更与解除）、违约责任、争议解决条款约定等，在争议解决和案件处理中的重要性则更为凸显。

六、碳排放权场外期权交易合同

（一）交易安排

碳排放权场外期权，是交易双方以碳排放权（EUA 或 CCER）为标的物，委托交易所监管权利金与合约执行的场外非标准化碳金融创新产品。交易双方于合约签署时确定行权期与执行价格，并由期权买方在行权期内做出执行或不执行之决定后，委托交易所根据双方约定完成合约执行工作。该类碳排放权场外期权交易合同由交易双方、交易所等三方订立。

此外，有的碳排放权期权交易合同仅由交易双方签订，约定以碳排放权为标的物，一方有权在未来一定期限、一定数量内，以约定的行权价格向另一方购买约定的标的物，并为此向另一方支付约定的合同价格（权利金）。在此种交易安排之下，交易所并不加入双方当事人的期权交易合同，当事人可以在行权时到约定的交易所办理购买碳排放权的相关注册登记手续。当然，如果约定的行权期限内，权利方当事人决定不行权，则无须与交易所发生关系。

（二）合同主要内容

上述由交易双方和交易所等三方订立的合同主要内容，通常包括术语定义、交易相关事项、权利金支付与标的资产划转与冻结、结算、相关费用、三方声明与保证、违约责任、合同生效及变动、法律适用及争议解决等。

在碳排放权场外期权交易合同中，需对交易涉及的包括“标的资产”

"执行价格""交易到期日""权利金"①"行权"②"交易价款"等在内的重要事项作出明确约定。在碳排放权场外期权交易合同中,存在较为特殊"标的资产划转与冻结"环节,为了保障一方行权,另一方应在合同生效后约定的期限内将标的资产划转至交易平台并通知交易所,由交易所对标的资产予以冻结。除特殊约定之外,冻结期自划转当日起至交易到期日止。在"结算"阶段,一方可于交易到期日之前选择是否行权,若行权,则以执行价格向另一方购买标的资产;若不行权,即一方放弃行权,则交易所将标的资产解除冻结,另一方仅获得权利金。碳排放权场外期权交易,涉及交易所的配合及服务,故双方应向交易所缴纳一定的服务费,双方同时需各自承担因交易产生的相关税、费。此外,与前述 BEA/CCER 转让合同相似,交易方需就标的财产的权利无瑕疵、材料真实合法性、满足内部决策条件等事项作出保证。

七、碳排放权场外掉期交易合同

(一)交易安排

碳排放权场外掉期交易,是交易双方以碳排放权为标的物,以现金结算标的物固定价交易与浮动价交易差价的场外合约交易。交易双方在签署合约时以固定价格确定交易,并在合同中约定在未来某个时间以当时的市场价格完成与固定价交易相对应的反向交易。最终结算时,交易双方只需对两次交易的价格间的差价进行现金结算。碳排放权场外期权交易合同由交易双方、交易所等三方订立。碳排放权场外掉期交易为碳市场交易参与人提供了一个在场外对冲价格风险、开展套期保值的手段,同时也可以为企业管理碳资产间接创造流动性,是碳金融领域的重要创新。

---

① 一方向另一方支付的期权价格,即一方为获得合同项下的权利而支付给另一方的费用。

② 如合同生效后,一方拥有在交易到期日之前以书面形式确定以执行价格向另一方购买标的资产的权利。此项权利行使的过程即为行权。

（二）合同主要内容

碳排放权场外掉期合同的主要内容，通常包括术语定义、交易相关事项、保证金、清算与结算、交易服务费、三方声明与保证、违约责任、合同生效及变动、法律适用及争议解决等。

在碳排放权场外掉期交易合同中，一般需对包括“标的资产”“即期交易”①“远期交易”②等概念作出界定。“保证金”作为较为特殊的内容，包括“初始保证金”，即双方在合同生效后需向交易所交纳的保证金；“维持保证金”，即双方用于在最终结算日前用于弥补因 BEA 的价格变化而产生的浮动亏损的保证金。在最终结算完成前，双方各自存放在交易所的维持保证金，均不得低于合同约定的基准值。此外，该交易模式中，“清算与结算”也较为特殊，一般而言，双方之间不发生标的资产的实际划转，仅就最终结算价格和约定价格的差额进行资金结算。交易所在最终结算日依据最终结算价计算甲、乙双方的最终盈亏结果。与交易所参加订立的场外期权交易合同类似，双方应向交易所缴纳合同约定的服务费；且合同方需就标的财产的权利无瑕疵、材料真实合法性、满足内部决策条件等作出保证。“违约责任”“合同的生效及变动”“法律适用及争议解决”等事项，合同亦需明确。

八、碳中和项目服务合同

（一）交易安排

碳中和，是指企业、团体或个人测算在一定时间内从事生产、经营等活动过程中直接或间接产生的温室气体排放总量，通过植树造林、节能减排或

① 一方于合同生效日以约定价格向另一方购买标的资产。

② 一方于最终结算日，以最终结算价向另一方购回标的资产。

购买碳信用的形式，以抵消自身产生的二氧化碳排放量，从而实现“零碳”排放。碳中和作为一种新型环保形式，目前已成为国际大会和体育赛事所采用的碳减排国际惯例。碳中和项目服务合同即是为碳中和目的而产生，一般由交易所与需要进行碳中和的相关主体签订。

（二）合同主要内容

碳中和项目服务合同的主要内容，通常包括合作项目的界定、工作内容及进度安排、付款及方式、违约责任、保密义务、合同生效及变动、不可抗力、通知及送达、独立性约定、适用法律及争议解决等。

碳中和项目服务合同通常由交易所与碳中和需求方订立，由交易所提供碳中和服务。一般而言，由碳中和需求方向交易所采购特定数量的CCER，交易所负责为该方组织、提供约定吨数的CCER，用于其自身所产生的碳排放，并颁发《碳中和证书》。而该方需为交易所提供碳中和服务所需的真实、完整、准确、有效的数据和信息。碳中和需求方若对于用于碳中和的自愿减排量有特殊要求，如源于经济不发达的西部地区，或者产生于林业碳汇等，可以在合同中作出约定。如果碳中和需求方没有特殊要求，则交易所可以自行选择CCER进行交易。在碳中和交易中，通常交易所应监督供应方注销用于碳中和的CCER。除此之外，包括“合作期限”“工作内容及进度安排”“付款及方式”等在内的关键事项，需在合同中作出明确约定。碳中和项目服务合同中，保密义务需严格履行，且保密条款在合同终止后仍然有效。与其他种类合同相似，“违约责任”“不可抗力”“通知及送达”“合同生效、变更及终止”“适用法律及争议解决”等事项，亦应充分协商并载明。

除上述合同之外，碳排放权相关合同还包括碳排放监测服务合同、CCER服务合同等其他各类合同。我们相信，随着碳市场的进一步发展，以及交易模式的多样化，或将有越来越多类型的与碳排放权相关的合同出现。

第六章

碳排放权交易合同争议解决机制及案件特点

一、碳排放权交易特点对于合同争议解决的需求分析

碳排放权交易因交易标的、交易规则和流程的特殊性，表现出不同于传统市场交易活动的特点，该特点直接影响相关交易合同对争议解决的具体需求。下面对二者的递进关系作简要分析。

(一)碳排放权交易具有政策性极强的特点

根据国家发展改革委《碳排放权交易管理暂行办法》的规定，目前，碳排放权交易市场初期的交易产品限于两个，即EUA和CCER。《碳排放权交易管理条例(送审稿)》则显示，碳排放权交易的交易产品为EUA、CCER及相应的期货等。由此可见，碳排放权交易的基本品种为EUA和CCER(以下简称交易品种)，该基本格局在一定时期内不会发生大的改变。

通常而言，任何标的交易的特点，都受交易品种自身的属性和特征、交易规则、流程及相关管制的影响。对于碳排放权交易，交易品种因源自法律政策的创设，交易品种本身具有与生俱来的政策性。交易品种的功能效用和数量，均表现出明显的政策性。对于排放配额而言，其效用为直接用于控排企业进行履约清缴；而其数量的形成，包括总量和具体分配到控排企业的

数量,均直接源于相关行政主管部门对于相关法律规定和政策的理解及应用。对于 CCER 而言,其形成、效用、市场及风险均表现出极强的政策性,特别是其效用可用于控排企业抵消碳排放,具体可以抵消的额度、产地、行业类别等限制,均受不同时期、不同地方政策的影响。[①]

关于交易品种的政策性,一个更为直接的例子,是 2017 年 3 月 17 日国家发展改革委发布第 2 号公告,暂停受理新的 CCER 项目备案申请,其理由是相关管理办法将要修订。对于已经着手开始开发工作的市场主体而言,投入的成本则因无法合理预期未来的时间表,而变得难以通过市场交易进行转移;无确定时间表的政策变动,必然导致市场对下一步的交易品种效用、价格等都形成观望,没有主体机构在缺乏盈利预期的情况下,贸然继续开展交易安排。对于交易品种的交易规则、流程和相关管制,在不断的政策调试过程中,经历着难以像传统交易可以大体预期稳定性的变动过程。

(二)交易合同履行的稳定性受政策影响较大

如前所述,碳排放权交易合同既包括围绕交易标的开发的相关服务合同,也包括涉及交易品种的现货、期货、期权、担保等多种交易安排合同。对于前者而言,典型的合同是 CCER 及 CDM 开发过程中的审定与核证服务合同;后者作为碳排放权交易的主要表现形式,则在现货交易品种买卖的基础上,在商业实践中创新尝试越来越多的交易方式。事实上,如上述讨论的交易政策性特点所决定,碳排放权交易合同履行的稳定性相对而言不够稳定,无法与其他传统交易或者具有天然市场性的新型交易相比。究其原因,与碳排放权交易所依托的市场本身即源自法律政策创设,有直接关系。

合同履行的稳定性,有赖于双方当事人的利害得失判断,包括预期利益的实现、违约责任的损失,以及商业声誉、公司战略等其他相关因素。通常交易合同履行的稳定性,基础在于当事人缔约时,在合同中能够较为平衡地

---

① 黄瑞:《温室气体核证自愿减排量(CCER)交易特点及合同争议仲裁》,载《北京仲裁》2016 年第 3 期。

反映出履约的预期利益和违约的责任损失及付出。碳排放权交易的政策性特点，贯穿于影响交易的各个方面和阶段。从经济解释的角度看，对于经济理论中三个不可或缺的基础，即需求定律、成本概念及竞争含意方面，[①]碳排放权交易至少在需求和成本两个方面直接并且全面受到政策的影响，而且因为相关制度政策还在不断探索调试期，使不仅市场主体，甚至政策制定的讨论和参与者们，都无法较为稳定地预期政策的具体走向和时间表。相应地，传导到开展碳排放权交易的市场主体，在达成交易合同时的信息和判断，在合同履行过程中变数较多。基于合同中相关价格和违约责任约定，市场风险和成本变动导致实际情况的严重失衡，在没有其他重要影响因素的情况下，当事人必然选择违约以避险或减少损失。更何况，在各种创新交易合同中，当事人因经验和教训都积累有限，可能合同约定的权利、义务、责任和风险并不完备，在发生政策和市场价格变动的过程中，合同约定的欠缺、模糊、矛盾，以及当事人履约中不同的具体诉求、瑕疵等因素，都可能进一步成为双方当事人各据其理、形成争议的促进性因素。

（三）合同争议解决涉及的专业复合性较强

碳排放权交易合同争议解决的需求，无法超越交易本身具有的政策性特点，同时，因不同合同安排和具体争议事项，还可能涉及交易品种的具体专业性，以及买卖、委托、担保、承揽等多种合同法律关系，所以，碳排放权交易合同争议解决涉及的专业复合性较强。

众所周知，合同履行中发生一方当事人对合同权利的主张，即索赔，属于正常的履约现象。如果对方当事人同意该方的索赔，则双方不发生合同争议；如果对方当事人不同意该方的索赔，则双方形成了就该分歧事项的争议。对于争议的处理，双方首选的通常为直接沟通、协商和谈判。在双方不能达成一致时，双方的合同争议解决则可能形成诉讼或仲裁案件，即由法官

① 参见张五常：《经济解释》，中信出版社 2015 年版，第 1078 ~ 1081 页。

或仲裁员裁判合同争议；个别情况下，可能由双方一致同意的独立第三方对合同争议进行调解。

相关地，对于不同争议解决方式，也提出了较强的复合性专业能力的需求。例如，对于协商和谈判方式，各方当事人及其专业顾问，包括可能参与谈判的律师，应在法律风险评估的基础上，更多了解当事人双方的合同目的、利益、和解边界，相应制定多个谈判方案。对于调解，双方当事人应在目前众多的各式调解机构中，选择兼具复合专业的商事调解机构，作为独立第三方进行调解。在考虑司法诉讼还是选择仲裁解决争议时，则应特别注意结合双方当事人所在地、合同内容，考虑可能的诉讼管辖法院及法官队伍专业素质和市场开放程度，考虑可能的仲裁机构的仲裁员专家队伍能力，以及仲裁机构的公信力和专业驾驭能力。

对于仲裁和诉讼的比较和选择，一般认为选择好的仲裁机构仲裁，在满足专业高效地解决合同争议方面，具有较为明显的优势。例如，国家发展和改革委员会 2012 年 10 月 9 日印发的《温室气体自愿减排项目审定与核证指南》（发改办气候〔2012〕2862 号）中明确提出："审定机构应与审定委托方签订审定合同。合同内容可包括双方的权利和责任、审定费用、合同的解除、赔偿、仲裁及其他相关内容。"

事实上，相对而言成本最低、风险可控的争议解决方式，首选应是当事人直接协商和谈判。所以，当事人应特别注意把握这一方式解决的时机，不要任由双方直接谈判的大好时机流逝，相反，一定应在充分预估形成案件风险的基础上，慎重应对合同争议。具体而言，建议考虑碳排放权交易合同具体争议事项的性质和特点，特别注重专业复合性较强的特点，组织适合的谈判小组，以商业目标为核心，同时兼顾如果不能达成和解方案时的风险防范，尽最大努力在未形成案件时，妥善解决当事人的分歧和合同争议。

二、具体交易合同争议解决方式选择及案件处理

（一）选择争议解决方式的考虑因素

对于碳排放权交易的具体项目合同，与争议解决相关的有两大类事项，一是选择并在合同中明确约定争议解决方式，二是发生合同争议形成案件时的处理。前者是后者的铺垫，在选择时要考虑到一旦发生合同争议时的利害关系，而后者则是在争议解决约定的基础上，实际处理案件以维护合法权益，与前者虽有关联，但在操作中另有案件处理的原则与技巧。

正如前述，任何商事交易安排，发生合同争议时，通常有双方当事人直接协商和谈判等没有第三方介入的方式，以及有第三方介入的专家评审、调解、仲裁或诉讼方式。对于碳排放权交易而言，结合交易特点，相关的争议解决方式主要为双方当事人谈判（包括各种形式的直接协商和谈判）、调解、仲裁、诉讼。当具体交易合同磋商、签订时，如何选择适合的争议解决方式，或者说对争议解决方式约定的选择标准、利害关系如何判断，从碳排放权交易主体的角度，应注意以下几个事项：

1. 明确约定合同争议解决方式是仲裁还是诉讼

合同争议解决方式的核心选择是仲裁还是诉讼。具体交易合同中，在争议解决条款中，通常约定双方当事人在发生合同争议时，应首先友好协商，争取达成和解。个别合同中，还约定由第三方机构先行调解。第三方机构既包括综合性的商事调解机构，也包括行业性调解机构，还可能涉及非专职调解的相关专业机构。事实上，一方面，即便双方当事人不明确约定友好协商或调解方式解决争议，在实际发生合同争议时，都不影响双方当事人随时开展相关工作；另一方面，即便双方当事人在合同明确约定了友好协商或调解方式，甚至有的还使用了类似前置性安排的表述，在实际发生合同争议时，如果一方当事人不愿意配合，则该约定一般对当事人也不具备法律约束力，不能阻止任何一方当事人直接按照合同约定的仲裁条款提起仲裁，或者

直接向人民法院起诉。

对于选择仲裁还是诉讼，如前所述，根据我国法律规定，当事人如果希望仲裁解决合同争议，必须明确达成仲裁协议，否则，依法仅得以诉讼方式解决合同争议。选择仲裁，实质上是双方当事人对其合同争议寻求人民法院诉讼救济权利的放弃，取而代之的是当事人共同选择其认可的仲裁机构，依法最终裁决其合同争议，并依法获得国家强制执行仲裁裁决的保障。所以，是否放弃司法诉讼的审判救济，选择当事人享有更多参与权利的仲裁方式，必须由合同当事人以书面仲裁协议的方式，进行明确约定。仲裁协议的具体形式，可以是双方当事人在签约、履约及发生争议时等不同时间，以及以单独的仲裁协议或者在合同及其补充协议中的仲裁条款等不同方式约定。最常见的仲裁协议，是在合同中约定仲裁条款。

2. 考虑合同争议解决是否需要保密

在选择是仲裁还是诉讼解决合同争议时，对于国际性商事交易合同，仲裁和诉讼的首要差异在于裁决结果的可强制执行性。仲裁因裁决在多个国家具有可执行性，成为双方当事人争议解决的共识，其具体选择谈判重点在于具体的仲裁方式（机构仲裁还是临时仲裁）、选择机构仲裁时的具体机构、仲裁庭的组成以及仲裁程序和费用承担等事项；对于国内商事交易合同，诉讼和仲裁在可执行性方面没有本质差异，对于当事人而言，二者直接的首要差异在于仲裁的秘密性和诉讼的公开性。

对于碳排放权交易合同的当事人，如果希望就合同发生争议、案件情况、合同交易信息，尤其是交易价格等信息进行保密的，选择仲裁解决争议有现实的保密利益。诉讼案件，原则上公开进行开庭审理，非案件当事人可以申请旁听，有的案件还被人民法院进行开庭审理实况的网络直播，同时，案件裁定和判决书通常均会在生效后发布于裁判文书网，任何人均可自由上网查阅。

3. 考虑是否需要选择专业的案件审理机构和人员

碳排放权交易的政策性特点，决定了相关交易合同争议解决对专业复核性的显示需求。归根结底，能够专业地审理相关争议案件的分歧，在熟悉相关政策、交易惯例及行业特点的基础上，结合案件审理的证据规则和法律逻辑，公平公正地对当事人的争议焦点和案件诉求作出定性和定量的裁判，是当事人选择争议解决方式的根本目的。从公信力和专业性双重标准看，不论是仲裁还是诉讼，最好的和最差的之间，都存在天壤之别。对于诉讼方式，当事人可以结合具体交易合同情况，选择约定当事人住所地、合同履行地、合同签订地、标的物所在地等与争议有实际联系地点的人民法院进行诉讼。对于仲裁，当事人可以选择约定任何一家仲裁机构进行仲裁。

总体上，结合碳排放权交易合同对争议解决案件更高的专业性要求，建议当事人尽量选择仲裁方式解决争议。这不仅与诉讼没有太多碳排放案件审理经验的优势[①]相关，对于新型交易合同争议案件，法院因案多人少难以投入较多的审判资源，与仲裁相比，存在客观上的竞争劣势，包括仲裁员的专业知识储备和更充裕的投入案件审理的时间资源。此外，仲裁方式中，当事人对于仲裁机构、仲裁庭及仲裁程序有一定的参与选择权，在一定程度上可以加大案件审理组织的专业性。仲裁与诉讼相比，更为重要的一个特点是，案件审理更注重双方当事人的合同约定、交易目的和交易惯例，更关注结合个案交易合同具体情节和事由，判断双方当事人的是非曲直和权益衡量，而无须像诉讼更多关注类案同判，而可能忽略个案具体差异及对当事人权益的影响。究其缘由，可能与仲裁和诉讼在审理裁判理念的差异有关。商事仲裁，更多视合同当事人为具备交易能力、自主缔约营利的主体，从而充分尊重双方当事人的交易合同安排及意思自治，注重探求双方当事人真实意思表示而很少人为干预，强调平等主体在交易中的诚实信用原则；而民事诉讼，在我国民商合一的法律体系下，难免有时以保护弱者平等权利之出发点、而不自觉地干预甚至改变当事人关于权利义务及风险责任承担的商

① 2016年的最高人民法院《关于充分发挥审判职能作用为推进生态文明建设与绿色发展提供司法服务和保障的意见》提出，要深入研究碳排放交易中的法律问题，妥善审理碳排放交易纠纷。裁判文书网至2017年9月之前未发布碳排放权交易合同争议案件的审理判决书。

事合同约定。

（二）选择仲裁解决争议的考虑因素

如果交易合同当事人经过比较仲裁和诉讼的差异，结合碳排放权交易合同的特点拟选择仲裁解决争议，那么，需要进一步考虑如下三个影响仲裁协议的选择因素：

1. 哪些争议选择仲裁

由于仲裁方式系由交易合同当事人自主选择，同样道理，当事人有权并应当选择交由仲裁解决争议的事项和范围，即当事人准备将合同的哪些争议提交仲裁解决。从法律上讲，当事人完全有权选择将合同的一部分或者某些类别的争议进行仲裁解决，而其他部分依然通过诉讼解决。实践中，绝大多数合同争议解决的仲裁协议，都是将全部合同争议而非部分约定为仲裁。也存在将部分阶段性合同事项发生争议时约定仲裁的，例如，合同履行产生了部分欠款，双方当事人在原合同的基础上达成还款协议，为了利用仲裁一裁终局的高效便捷优势，当事人仅在还款协议上就其履行及争议解决约定仲裁。总体而言，如果选择仲裁方式解决合同争议，建议约定与合同相关或由合同产生的任何争议均提交仲裁解决。

2. 哪些因素影响仲裁机构选择

实务中，当事人应更注重选择哪个仲裁机构。全国已经有超过 200 家仲裁委员会，其公信力和专业化程度，参差不齐。从历年案件受理和审理数量看，各个仲裁委员会的差异远远超过不同人民法院之间的差距，全国超过 50% 的案件数量和案件金额，集中到有限的数家仲裁委员会。这与全国的合同当事人均可自由选择仲裁机构，无须受到地域、行业、级别等因素限制有关，同时，也反映了不同仲裁机构在争议解决服务中能力和口碑的差异。碳排放权交易合同的当事人在约定仲裁协议时，建议既要考虑仲裁机构在业界的声誉，又要考虑仲裁机构的仲裁员和案件管理人员，在操守、专业、效率、态度等各相关方面的情况。很多项目合同谈判签署由商务人员经办，往往重视价格等主要权利义务，忽略争议解决约定，认为因双方只要尽力履约就不会打官司，甚至简单地不加评估地抄用其他合同仲裁条款，轻率约定仲裁机构。此外，近几年国内外主要仲裁机构之间的竞争加剧，创新力度和速度不断加大，仲裁规则亦不断更新。即便是同一类事项，如多份合同立案、追加第三人、仲裁费用等，不同仲裁机构的仲裁规则之间也存在差异，需要合同双方在约定具体仲裁条款时，全面比较考量。事实上，在谈判签约中，就选择哪个仲裁机构，咨询相关律师和法律顾问的意见，对当事人是必要且获益良多的。

3. 是否需要设置特别的仲裁约定

任何商事合同选择仲裁解决合同争议时，均可在不违反法律规定的前提下，由当事人协商一致达成关于仲裁的特别约定，包括仲裁庭的人数、仲裁员的条件、仲裁程序的安排、相关文件的送达和接收等。碳排放权交易合同有其专业性强的特点，当事人可结合拟选择仲裁机构的仲裁规则，考虑是否需要量身定制若干特别设置。例如，考虑到碳排放权合同属于新型交易，具有特殊的专业性，从而决定是否需要约定不论具体案件争议金额，仲裁庭由三人组成。又如，对于仲裁庭的首席仲裁员或独任仲裁员，双方以何种方式共同选定，以及不论是否由仲裁委员会主任代为指定，首席仲裁员或独任仲裁员是否应具备碳排放权相关争议处理经验。再如，涉及碳排放权交易合同争议中的检测、技术等事项，是否委托何种资格或条件的机构或专家出具意见报告等。

（三）约定仲裁协议的注意事项

具体交易合同约定仲裁协议（通常为合同中的仲裁条款）时，当事人应围绕保障仲裁协议有效、真实准确反映双方当事人的合意进行措辞表述。具体注意事项分述如下：

1. 采取书面方式约定仲裁

根据《仲裁法》规定，仲裁协议包括合同中订立的仲裁条款和以其他书面方式在纠纷发生前或者纠纷发生后达成的请求仲裁的协议。根据《最高人民法院关于适用〈中华人民共和国仲裁法〉若干问题的解释》规定，“其他书面形式”的仲裁协议，包括以合同书、信件和数据电文（包括电报、电传、传真、电子数据交换和电子邮件）等形式达成的请求仲裁的协议。需要注意，仲裁协议虽然包括争议发生后所达成的请求仲裁的协议，考虑到实际协商成本及当事人发生争议后的对立情况，建议合同当事人尽量在合同签约时，至迟在发生争议前，达成书面的仲裁协议。实践中，如果交易合同签约时未约定争议解决条款，或者已经约定了人民法院诉讼，都可以在其后的补充协议中再行约定仲裁条款，以填补或修改当事人在签约时的约定。

2. 避免同时约定仲裁和诉讼

根据《最高人民法院关于适用〈中华人民共和国仲裁法〉若干问题的解释》规定，当事人约定争议可以向仲裁机构申请仲裁也可以向人民法院起诉的，仲裁协议无效。但一方向仲裁机构申请仲裁，另一方未在《仲裁法》第 20 条第 2 款规定期间内提出异议的除外。对于具体交易合同当事人，在使用有关机构提供的合同范本时，应特别注意，对范本中往往提供的仲裁或者诉讼解决合同争议的选择项，在签署具体交易合同中进行明确的唯一性的选择。切忌本意是仲裁，却因同时勾选两种争议解决方式，而导致仲裁协议无效。

3. 约定较为宽泛的仲裁事项和范围

实践中，除非当事人确有特别的排除性考虑，建议将合同的全部争议约定仲裁解决。具体表述可参考专业仲裁机构的示范条款，[①]即把因合同引起的或与合同有关的任何争议都约定到仲裁范围内，以避免在仲裁事项和范围的约定上发生缺漏或争议。实务中，有的当事人约定将“本合同履行中发生的争议”或者“本合同履行及其违约责任”提交仲裁，看似约定明确，实则漏掉了关于合同效力、是否可撤销等可能发生争议案件的情形。在实

---

① 例如：北京仲裁委员会官方网站（www.bjac.org.cn）的仲裁示范条款中，列出的仲裁范围为“因本合同引起的或与本合同有关的任何争议”。

际发生案件时，双方当事人往往为争议事项是否属于仲裁范围，相关仲裁委员会是否具有管辖权，又发生争议，导致额外拖长案件处理的进程。

4. 准确约定一个仲裁机构

根据《仲裁法》的规定，有效的仲裁条款，必须包括选定的仲裁委员会。《最高人民法院关于适用〈中华人民共和国仲裁法〉若干问题的解释》规定，仲裁协议约定两个以上仲裁机构，或者约定的仲裁地点有两个以上仲裁机构，而当事人不能就仲裁机构选择达成一致的，仲裁协议无效。所以，准确约定一个仲裁机构，是从法律上有效达成仲裁协议的基本要求。需要注意准确表述拟选择仲裁机构的名称。例如，北京仲裁委员会，其名称中没有“市”。虽然现实中有的仲裁协议未准确表述，最终未造成实质性错误，但是，可能会造成双方在发生案件对立时，可资用作拖延案件进程而额外提出管辖权异议的事由。

5. 准确表述关于仲裁的特别约定

具体仲裁协议约定，在选定仲裁机构后，可以参照该仲裁机构的示范仲裁条款进行约定。此外，与前述选择考虑相对应，如果当事人需要约定不论争议金额均采用三人仲裁庭审理，则应在仲裁协议中明确约定。合同当事人还应考虑到不同仲裁机构仲裁规则的差异，比较具体交易合同的争议解决设计和需求，进行相应的特别约定。只要双方当事人在合同中特别约定，通常各仲裁机构规则均以首先尊重当事人约定为准，仲裁规则提供当事人未特别约定事项的准则。例如，如果当事人没有特别约定，关于国内仲裁案件的适用简易程序的金额标准，北京仲裁委员会 2019 年修订的仲裁规则和中国国际经济贸易仲裁委员会的现行仲裁规则均规定为争议金额不超过 500 万元的案件。合同当事人可以在了解仲裁机构仲裁规则的基础上，结合未来可能涉及争议的特点和具体需求，约定与仲裁规则不同的安排。例如，当事人如果决定选择北京仲裁委员会仲裁，但是考虑到碳排放权的专业性，希望 300 万元以上争议金额的案件需要由三人组成的仲裁庭审理案件，则可以在仲裁条款中进行明确约定。对于明确约定的特别安排，则构成相应修改或者优先于仲裁规则相关规定的效果。

（四）调解解决碳交易合同争议的注意事项

调解，从广义上讲，既包括在仲裁或诉讼程序中的调解，也包括由独立第三方单独为合同当事人提供的争议解决方式。考虑到后者在程序上的独立性，以及实体性调解技巧的共通性，本部分着重讨论后者。

1. 调解的目的一致

调解，是介乎当事人谈判和仲裁或诉讼之间的争议解决方式。从争议解决的视角看，与谈判的共同点，在于以当事人的选择和判断为主，不同点在于是否有第三方机构和调解员的介入；与仲裁或诉讼的共同点，在于有独立第三方的介入，且多多少少结合了第三方对争议事项的是非责任之评判，其不同点在于当事人对于相关进程的控制力。实践中，当事人面对争议往往首先自发选择谈判，而不能达成和解时，最终多以仲裁或诉讼解决。专门启动相关程序，交由独立第三方进行调解，在我国商事争议解决活动中，还处于逐步探索和发展过程中。已有的调解成功经验和失败案例显示，影响甚至决定是否能够通过调解达成全部或部分争议解决的结果，与当事人是否具有调解的意愿以及开启调解程序的目的直接相关。

双方当事人确有共同的、一致的争议解决的调解目标，对成功调解至关重要。调解程序的启动，在于双方当事人的一致同意，即有一致的调解目的。实践中有若干启动程序但不能达成调解协议的案例，是由于当事人虽然启动调解，但是并不真正想以调解解决争议，或者没有真正的调解方案或妥协意愿。例如，在人民法院诉调对接的制度安排下，有的当事人根本不希望做出任何妥协，但是，又不愿意全然拒绝法院调解的建议，就在形式上进入调解，包括参加法院合作调解组织开启的调解程序，继而很快在调解中以坚决的不做任何让步或为对方考虑的姿态，结束调解进程。这样的调解案件，几乎从开始即注定是难以达成和解协议的。又如，有的合同当事人希望以调解拖延对方提起仲裁或诉讼，或者有的合同当事人希望在调解中获得更多的信息,以准备进一步的仲裁或诉讼案件证据。这样的调解程序,都有一个共同点,就是当事人双方未形成切实的和解意愿或方案,所以很难达成一致协议。所以,在启动调解程序之初,双方均共同具有一致的解决争议的目的,是成功调解的基础,尽管有此基础也不必然保障当事人能够顺利达成协议。

2. 选择注重信誉的商事调解机构

碳排放权交易合同具有复杂的商事合同特征,若希望付出一定的时间和费用成本提高调解成功的概率,应选择注重信誉的商事调解机构。目前,我国存在多种可以担任第三方调解机构的组织,包括历史形成的人民调解组织,和近些年适应行业、商事调解需要发展起来的行业调解组织、综合性商事调解机构等。正如前文结合碳排放权交易特点所分析的相关交易合同争议解决需求,碳排放权交易的具体合同虽然可以归类于环保、能源、担保、金融、期货或者衍生品交易等看似有行业归属的领域,但是,其复合性的专业特点又超越了任何一个具体行业调解可以驾轻就熟的范围,因为,碳排放权交易本身就在不断进行各种创新的探索之中。与行业性调解组织相比较,综合性商事调解机构具备集成性综合商事调解能力的调解员队伍。所以,在各类调解组织中,最能够适应其需求的是综合性商事调解机构。

事实上,受制于整体调解服务市场的发展阶段,即便是商事调解机构,其服务设施和人员队伍的软硬件能力和效率差异都很大。建议当事人咨询相关专业意见,选择注重信誉的商事调解机构。不同的调解机构的组织运行能力、对当事人的服务态度,没有达到像仲裁机构那样相对较为类似的条件。在确定开启调解程序前,适度的提前调查甚至比选,会对有效节约时间成本,不无裨益。

3. 选择高效专业的调解员

正如国际上对于仲裁关于"好的仲裁取决于好的仲裁员"的共识,好的调解更加依赖于综合能力很强的、时刻关注高效专业帮助当事人解决争议的调解员。通常,调解案件不考虑争议金额都会以一位调解员负责为首选,虽然也不排除在当事人一致同意的情况下可以选择多位调解员共同调解。[①] 所以，独家担当的调解员能力如何，更是能够影响甚至决定一个调解案件的走向。一位好的调解员，不仅具有表面上专业符合度高的优势，还具有面对新型复杂的创新交易关系的问题识别和整理能力，能够很快厘清当事人基本交易结构、交易条件、利益诉求的差异识别、争议事项之外的利益合作空间等问题，并能够在更为宽阔的约束条件识别和利益评估基础上，引导当事人跳出相对自说自话的眼前模式，帮助当事人重新看待并评价不同争议解决结果的利害得失，在理性权衡利弊的情况下，达成既有条件下的最优选择方案。

与仲裁员或法官不同，调解员虽然也会进行争议事项的评估，但是，不以评判是非对错为目标。高效专业的调解员的一个明显优势，是熟悉当事人评判并选择妥协方案时的风险收益判断标准，熟悉相关市场或商事交易习惯，了解哪些环节容易成为当事人妥协和解的阻碍，从而帮助并激发当事人探求是否有更广泛的利益平衡和风险管理方案，从而促进当事人达成调解协议。此外，有社会经验的调解员还能够理解当事人在调解中可能存在多重具体目标，包括通过调解解决全部争议的最佳目标，以及缓和争议进程、排除部分争议、借助第三方厘清争议边界等不同目标，从而在具体案件中对当事人的多重目标进行识别，并采取相应的措施促进调解。例如，有的调解案件虽然未能解决全部争议，但是，帮助双方当事人梳理确认了共同认定的事实、缩小了争议范围，当事人对取得的成果也很满意。

4. 预备多个调解妥协方案

当事人如果希望真正在调解中顺利结束争议进程，应在调解员组织召开调解会议前，预备多个调解妥协方案。调解会议是非常宝贵的资源，双方当事人和调解员均充分准备，才更有可能尽快调解成功。有的当事人忽略了调解是以当事人为主角的程序特点，在参加调解会议前更多关注的还是

---

① 例如，北京仲裁委员会调解中心调解规则规定，除非当事人另有约定，调解由一名调解员进行。

争议事项本身的孰是孰非，到了调解会议上主要在陈述己方如何正确以及苦衷、困难和纠结，这将对成功调解帮助不大，甚至适得其反。建设性地预备方案，可以注意多个妥协方案的保密，和对有限人员的分级授权，但是，应提前有多个应对或提议方案。剔除参加程序但没有真正调解意愿的当事人，实务中，当事人是否提前预备具体方案，本身就是促成调解的重要影响因素。各方当事人及其代理人的态度，在调解中对于对方当事人和调解员影响很大；反之亦然。有经验的调解机构和调解员都特别强调提前的准备，道理类似。在当事人可行可不行的情况下，每个参与方的意愿、态度和行为，相互影响的效果尤甚。

5. 调解协议的司法确认

对于仲裁或诉讼过程中的调解，如果调解成功，可以直接形成裁决书或调解书，当事人据此应履行相关义务，并且对方在义务方不履行义务时，可以依法申请法院的强制执行保障。对于独立的调解程序中达成调解协议的，2016 年《最高人民法院关于人民法院进一步深化多元化纠纷解决机制改革的意见》明确规定："完善司法确认程序。经行政机关、人民调解组织、商事调解组织、行业调解组织或者其他具有调解职能的组织调解达成的具有民事合同性质的协议，当事人可以向调解组织所在地基层人民法院或者人民法庭依法申请确认其效力。登记立案前委派给特邀调解组织或者特邀调解员调解达成的协议，当事人申请司法确认的，由调解组织所在地或者委派调解的基层人民法院管辖。""加强调解与督促程序的衔接。以金钱或者有价证券给付为内容的和解协议、调解协议，债权人依据民事诉讼法及其司法解释的规定，向有管辖权的基层人民法院申请支付令的，人民法院应当依法发出支付令。债务人未在法定期限内提出书面异议且逾期不履行支付令的，人民法院可以强制执行。"

6. 调解中的风险管理

在调解过程中，双方当事人还应具有风险管理意识，并采取相应的应对措施。正如前文所述，当事人可能因为多种不同的动机同意开启调解程序。

双方当事人以达成调解协议为利益目标，同时，应时刻明白如果不能达成协议时，双方当事人还可能进入仲裁或诉讼程序。所以，相应地，应注意不要在调解中额外提供对方当事人本不掌握的有利证据，或者在相关电话、邮件等联络中形成不利的事实自认，抑或为对方提供新的线索或思路。虽然按照通常规则和惯例，双方当事人均不应将调解中的任何陈述、意见、观点或建议，以及书面材料用作仲裁或诉讼等其他程序中的依据，但是，实务中如何判断和认定相关边界，本身又可能形成争议。因此，当事人在调解中保持风险意识，是成本最低的自我权益保护方法。

（五）碳交易合同争议仲裁或诉讼案件处理

仲裁案件和诉讼案件都是双方当事人直接对抗、由第三方在依法审理的基础上，对双方当事人的合同争议进行支持或驳回的裁判。对于碳交易合同的一方当事人而言，处理仲裁或诉讼案件，既有明显区别于调解的特点，也有与对方当事人对抗、尽力争取获得审理者支持的共性特征。下面，在当事人处理案件共性的前提下，结合个别程序和理念差异，讨论对于当事人而言的案件处理建议。

1. 委托专业律师代理案件

不同所有制和组织形式的合同当事人，因各自经营规模、外部制约、案件处理经验、制度文化及成本控制偏好不同，对于发生仲裁或诉讼案件时，是否需要以及何时委托专业律师代理案件，各有不同。案件处理经验表明，尽早决定是由公司律师直接代理，还是外聘律师代理，有益于案件的处理结果。每个案件都需要整体分析、评估并确定应对策略，尽早确定了代理律师，可以从总体上制定案件处理代理措施，包括程序和实体问题的多层面方案。尤其是，对于作为申请人或原告的当事人，可以由代理律师结合当事人谈判情况，评估并选择仲裁请求或起诉的具体请求，结合当事人的相关情况决定启动案件的时机，并以此进一步促进双方当事人的和解谈判进程。

除了通常考虑事项之外，选择委托具体律师时，还应结合案情及自身在具体案件中的优劣情况，将拟选择律师是否曾为合同谈判、签约或履行提供过法律服务，纳入总体考虑。一方面，在具体案件处理中，曾出现前期提供过咨询服务的律师，在案件处理中不能客观评估案件情况、文过饰非以防止当事人追究前期服务质量责任等不利的情形，应对该类可能性加以警惕；另一方面，也有前期咨询服务律师，因更了解合同签订或履行中的情况，更好地代理当事人陈述事实和理由，为案件处理争取到较好结果的情况。总体而言，当事人如果可能发生仲裁或诉讼案件，应注意不同的律师对案件处理结果的影响可能有天壤之别，在选择代理人时应全面考虑相关因素。

2. 当事人全程参与案件进程

当事人在发生案件时经常出现主要交由律师处理的现象。一方面，有的当事人存在内部人员希望远离案件责任的倾向，另一方面，有的当事人因案件的法律专业性而误以为应全部信赖律师。事实上，从有利于案件处理的角度，当事人应保持对案件处理的关注，全程跟进重要环节的知情、决策并有效把握案件走向。当事人应理解，不论是公司律师，还是外聘律师，其自身同时会有若干案件和项目同时进行。作为事实上的“客户”，代表当事人负责管理案件的人员，不论是业务人员，还是公司法务部门人员，对于律师案件代理工作的跟进，既是对认真努力工作的见证和鼓励，也是避免代理律师敷衍了事的有效监督。更重要的是，案件毕竟是当事人的案件，有关权益的处理，包括是否适时沟通对方进行和解，都应是当事人的选择和判断，而判断应建立在充分了解案件进程和利弊走向的基础之上。

3. 结合具体争议制定案件策略

每个案件的具体诉求、争议焦点、事实和理由，各不相同。碳排放权交易合同的争议案件，因合同本身可能涉及不同的法律关系，而争议的具体情形又千差万别。在案件处理过程中，既要处理好共性问题，如程序事项，更应结合碳排放权交易特点，制定并实施具体案件的处理方案。

结合碳排放权交易的前述特点，以及因交易总量有限而发生的争议案件更少的情况，一旦发生案件，建议相关当事人和代理人应注意：第一，分析案件时以当前主流的请求权基础与抗辩的分析方法为主，适度结合法律关系分析方法，即历史的分析方法，以便较全面地说明碳排放权交易特点及其相适应的合同解释、问题和责任分析以及己方主张的合理性。第二，结合争议相关的技术、商务和法律问题，准备并视需要说明碳排放权交易作为交易标的的特点、业界通识、交易惯例等相关情况。第三，换位思考，严密论证，既信任审理者能够做出公平合理的专业判断，又力求做到案件材料对碳排放权交易特点的证据、事实、逻辑、主张的陈述和说理清晰充分，力求达到任何其他法律专业人士可以得出与审理者大体相当的判断。

4. 用足选择仲裁员和开庭等程序权利

如果是仲裁案件，当事人通常享有选定仲裁员的程序权利。在仲裁员选择上应注意：第一，不放弃选择仲裁的权利。即便对于约定仲裁机构的仲裁员情况不熟悉，可以通过咨询仲裁机构、专业背景查询、咨询律师意见等各种方式，按照仲裁规则选择仲裁员。第二，选择业界具有良好口碑、同时具备一定专业知识的仲裁员。第三，避免盲目片面追求仲裁员的知名度，尽量选择适合的仲裁员，包括工作时间能否保证、对新事物的快速研究和理解能力、对所经办案件的投入和职业化程度等。

不论仲裁还是诉讼案件，原则上均应开庭审理。开庭是案件审理中最关键的资源，当事人应用足、用好开庭机会，充分且逻辑清晰地阐述己方主张。当事人及其代理人应注意避免开庭中的几个误区：第一，已经提交了书面材料的，不再当庭陈述。当事人应当理解，法官和仲裁员其实都很忙，虽然不乏庭前提前认真阅卷的情况，但是，也存在阅卷不深或者大概翻阅的情况。即使主审法官或首席仲裁员说明可以不重复逐字宣读已经提交的书面文件，在己方当庭陈述或答辩时间里，当事人应择要、突出重点地阐述事实和理由。第二，混淆事实陈述和辩论意见，缺乏对主张事实的证明，缺乏对己方主张的逻辑论证。第三，不携带证据原件，待到对方在质证中要求核对原件时，不仅己方被动，也耽延审理进程。第四，采取证据突袭，造成审理者的反感，也耽延审理进程。第五，代理律师当庭阻止当事人的代理人员陈述事实，或一律否认对方陈述的情况。此外，除非特别确定，不要一概而论否定开庭后的证据补充和提交书面代理意见的机会。

5. 认真准备并充分提交书面材料

案件处理涉及多种书面材料的准备和提交，当事人及其代理人应注意认真准备并充分提交，具体包括：第一，在仲裁申请书或起诉状、仲裁答辩书或答辩状中清晰陈述事实和理由，并标明事实与证据材料的对应关系。第二，全部证据材料连续编号并标明页码，方便在书面文件中引用。第三，在书面材料上标明案件编号、提交材料的当事人名称或身份。第四，即便是当庭已经详细陈述过的意见，在庭后结合审理者的关注、对方当事人的意见提交总结和回应意见。第五，在证据目录上说明证明目的，对于复杂案件或数量多的证据标明具体引证页码和内容；对对方证据材料提交书面质证意见。第六，在后的书面意见概括当事人全部争议相关事实和观点，使审理者无须同时查阅此前多个材料，降低相关事实和主张被遗漏的风险。

当事人应当换位思考，了解不论是仲裁员还是法官，即便在庭审中非常清楚当事人的主张、理由、事实及对应的证据和依据，但是，开庭到形成裁判意见之间要经历较长的时间段，客观上可能存在信息丢失、减损甚至改变的风险。当事人的案卷材料如果清晰、完整，则可有效保障己方的主张获得足够的注意力。缺乏经验的代理人可能只注重开庭中的表现，殊不知忽略这些客观上的常识，可能给当事人造成损失。

6. 适时把握案件中的调解机会

不论是仲裁还是诉讼，都是当事人解决合同争议的手段和过程，碳排放权交易合同也不例外。我国仲裁和诉讼过程中，均在双方当事人同意的情况下，由审理者主持调解。除非当事人确有不宜调解结案的情况，否则，当事人应在案件处理全程中，保持适时和解的意识。关于仲裁或诉讼中的调解，当事人应注意：第一，树立正确的调解观，摒弃关于调解是承认己方责任或者部分承认对方的主张等错误观念。第二，立足于己方得失评估，兼顾对方妥协意愿，理性考虑案件事实和可能的裁判结果，衡量成功调解的收益，包括执行的快捷性、调解书仅表述友好协商结果等。第三，开庭前分析具体案件调解机会和成本，在分析双方当事人是非、强弱、证据、理由等相关情况基础上，提前进行调解授权并拟定不同层次的调解方案，以便在庭审调解程序中博弈，争取较好的调解结果。

三、碳排放权相关案件争议的内容和特点

如果对碳排放权相关案件根据案件性质进行分类，从案件涉及的法律责任承担角度看，既包括有关行政法律责任的行政处罚，以及与行政处罚相关的行政复议、行政诉讼案件，也包括有关民事法律责任的民商事案件；而民商事案件中，从当事人是否选择仲裁解决争议的角度看，民商事案件既包括人民法院的诉讼案件，也包括仲裁机构的仲裁案件。同时，如果对案件根据涉及碳排放权交易标进行分类，还可以将案件类别划分为关于碳配额和关于 CCER 的两个大类案件，以及因历史原因存在形成的 CDM 相关案件。下面结合不同的案件分类，对案件争议的内容和特点作简要讨论，并在此基础上，分析碳排放权相关案件反映的问题。

（一）争议的内容

根据中国裁判文书网网站[①]和北大法宝中“司法案例”显示的信息，以及北京仲裁委员会/北京国际仲裁中心[②]提供的部分案例信息，[③]目前涉及碳排放权相关的案件数量总体有限，其中，绝大多数为民商事案件，也涉及

---

① 参见 http://wenshu. court. gov. cn/，最后访问日期：2018 年 10 月 17 日。

② 北京仲裁委员会同时启用另一名称“北京国际仲裁中心”，本书提及任何其一名称时，均亦指另一名称的同一仲裁机构。

③ 为保密之目的，北京仲裁委员会相关案件信息在研究及摘编案例时，均隐去当事人等具体案件信息。

行政诉讼和行政处罚案件。从目前可收集案件反映的情况看,案件类别与争议的内容有一定的相关性。结合案例情况及碳排放权交易的特点,可按争议所涉内容,将案件划分为如下几类:

1. 涉及碳配额的行政案件

如前所述,碳配额由中央及各地主管政府部门按照规定进行分配,初期以无偿分配为主,逐步也会开始探索有偿分配初始碳配额。不论是什么方式进行碳配额的初始分配,因碳配额是重点排放单位向政府清缴履约依法合规排放的考核依据,都有可能发生重点排放单位与政府部门在初始分配碳配额、确定其清缴履约数量时,如果存在不一致导致的争议;如果争议不能通过直接沟通协商解决,则有可能发生二者之间关于碳配额数量的妥当性、重点排放单位的清缴履约义务是否完成及相关政府部门对其认为未完成清缴义务的重点排放单位进行行政处罚的合法性等相关具体争议的行政案件。

相关行政案件中,如果重点排放单位接受政府部门的行政处罚,则案件程序结束。如果重点排放单位认为政府部门的行政处罚侵犯了其合法权益,还可能根据《行政复议法》等相关法律法规提起行政复议案件。如果重点排放单位对行政复议案件的复议结果不服,还可以继续向有管辖权的人民法院申请行政诉讼。同时,重点排放单位也可以自行选择不申请行政复议,直接向人民法院对行政处罚决定提起行政诉讼。

目前,深圳市已经实际发生与碳配额有关的行政诉讼案件,在业界引起广泛关注。该案件原告为深圳翔峰容器有限公司,被告为深圳市发展改革委。案件经历了一审、二审形成生效的法院判决文书。虽然案件的判决结果维持了行政处罚决定,也充分说明了判决的理由,但是,该案件更有里程碑意义的价值,在于该案是涉及碳排放权内容的行政诉讼案件。业界若干研究机构均予以关注,例如,有专业论文将该案作为全国首例碳诉讼案进行讨论,涉及法律适用的依据、执法队伍的适格性、碳配额计算的合理性、核查报告的效力,以及诉讼案判决维持行政处罚后的执行情况等多个方面。[①]

2. 涉及 CCER 的行政案件

作为碳排放权交易的两个基础性现货标的之一,CCER 可以根据各试点主管部门公布的比例和方式,抵消重点排放单位清缴履约时相应数量碳配额的缴付义务。相应地,理论上,在政府主管部门确认重点排放单位是否足额清缴履约时,如果双方就重点排放单位认为可以用作抵消的 CCER 发生不同意见时,也可能存在进一步争议甚至成案的可能性。涉及的当事人与碳配额行政案件的当事人类似,但是,争议的内容则会不同,例如,可能涉及 CCER 可抵消的比例,CCER 产生的地域、行业、时间等方面的限制以及相关规定依据的合法性等。

目前,尚未在公开信息检索到与 CCER 用作抵消重点排放单位清缴履约义务相关的行政案件信息。但是,因多个地方政府部门也在探索多种碳排放权管理机制,还未形成成熟稳定的制度规范,实践中尽管概率不高,但不能完全排除相关案件的可能性。

3. 涉及 CCER 开发服务的民商事案件

随着《国家发展改革委关于印发〈温室气体自愿减排交易管理暂行办法〉的通知》(发改气候〔2012〕1668 号)于 2012 年 6 月 13 日发布并生效,国内掀起又一波依托各类清洁能源(如风力发电、光伏发电)等项目,积极开展自愿减排项目审核并开发 CCER 的热潮。与此前依据《京都议定书》开发 CDM 所产生的减排有所区别的是,CCER 可以根据温室气体减排相关法规政策,直接在国内市场上进行线上、线下交易,而且其成本主要由附随性的完成自愿减排项目审核及 CCER 备案手续决定。开发 CCER 是对项目业主高额项目资产的部分性额外盘活,而且其成本与此前开发 CDM 项目所产生的减排量 CCER 的开发成本相比也更低,所以,项目业主具有开

---

① 如中国环境科学学会环境法学分会 2018 年会论文,集中收录了生态环境部国家应对气候变化战略研究和国际合作中心的田丹宇助理研究员就该案例调研形成的论文《全国首例碳诉讼调研报告》。

发 CCER 的动力。

与众多专业咨询服务类交易相类似,CCER 开发服务项目合同,发生争议形成案件的数量极少。例如,国家发展改革委于 2012 年印发的《温室气体自愿减排项目审定与核证指南》①指出,核证机构应与核证委托方签订核证合同。合同内容可包括双方的权利和责任、核证费用、合同的解除、赔偿、仲裁及其他相关内容。但是,至今未显示存在发生关于项目审定与核证服务相关的争议诉讼或仲裁案件。当然,通常合同履行外部环境较为平稳时,发生争议案件的概率较低,外部环境或政策导致市场剧变时,则引发案件的增加,CDM 和 CCER 相关案件即如此。自 2017 年 3 月,国家发展改革委暂缓受理 CCER 备案申请以来,政策发布前已经在进行的项目合同受到影响,当事人不能综合平衡各方利益时,则发生相关案件。例如,江苏省无锡市新吴区人民法院审理了关于《中国温室气体自愿减排项目开发服务协议》合同争议案,于 2017 年 8 月 18 日作出[(2017)苏 0214 民初 1213 号]民事判决书。

4. 涉及 CDM 开发服务的民商事案件

如前所述,在碳排放权交易管理办法确定交易标的为碳配额、CCER 之前,与中国加入《公约》及《京都议定书》相关,中国对 CDM 进行了相关国内立法,包括 2004 年国家发展和改革委员会、科学技术部、外交部联合发布的《清洁发展机制项目运行管理暂行办法》(2004 年第 10 号)(已失效)、2005 年国家发展和改革委员会、科学技术部、外交部、财政部联合发布的《清洁发展机制项目运行管理办法》(2005 年第 37 号)(已失效)、2011 年国家发展和改革委员会、科学技术部、外交部、财政部联合发布的《清洁发展机制项目运行管理办法(2011 年修订)》(现行有效)。据此,国内多批 CDM 项目得以开发。在 CDM 开发过程中,因项目实施机构即项目业主,根据上述国内管理规定和《京都议定书》等国际相关规定,需要满足一定的

① 发改办气候〔2012〕2862 号文。

审核标准，往往需要聘请专业的咨询机构提供关于开发方法学、技术标准、相关规范和流程等方面的服务，也有相关委托开发、居间、咨询等各种相关服务性交易。

事实上，绝大多数 CDM 开发服务相关合同得以顺利履行，或者在发生合同争议时，由当事人自行协商解决。少数交易中，当事人不能协商解决的合同争议，形成了相关民商事案件。例如：广西壮族自治区南丹县人民法院审理了关于《申办清洁发展机制（CDM）项目协议书》合同争议案，于 2015 年 6 月 17 日作出（2014）丹民初字第 599 号民事判决书。此前，北京仲裁委员会于 2012 年审理了广西壮族自治区另两个水电站项目中，国内 CDM 开发咨询机构与指定经营实体（DOE）德国某公司所授权的江苏子公司，就合格性审定服务发生争议的仲裁案，并在审理的基础上，促成了当事人及相关德国公司的调解。[①]

5. 涉及碳配额/CCER 买卖交易的民商事案件

碳配额/CCER 的性质和功用决定了其买卖交易的目的至少可能涉及三种，一是重点排放单位采购碳配额/CCER 以用于清缴履约；二是相关市场交易主体基于对碳配额、CCER 的市场盈利追求而进行买卖活动；三是基于 CCER 有一定经济价值及环保宣示功效，相应开展不同目的的买卖交易及相关抵消活动。与交易活动伴生的是一定比例的合同争议乃至案件。

需要注意的是，碳配额/CCER 因其基本特征不属于有体物，且法律性质存在立法不明确及学理争议较大的情形，相关买卖交易的合同虽然名为买卖合同，但是，并不直接属于《合同法》第九章对买卖合同的定义范畴。司法实践或仲裁活动中，对于当事人未明确约定事宜，按照《合同法》第 124 条、第 174 条的规定，参照买卖合同的相关规定。相关地，碳配额、CCER 买卖交易中涉及的特别事项，如相关标的物的价值、违约造成的损失等，具体交易合同最好有充分的约定，否则可能导致争议成案的风险加大，也为相关

---

① 具体案例分析详见第七章。

案件审理造成困难，还可能因案情疑难而加长审理周期。

6. 涉及碳配额/CCER担保的民商事案件

碳配额/CCER有一定的经济价值，尽管法律上碳排放权的性质存在诸多不明确和争议，但是，市场主体盘活资源的力量总是不愿意为滞后的法律规定所束缚，实践中已经有将碳配额/CCER用作相关担保物或权利进行抵押和质押的探索。目前，尚未收集到相关民商事案件。从概率上讲，交易数量积聚到一定程度时，发生争议形成案件只是时间的早晚。我国《物权法》关于物、抵押、质押及《担保法》的相关规定，在立法时未将碳排放权一并纳入规范或排除。一方面，在“物权法定”原则下，当事人基于物权和准物权进行交易时，应有法律规定基础；另一方面，当事人本着“法无禁止即可为”原则，在大胆尝试将碳配额/CCER进行抵押、质押。相应地，叠加了新型交易标的、法律性质存在争议等多个风险因素的情况下，不仅相关合同争议可能成案，还可能在此类案件中引发具体交易安排之外、与交易标的目前自身属性不稳定相关的额外争议，甚至可能延伸到合同效力之争。

7. 涉及碳配额/CCER衍生品交易的民商事案件

以碳排放权的两个基础交易标的为依托，结合商业实践中的期货、期权等衍生品开发经验，相关实务界已经在不同程度地探索碳排放权相关衍生品的具体交易，并在不断讨论相关市场规范及培育。目前，公开信息未显示相关衍生品交易的案件。北京仲裁委员会作为全国名列前茅的商事仲裁机构，已经于2016年受理并审理了CCER购买权交易的首例案件。该案既涉及购买权交易安排，体现相关多个交易主体对于碳市场盈利空间的热切期待，也涉及CCER能否及时备案的风险后果，凸显了碳排放权交易本身的特点。

8. 其他相关案件

此外，从争议涉及内容看，在中国裁判文书网上检索的内容还显示，若干案件涉及将CCER/CDM作为资产或损失，纳入案件事实或相关主张和请求。例如，湖北省武汉市中级人民法院民事裁定书［（2018）鄂01财保

132 号之一]显示,该院于 2018 年 5 月 29 日根据汉口银行股份有限公司科技金融服务中心的申请,作出了(2018)鄂 01 财保 132 号民事裁定书,裁定冻结赤壁凯迪绿色能源开发有限公司所有的赤壁凯迪生物质能发电厂工程项目 CCER。又如,最高人民法院于 2016 年 3 月 25 日作出的(2015)民提字第 143 号民事判决书[①]显示,当事人在该湖南水电站项目设备质量问题导致的损失构成中,主张将未成功开发 CDM 导致落空的预期收益纳入损失计算范围。

(二)案件的特点

碳排放权相关案件与其他案件相比较,表现出以下三个明显特征:

1. 专业性

不论是碳配额、CCER 还是 CDM,都不同于通常易于理解的交易合同标的,也与人们日常工作生活相距较远,同时,该些标的本身的创设、属性、目的、功用、监管、价值和市场等,都有其单成体系的独特性。不论是市场主体、律师、法律顾问,还是法官或仲裁员,如果没有对案件交易标的进行系统的了解和研究,很难仅凭简单的常识、经验或快速学习,就获得对于案件相关交易安排、分配规则、行业术语、风险特点的深入理解,也就难免因不够专业导致轻率或偏颇。

正如上节梳理归纳情况,碳排放权交易相关市场在中国属于 21 世纪发生的新型交易,业务经营市场尚在探索、培育的过程中。相应地,较小分母基数的市场体量下,发生案件的绝对数量则更为有限。这也从经济性上相应加大了法律服务的成本,或者说,提高了法律案件妥善代理、审理的专业门槛。换言之,市场中对碳排放权交易熟悉的人员限于数量很有限的从业者,法律争议解决领域对此交易及案件特点真正理解的,就更知之更少。客观上,再叠加我国历史上企业对法律风险重视不足的习惯,该类案件的专业

① 参见 http://wenshu.court.gov.cn/,最后访问日期:2018 年 10 月 17 日。

性特点及相关风险则进一步凸显。该类案件是否能够由具备专业知识、经验及较高研究能力的律师代理，能够由具备足够专业背景和能力的法官[①]和仲裁员审理，也表现为该类案件能否妥善处理的明显特点。

2. 政策性

与碳排放派生于应对气候变化的制度性源生特点相呼应，碳排放权案件相关交易标的的生成、价值、市场需求，以及重点排放单位/控排企业的筛选标准、相关分配规则、清缴履约结构等，都体现出无所不在的政策性特点。[②] 传统交易和市场行为中，也存在或多或少的法律规制和政策调整，但是，传统交易标的本身或者其交易形式的流程和利益平衡机制，往往并不源于法规政策制度的创设，而是源于自然人或单位主体实际生活、生产经营、互通有无、社会活动等各种自发需求，同时，在法律政策介入之前往往已经经过无数个具体交易和市场选择，而形成了相对明晰的不同路径及可能影响。法律规制和政策介入，更多是对既有经验和平衡选择的认可或侧重性调整。而碳排放权相关交易则是典型的制度创设型新生事物，一边建立完善制度，一边鼓励交易实践，一边总结调整政策，同时，还作为相关政策组合拳，纳入特定主题的协同发展政策包。[③] 相应地，碳排放权相关案件的基础合同争议，无可避免地涉及对相关政策的知晓与把握。

当然，案件政策性特点的另一重含义则是，有些案件本身即因为受政策影响而发生，因项目交易进程在先，当事人无法预估政策变动而难以预先设定妥善的风险平衡方案。例如，2017 年 3 月国家发展改革委暂缓受理 CCER 备案申请后，北京天擎动力国际清洁能源咨询有限公司诉江苏的顺

① 2018 年 5 月 30 日最高人民法院《关于深入学习贯彻习近平生态文明思想为新时代生态环境保护提供司法服务和保障的意见》(法发〔2018〕7 号)提出，深入研究用能权、用水权、排污权、碳排放权交易的法律属性、初始分配和交易规则，推动环境资源交易市场制度完善。

② 黄瑞：《温室气体核证自愿减排量(CCER)交易特点及合同争议仲裁》，载《北京仲裁》2016 年第 3 期。

③ 例如，2018 年 4 月 14 日，中共中央、国务院发布关于对《河北雄安新区规划纲要》的批复，明确提出“严格控制碳排放，优化能源结构，推进资源节约和循环利用，推广绿色低碳的生产生活方式和城市建设运营模式，保护碳汇空间、提升碳汇能力。”

风光电投资(中国)有限公司,请求解除 CCER 开发服务协议并支付案件服务费一案,就涉及 2014 年在新疆喀什等地的 4 个太阳能发电项目的 CCER 开发。当事人能够管理的项目风险,更多是如期开工竣工、并网发电,以按照流程申请入选自愿减排项目及 CCER 的备案。国家主管部门在当事人合同履行过程中,出台暂不受理备案申请的政策,在一定时间段内,从根本上阻断了 CCER 开发服务合同完整履行的可能性。又如,北京仲裁委员会 2016 年受理的风力发电项目 CCER 购买权案件中,成案因素也体现了若干政策性特点,既因若干省份出台了对 CCER 在清缴履约中的限制,导致 CCER 市场价格下滑,从而影响合同义务方对购买权行权可能性的准确判断,同时,又因主管部门收紧审核,导致合同约定的 CCER 供给义务方在其开发进程中晚于合同约定时间方获备案。该案例在第七章分析中更多是从案件本身的角度评论,但是,如果站在整个温室气体减排的宏观角度反思,或许,案件政策性特点中尽量减少大开大合、急刹急停的“一刀切”的做法,给市场以较为稳定的预期及化解分担政策风险的合理交易安排时间,也是另有其现实价值的。

3. 前沿性

从生态环保发展到温室气体减排,在国际或国内,都是比较新近前沿的发展理念和国家行动。当然,与温室气体减排、碳排放交易立法整体性的立法滞后、理论研究不充分且分歧明显的现状相对应,碳排放权案件也被映衬出前沿性的特点。同时,与其他行业发展和规则及理念的变化速度相比,温室气体减排在国际上的变化速度也一日千里,更加体现出相关各个方面的前沿性特点,也突出彰显了世界范围内不同国家、地区和经济体迅速变化的理念、科学判断、利益诉求、博弈和对立、合作与分歧,甚至反映其他相关领域的相对变化。从新近的《巴黎协定》“不同的国情反映平等以及共同但有区别的责任和各自能力原则”(第 2 条),到最新讨论实施细则时对协定第 3 条“国家自主贡献”的解读等,各种最新近前沿的讨论,都在不同程度上影响着国内立法、政策及司法。这种自上而下、自国际而国内的前沿性特点,与国内很多其他类别的案件,或是交易规则成熟稳定的国际贸易、国际海事案件,以及更多涉及经济体内立法和司法政策的国际投资案件相比较,都是较为罕见也别具特色的。

(三)反映的问题

碳排放权相关案件的绝对数量和具体种类均有限,反映出交易市场体量较小的现状。从既有案件中,至少可以看出以下三个方面的问题:

1. 碳排放权相关法规制度较为粗放,专业经验和行业积累均较为单薄,尽管人民法院和仲裁机构尽力给予司法或准司法保障,但是,争议解决环节的案件审理,不能解决案件发生的本源性基础问题,包括制度环境和当事人能力等。

2. 政策的急刹急停,直接影响市场主体预期,也影响相关市场价格走势,造成一定比例的合同争议成案,或者案件纠纷进一步复杂化的现象。同时,试点地方的政策和管理与国家主管部门的制度安排存在一定不协调时,直接影响局部市场和具体合同争议成案概率。

3. 市场交易主体中,不论是碳排放权的初始获得者,还是市场流通中的交易者,对碳排放权的政策性认识不足,专业驾驭能力有待提高,导致合同争议协商和案件处理水平有限,甚至还存在个别案件中当事人无知而无畏地启动交易、糊里糊涂地错失争议处理良机的情况。

为了培育健康、可持续增长的温室气体减排机制和市场,同时也减少不必要的司法资源耗费,以及增强从业者、市场主体、案件审理人员的专业能力,从而提高案件处理和审理水平,至少可以从以下三个方面加强努力:

1. 尽快建立完善碳排放权相关法规制度体系,构建稳定可预期的市场依托,是有效减少交易合同成案比例的基础。

2. 尽量协调兼顾新旧制度、上下制度、横向制度的衔接,减少可以避免的制度冲突和制度试错,是有效防止因政策冲突、政策突变导致的案件发生和增长。

3. 加强相关单位和人员的专业能力建设，提高市场和法律风险意识，丰富多种具体风险事件的识别清单，加强对交易模式、流程、惯例等相关问题的研究，通过立法、执法、市场、研究、司法等不同领域的跨界交流，尽快在短时间内形成相关专业知识、经验和理念的充分讨论和分享，从而尽量在更广泛相关人群间发挥既有知识的效用，共同促进制度建设水平、行政执法水平、市场能力、代理能力以及案件审理水平的共同提高。

第七章

碳排放权相关实务及争议案例研究

一、实务案例

[案例一]北京某碳配额回购交易案例的产品设计及分析

1. 引言

碳排放配额回购融资,是指重点排放单位或其他配额持有者向碳排放权交易市场其他机构交易参与人出售配额,并约定在一定期限后按照约定价格回购所售配额,从而获得短期资金融通。配额持有者作为碳排放配额出让方,其他机构交易参与人作为碳排放配额受让方,双方签订回购协议,约定出售的配额数量、回购时间和回购价格等相关事宜。在协议有效期内,受让方可以自行处置碳排放配额。以下就北京某碳配额回购融资案例的背景、产品设计特点及其意义加以分析。

2. 案例概要

(1)背景

2014年12月中旬,北京市发展和改革委员会与河北省发展和改革委员会、承德市人民政府联合印发了《关于推进跨区域碳排放权交易试点有关事项的通知》(京发改〔2014〕2645号),京冀两地正式启动碳排放权交易试点建设;北京市发展和改革委委员会印发了《关于进一步开放碳排放权交易市场加强碳资产管理有关工作的通告》(京发改〔2014〕2656 号),探索放开自然人参与碳排放权交易、鼓励重点排放单位及其他配额持有者开展碳排放配额抵押式融资、配额回购式融资、配额托管等业务,加强碳资产管理,充分利用市场机制推动北京市节能减碳工作。两个政策性文件发布以来,社会反响强烈。

(2)要点

2014 年 12 月 31 日,中信证券股份有限公司(以下简称中信证券)与北京华远意通热力科技股份有限公司(以下简称华远意通)正式签署了国内首笔碳排放配额回购融资协议,融资总规模达 1330 万元。

3. 产品设计及分析

(1)产品设计及特点

碳排放配额回购通过交易的方式,为企业提供了短期资金的碳市场创新性安排。重点排放单位或其他配额持有者向碳排放权交易市场其他机构交易参与人出售配额,并约定在一定期限后按照约定价格回购所售配额,从而获得短期资金融通。配额持有者作为碳排放配额出让方,其他机构交易参与人作为碳排放配额受让方,双方签订回购协议,约定出售的配额数量、回购时间和回购价格等相关事宜。

该产品的特点是,出让方通过转让碳配额从受让方处获得资金,又通过回购将资金及约定费用以回购价格的形式支付给受让方。在整个交易顺利结束完成回购之后,出让方(比如承担履约义务的重点排放单位)账户中回购交易相关的碳配额数量,与回购协议签订前相比没有发生变化。对于出让方而言,以出让并回购碳配额的方式,获得了一定期限内的资金融通,从客观上看是可以在不影响履约使用的情况下、进一步盘活了碳配额在清缴期限前的价值。对于受让方而言,则在融出资金的期间内,获得具有市场价值的碳配额,从而既有保障融出资金安全的效果,又可以在回购时间前对碳配额进行再运作。

碳配额回购融资交易方式包括线上交易和线下交易两种,通常出让和回购碳配额的交易方式相同，即或同为线上交易，或同为线下交易（北京线下交易的碳配额数量为1万吨以上）。两种交易的具体内容见图7.1。

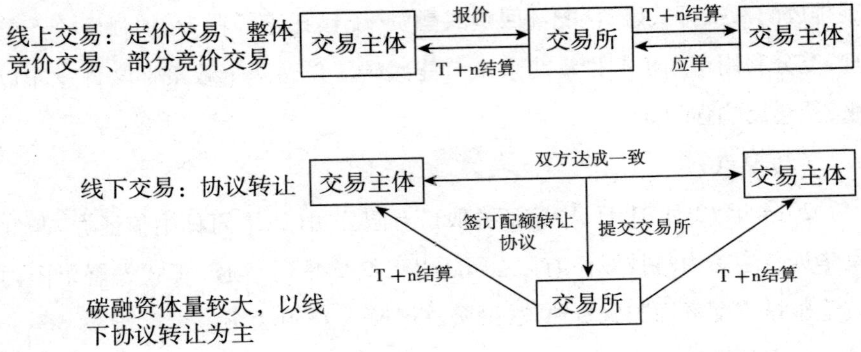

图7.1　碳配额回购融资交易方式

(2)交易优势及具体安排

①交易优势

在交易双方具备履行合同信用的前提下，碳配额回购融资业务表现出多方面的优势：

a. 方式灵活，几天至1年，利率或低于其他渠道融资成本；

b. 仅使用碳配额作为交易标的，对企业其他资质没有过高要求；

c. 为履约企业提供简单快速可靠的融资渠道，使需要资金的重点排放企业获得新的融资渠道，盘活了碳资产；

d. 采用回购式融资的方式时，远期协议的或有支付不计入企业资产负债表内，不会提高资产负债率或占用授信额度；

e. 降低企业的融资成本，减轻实体企业运营负担，提升节能减碳的积极性和主动性；

f. 充分体现了碳排放配额的商品化和资产化属性，提升社会对碳排放配额资产价值的认可，让金融创新更好地服务于企业的节能减碳和实体经济发展。

②具体安排

2014 年 12 月 31 日，中信证券与北京华远意通完成全国首单碳配额回购交易（买断式回购），融资金额为 1330 万元。在 2015 年 1 月，华远意通将交易账户中的碳配额以约定价格出售给中信证券（协议转让），获得 1330 万元资金（T+3），并约定在 2015 年 5 月以约定的价格向中信证券购回部分碳配额。在 2015 年 5 月，华远意通按照约定，以一定价格从中信证券处将 300 万吨碳配额购回（协议转让 T+3），交易结束。配额回到华远意通账户，以待 6 月履约上缴。

根据企业资金需求状况，可以在 6 月 30 日当天使用下一年度的碳配额重新签订回购协议，将融资交易续做到下一年度。

（3）意义及影响

此项回购融资协议的签署，标志着北京碳排放权交易市场在碳金融产品创新方面又迈出了实质性的一步，实现了碳市场与金融市场的有机结合，是北京市碳排放权交易试点建设中的一个重要的里程碑。开展碳排放配额回购融资，不仅拓展了重点排放单位的融资渠道，盘活了碳资产，降低融资成本，减轻实体企业运营负担，提升节能减碳的积极性和主动性，而且也充分体现了碳排放配额的商品化和资产化属性，提升社会对碳排放配额资产价值的认可，让金融创新更好地服务于全市的节能减碳和实体经济发展。

二、争议案例

（一）［案例二］深圳某重点排放单位未按时履行配额清缴义务被处罚的行政诉讼案例

1. 引言

碳排放权相关的法律关系中，重点排放单位依法承担控制碳排放、按时履行配额清缴的义务。如果重点排放单位未按时履行义务，相关行政机关将依法追究其行政法律责任。在此过程中，如果重点排放单位作为碳排放相关行政行为的相对人，认为行政处罚等行政行为侵犯己方合法权益的，可以依据《行政诉讼法》向人民法院提起行政诉讼。当事人不服人民法院第一审判决的，有权在判决书送达之日起十五日内向上一级人民法院提起上诉。二审法院审理上诉案件，应当对一审法院的判决、裁定和被诉行政行为进行全面审查，通常应在收到上诉状之日起三个月内作出终审判决。

碳排放权交易通常由平等民事主体，以缔结合同的方式进行。当事人进行碳排放权交易，不乏进行转售、融资、担保等民商事营利目的；同时，作为重点排放单位购买碳排放权的目的，往往包括补充自有 EUA 和 CCER，以便按照规定履行法定的排放配额清缴义务，以免承担无法按时、足额清缴时的行政法律责任。所以，从延伸关注的视角，了解与碳排放相关的重点排放单位配额清缴义务、未按时履行时承担的行政法律责任，以及当事人不服行政机关行政处罚时的行政诉讼案例，有助于帮助更全面地理解碳排放权交易的目的、效用、约束条件和无法及时完成交易可能给最终用户造成的法律后果。

本案例为行政诉讼的二审上诉案，涉及重点排放单位就碳排放权相关配额清缴行政处罚提起行政诉讼案败诉后，向上级人民法院提起的行政诉讼上诉案件的审理。

2. 程序概要

深圳翔峰容器有限公司（以下简称翔峰公司）因深圳市发展和改革委员会（以下简称深圳发改委）行政处罚行为一案，向广东省深圳市福田区人民法院（以下简称一审法院）提起行政诉讼，诉请撤销深圳发改委作出的深发改罚〔2015〕1 号《深圳市发展和改革委员会行政处罚决定书》。

一审法院经审理，认为翔峰公司的诉讼理由不成立，依据《行政诉讼法》第 69 条的规定，判决驳回翔峰公司的诉讼请求。

翔峰公司因不服一审法院作出的（2015）深福法行初字第 1205 号行政判决，向广东省深圳市中级人民法院（以下简称二审法院）提起上诉，认为深圳发改委作出的处罚决定认定事实错误、处罚程序违法，请求撤销一审判决和行政处罚决定。二审法院经审理，认为翔峰公司的理由不成立，一审判决认定事实清楚，适用法律正确，依照《行政诉讼法》第89条第1款第1项之规定，于2016年10月19日作出(2016)粤03行终450号行政判决书，判决驳回上诉，维持原判。

3. 一审法院意见

(1)一审法院认定事实

在翔峰公司起诉深圳发改委的行政诉讼案件中，一审法院认定事实为：

①翔峰公司2014年度目标碳强度为2.362吨/万元

2013年4月7日，深圳发改委确认翔峰公司2014年度目标碳强度为2.119吨/万元。2014年5月4日，深圳市人民政府《关于碳交易有关问题的会议纪要》载明同意翔峰公司等24家企业的目标碳强度调整方案。2014年5月15日，深圳发改委作出深发改〔2014〕472号《深圳市发展改革委关于调整艾默生网络能源有限公司等35家管控企业目标碳强度的通知》，对有关管控企业2013—2015年目标碳强度进行调整，其中翔峰公司调整后的2014年度目标碳强度为2.362吨/万元。

②翔峰公司2014年度碳排放总排放量为6614.15吨二氧化碳当量

深圳市环通认证中心有限公司接受翔峰公司的委托，对其2014年度的温室气体排放情况进行核查，该司于2015年4月16日出具的《深圳市碳排放权交易组织温室气体排放核查报告》载明：翔峰公司2014年1月1日至12月31日的温室气体直接排放量为5.91吨二氧化碳当量，能源间接温室气体排放量为6608.24吨二氧化碳当量，总排放量为6614.15吨二氧化碳当量。翔峰公司在《企业温室气体排放核查信息确认书》中确认上述信息及数据正确无误。

深圳市统计局于2015年5月11日向深圳发改委作出《深圳市统计局关于确定管控单位2014年统计指标数据的函》，载明翔峰公司2014年增加值为713.6万元。

③翔峰公司2014年度配额短缺量为4928吨，深圳发改委告知翔峰公司应于2015年6月30日前按照2014年实际碳排放量在注册登记簿完成履约

2015年5月20日，深圳发改委向翔峰公司送达了深发改〔2015〕575号《深圳市发展改革委关于确定管控单位2014年实际配额数量和实际碳排放量的通知》，告知翔峰公司：依据翔峰公司提交的经第三方核查机构核查的2014年碳排放报告和经市统计部门核定的2014年统计指标数据，确定翔峰公司2014年度目标碳强度为2.362吨/万元，实际工业增加值为714万元，实际配额数量为1686吨，实际碳排放量为6614吨，配额短缺量为4928吨，深圳发改委据此在我市碳排放权注册登记簿调整翔峰公司2014年的实际配额数量，翔峰公司应于2015年6月30日前按照2014年实际碳排放量在注册登记簿完成履约。

④深圳排放权交易所报告2015年上半年碳配额平均价格为42.86元/吨

深圳排放权交易所有限公司2015年7月11日向深圳发改委作出《关于2015年上半年深圳工业配额成交数据的报告》，载明2015年1月1日至2015年6月30日深圳2014年配额的平均价格为42.86元/吨。

⑤深圳发改委发现翔峰公司未按时足额履行2014年度碳排放履约义务，告知翔峰公司于2015年7月10日前补交以及逾期未补交的法律责任

2015年7月1日，经深圳市碳排放注册登记簿系统查询，深圳发改委发现翔峰公司作为碳排放管控单位，存在未按时足额履行2014年度碳排放履约义务的情况。2015年7月2日，深圳发改委向翔峰公司发出深发改〔2015〕749号《深圳市发展改革委关于责令深圳翔峰容器有限公司补交配额的通知》，要求翔峰公司在2015年7月10日前补交与翔峰公司超额排放量相等的配额（4928吨），并在深圳商报上对未按时足额履行2014年度碳排放履约义务的管控单位进行了公告。

2015年7月21日，深圳发改委依法对翔峰公司进行了调查。翔峰公

司授权委托人李某在询问笔录中称，翔峰公司单位属于深圳碳排放权交易管控单位，不存在迁出本市行政区域或者解散、破产的情况。该单位已经收到相关通知文件，知道该单位2014年度实际碳排放配额数量和实际碳排放量，也知道应当于每年6月30日之前向主管部门提交与其上一年度实际碳排放量相等的配额及其可使用的CCER之和来完成履约义务，但该单位未在2015年6月30日前完成相关履约义务。该单位已收到深圳发改委发出的《深圳市发展改革委关于责令深圳翔峰容器有限公司补交配额的通知》，知道应该在2015年7月10日前补交与其超额碳排放量相等的配额，逾期未补交会被主管部门予以相应的处罚。

⑥翔峰公司在2015年7月10日前未补交配额，深圳发改委告知将对翔峰公司违法行为进行处罚并举行听证

2015年8月4日，深圳发改委作出深发改违〔2015〕1号《深圳市发展和改革委员会违法行为通知书》，告知翔峰公司：翔峰公司涉嫌未按时足额履行2014年度碳排放履约义务的违法行为，违反了《深圳市碳排放权交易管理暂行办法》第36条第1款的规定，且未按《深圳市发展改革委关于责令深圳翔峰容器有限公司补交配额的通知》的要求补交与翔峰公司超额排放量相等的配额。根据《深圳市碳排放权交易管理暂行办法》第75条第1款的规定，拟从翔峰公司2015年度配额中扣除翔峰公司2014年度未足额补交的配额，并处翔峰公司2014年超额排放量（4928吨）乘以履约当月（2015年6月）之前连续六个月碳排放权交易市场配额平均价格（42.86元/吨）三倍的罚款，计人民币633,642.24元。深圳发改委于2015年8月6日向翔峰公司邮寄送达了上述通知书。2015年8月19日，深圳发改委依翔峰公司的申请举行了听证。

⑦深圳发改委于2015年9月7日对翔峰公司作出行政处罚

2015年9月7日，深圳发改委作出深发改罚〔2015〕1号《深圳市发展和改革委员会行政处罚决定书》，认定翔峰公司存在未按时足额履行2014年度碳排放履约义务的行为，违反了《深圳市碳排放权交易管理暂行办法》第

36 条第 1 款的规定，且未按《深圳市发展和改革委员会关于责令翔峰容器有限公司补交配额的通知》的要求补交与其超额排放量相等的配额，根据《深圳市碳排放权交易管理暂行办法》第 75 条第 1 款的规定，决定对翔峰公司处以从翔峰公司 2015 年度配额中扣除翔峰公司 2014 年度未足额补交的配额，并处翔峰公司 2014 年超额排放量（4928 吨）乘以履约当月（2015 年 6 月）之前连续六个月碳排放权交易市场配额平均价格（42.86 元/吨）三倍的罚款，计人民币 633,642.24 元的行政处罚。深圳发改委于 2015 年 9 月 10 日将上述行政处罚决定书送达翔峰公司。

（2）翔峰公司在一审案件中的意见

翔峰公司不服深圳发改委的行政处罚，向法院提起行政诉讼。翔峰公司认为，其用电量方面比 2013 年有大幅下滑，工业产值受市场影响产值有下滑，不明白用电量少了为何还要提交这么多的配额，因此未按照前述通知的要求在 2015 年 7 月 10 日前补交与其超额碳排放量相等的配额。

（3）一审法院意见

①关于翔峰公司 2014 年度的实际配额

一审法院认为，《深圳市碳排放权交易管理暂行办法》第 11 条第 1 款第 1 项规定："符合下列条件之一的碳排放单位（以下简称管控单位），实行碳排放配额管理：（一）任意一年的碳排放量达到三千吨二氧化碳当量以上的企业……"第 19 条规定："主管部门应当在每年 5 月 20 日前，根据管控单位上一年度的实际碳排放数据和统计指标数据，确定其上一年度的实际配额数量。管控单位的实际配额数量按照下列公式计算：（一）属于单一产品行业的，其实际配额等于本单位上一年度生产总量乘以上一年度目标碳强度；（二）属于其他工业行业的，其实际配额等于本单位上一年度实际工业增加值乘以上一年度目标碳强度……"翔峰公司依照上述规定应属于碳排放管控单位，其 2014 年度目标碳强度为 2.362 吨/万元，其 2014 年度的实际配额应为 2.362 吨/万元 × 714 万元 ≈ 1686 吨。

②关于翔峰公司是否违法

《深圳市碳排放权交易管理暂行办法》第 36 条第 1 款规定："管控单位应当于每年 6 月 30 日前向主管部门提交配额或者核证自愿减排量。管控单位提交的配额数量及其可使用的核证自愿减排量之和与其上一年度实际碳排放量相等的，视为完成履约义务……"本案中，翔峰公司 2014 年度实际碳排放量为 6614 吨，实际配额为 1686 吨，实际碳排放量超过了其实际配额，且未能在 2015 年 6 月 30 日前足额履行 2014 年度碳排放履约义务，也未按照深圳发改委的要求补交与其超额排放量相等的配额，违反了上述办法的规定，构成违法。

③关于深圳发改委对翔峰公司的行政处罚是否违法

《深圳市碳排放权交易管理暂行办法》第 75 条第 1 款规定："管控单位违反本办法第三十六条第一款的规定，未在规定时间内提交足额配额或者核证自愿减排量履约的，由主管部门责令限期补交与超额排放量相等的配额；逾期未补交的，由主管部门从其登记账户中强制扣除，不足部分由主管部门从其下一年度配额中直接扣除，并处超额排放量乘以履约当月之前连续六个月碳排放权交易市场配额平均价格三倍的罚款。"深圳发改委据此作出深发改罚〔2015〕1 号《深圳市发展和改革委员会行政处罚决定书》，对翔峰公司处以从翔峰公司 2015 年度配额中扣除翔峰公司 2014 年度未足额补交的配额，并处翔峰公司 2014 年超额排放量（4928 吨）乘以履约当月（2015 年 6 月）之前连续六个月碳排放权交易市场配额平均价格（42.86 元/吨）三倍的罚款，计人民币 633,642.24 元的行政处罚，符合规定，程序合法，适用法律正确，法院予以支持。

④关于翔峰公司的意见是否成立

《深圳市碳排放权交易管理暂行办法》第 14 条规定，主管部门应当根据目标排放总量、产业发展政策、行业发展阶段和减排潜力、历史排放情况和减排效果等因素综合确定全市碳排放权交易体系的年度配额总量（以下简称年度配额总量）。第 82 条规定，排放总量，是指所有管控单位在某个固定时期内允许排放二氧化碳的最大数量,等于主管部门在该固定时期内分配的配额总量和允许使用的 CCER 之和;配额总量,是指可以由主管部门分配给所有管控单位,允许管控单位排放二氧化碳的最大配额数量。根据上述规定,碳排放总量是根据其在某个固定时期内允许排放二氧化碳的总量确定,碳排放配额总量是根据目标排放总量、产业发展政策、行业发展阶段和减排潜力、历史排放情况和减排效果等因素综合确定,与企业上一年度实际工业增加值密切相关,故翔峰公司关于其 2014 年度用电量比 2013 年度减少,碳排放总量也应相应减少的主张,缺乏事实和法律依据,法院不予采信。

4. 当事人的上诉理由和答辩意见

(1)翔峰公司的上诉理由

翔峰公司上诉请求撤销一审行政判决,并依法改判撤销深圳发改委作出的行政处罚决定。其主要事实和理由为:翔峰公司认为其 2014 年度用电总量比 2013 年度用电总量减少了,理论上来说其碳排放总量相应也减少了,翔峰公司不应该承担比 2013 年度更多的碳排放费用。深圳发改委作出行政处罚不公平、不合理,没有事实依据和法律依据,且程序违法。一审法院未对上诉事实予以查明,故此作出了错误判决,请求依法予以改判。

翔峰公司二审还补充理由认为核查机构没有核查资质,翔峰公司没有收到核查报告,深圳发改委不应依据核查报告作出行政处罚。

(2)深圳发改委在上诉案件中的答辩意见

深圳市发展和改革委员会答辩称:

①一审法院认定事实清楚,证据确凿

深圳发改委提供的核查报告、核查信息确认书等证据材料表明,翔峰公司作为碳排放管控单位,2014 年度碳排放实际配额数量为 1686 吨,实际碳排放量为 6614 吨,配额短缺量 4928 吨,未按时足额履行 2014 年度碳排放履约义务,且未按照主管部门的要求补交与其超额排放量相等的配额的违法事实清楚,证据确凿。一审法院经过质证,确认提交的证据收集方法合法,可以作为定案证据。翔峰公司关于行政处罚决定没有事实依据的主张不成立。

②深圳发改委的行政处罚程序合法

深圳发改委依法于 2015 年 5 月 20 日向翔峰公司送达《关于确认 2014 年度实际配额数量和实际碳排放量的通知》,在发现翔峰公司存在未按时足额履行 2014 年度碳排放履约义务的情况后,依法发出《关于责令翔峰容器有限公司补交配额的通知》,并在深圳商报上对未按时足额履行履约义务的单位予以公告。2015 年 7 月 21 日,深圳发改委依法对翔峰公司涉嫌违法行为进行调查,依照法定程序调查收集证据,听取被调查对象的陈述和申辩,依法向翔峰公司送达了相关文书,根据翔峰公司的申请举行了听证,处罚程序合法,得到一审法院确认。翔峰公司关于深圳发改委作出行政处罚程序违法的主张不成立。

③一审法院作出的行政判决适用法律正确

翔峰公司的行为违反《深圳市碳排放权交易管理暂行办法》第 36 条第 1 款的规定,深圳发改委依据第 75 条第 1 款的规定作出处罚,适用法律正确,一审法院判决驳回诉讼请求正确。

④翔峰公司的上诉理由缺乏事实和法律依据

碳排放量不仅根据用电量的多少确定,而是根据固定时期内排放的二氧化碳总量予以确定,翔峰公司所称 2014 年用电量比 2013 年度减少、故碳排放总量相应应减少的主张,属于对碳排放额度的分配原则和实际碳排放量的错误认识。

5. 二审法院意见

二审法院经审理查明的事实与一审判决认定的事实一致。

本案争议的主要问题是,深圳发改委确定的翔峰公司 2014 年度碳排放实际配额和实际碳排放量是否正确,对翔峰公司作出的行政处罚程序是否合法。对于案件争议,二审法院意见如下:

(1)关于翔峰公司2014年度碳排放实际配额和实际碳排放量是否正确

二审法院认为,翔峰公司2014年度碳排放实际配额和实际排放量正确。理由为:

①翔峰公司应当受碳排放管控

本院认为,2012年经济特区法规《深圳经济特区碳排放管理若干规定》公布施行,第3条规定:"……碳排放管控单位的范围由深圳市人民政府(以下简称市政府)依据特区碳排放的总量控制目标和碳排放单位的碳排放量等情况另行规定。"根据《深圳经济特区碳排放管理若干规定》,市政府2014年发布施行的规章《深圳市碳排放权交易管理暂行办法》第11条第1款第1项规定:"符合下列条件之一的碳排放单位(以下简称管控单位),实行碳排放配额管理:(一)任意一年的碳排放量达到三千吨二氧化碳当量以上的企业",翔峰公司属于《深圳市碳排放权交易管理暂行办法》第11条第1款第1项规定的实行碳排放配额管理的单位,应当受碳排放管控。

②地方法规和规章未违反上位法,关于实际排放配额数量的计算公式应予执行

《深圳经济特区碳排放管理若干规定》第4条规定:"市政府碳排放权交易主管部门在碳排放总量控制的前提下,根据公开、公平、科学、合理的原则,结合产业政策、行业特点、碳排放管控单位的碳排放量等因素,确定碳排放管控单位的碳排放额度。碳排放管控单位应当在其碳排放额度范围内进行碳排放。"《深圳市碳排放权交易管理暂行办法》第19条第2款规定了管控单位的实际配额数量计算公式,翔峰公司作为塑料化纤、纺织、金属及非金属制造和压延业中的塑料橡胶制品业企业,不属于单一产品行业企业,其碳排放实际配额数量计算公式为"本单位上一年度实际工业增加值乘以上一年度目标碳强度"。其中,翔峰公司的2014年实际工业增加值由《深圳市碳排放权交易管理暂行办法》第5条第2款规定的市统计部门负责核算,

市统计部门核算的翔峰公司 2014 年工业增加值为人民币 714 万元，结合上一年度目标碳强度 2.362 吨/万元，计算翔峰公司 2014 年可获得的实际配额数量为 1686.468 吨。深圳发改委核定为 1686 吨，其误差不构成不合理的实质性错误，翔峰公司亦无异议，可以予以确认。因没有上位法对碳排放实际配额计算公式作出统一的具有强制力的规定，政府规章《深圳市碳排放权交易管理暂行办法》依据经济特区法规《深圳经济特区碳排放管理若干规定》的授权规定的计算公式没有违反上位法，应当予以执行，翔峰公司关于实际配额计算公式不合理的主张本院不予支持。

③翔峰公司确认其委托的第三方核查报告，对实际碳排放量的测算标准理解错误

《深圳经济特区碳排放管理若干规定》第 7 条第 1 款规定："碳排放管控单位应当向市政府碳排放权交易主管部门提交经第三方核查机构核查的年度碳排放报告。"第三方核查机构和核查人员是由《深圳市碳排放权交易管理暂行办法》第 5 条第 2 款规定的市场监督管理部门进行监督管理，翔峰公司委托的核查机构属于市场监督管理部门公布的备案核查机构名录范围，翔峰公司没有证据证明核查机构不具有相应资质且不知道核查机构作出的核查报告。核查机构对翔峰公司 2014 年度实际碳排放量核查结果为 6614.15 吨，并于 2015 年 4 月 16 日经翔峰公司书面确认，于 2015 年 4 月 23 日向深圳发改委提交。深圳发改委确认实际碳排放量为 6614 吨，与实际碳排放量数据误差微小，可予以确认。翔峰公司认为 2014 年度实际用电量减少则实际碳排放量应当减少，这与核查机构核查并经翔峰公司确认的实际碳排放量数据不符，翔峰公司以实际用电量减少主张实际碳排放量应当减少，也是对实际碳排放量的测算标准理解错误。翔峰公司关于核查报告无效的理由不成立，本院不予支持。

（2）关于深圳发改委对翔峰公司作出的行政处罚程序是否合法

二审法院认为深圳发改委对翔峰公司作出的行政处罚程序合法。理由为：

①翔峰公司没有向深圳发改委提出碳核查结果的复核，其单方疑义不构成不完成履约义务的正当事由

《深圳经济特区碳排放管理若干规定》第8条第1款规定："碳排放管控单位违反本规定，超出排放额度进行碳排放的，由市政府碳排放权交易主管部门按照违规碳排放量市场均价的3倍予以处罚"。深圳发改委确定翔峰公司2014年度的实际碳排放量为6614吨，当年度实际配额数量为1686吨，短缺量为4928吨。参照《深圳市碳排放权交易管理暂行办法》第36条第1款规定："管控单位应当于每年6月30日前向主管部门提交配额或者核证自愿减排量。管控单位提交的配额数量及其可使用的核证自愿减排量之和与其上一年度实际碳排放量相等的，视为完成履约义务"。深圳发改委确定翔峰公司的2014年度实际配额数量和实际碳排放量后，于2015年5月20日向翔峰公司作出书面通知，要求翔峰公司于2015年6月30日前完成履约，但翔峰公司未按照规定时间完成履约。翔峰公司主张是对2014年度碳排放量和实际配额有疑义，因此未在6月30日前完成履约义务，但翔峰公司没有向深圳发改委提出碳核查结果的复核，其单方疑义不构成不完成履约义务的正当事由，对翔峰公司提出的异议本院不予支持。

②深圳发改委对翔峰公司行政处罚的告知、听取申辩、举行听证等程序均合法

《深圳市碳排放权交易管理暂行办法》第75条第1款规定："管控单位违反本办法第三十六条第一款的规定，未在规定时间内提交足额配额或者核证自愿减排量履约的，由主管部门责令限期补交与超额排放量相等的配额；逾期未补交的，由主管部门从其登记账户中强制扣除，不足部分由主管部门从其下一年度配额中直接扣除，并处超额排放量乘以履约当月之前连续六个月碳排放权交易市场配额平均价格三倍的罚款"。深圳发改委于2015年7月2日作出责令补交配额的通知，责令翔峰公司于2015年7月10日前补交与超额排放量相等的配额4928吨，并告知了逾期未补交足额配额的处理和处罚后果。翔峰公司收到通知后仍未采取改正措施按时补交

足额配额。

2015 年 7 月 21 日，深圳发改委对翔峰公司的委托代理人进行调查询问，调查翔峰公司未完成 2014 年度碳排放履约义务的事实并听取了申辩。2015 年 8 月 6 日，深圳发改委向翔峰公司送达了违法行为通知书，告知了认定的违法事实、拟作出的处罚种类和理由及翔峰公司陈述申辩和申请听证的权利。

翔峰公司提出听证申请后，深圳发改委于 2015 年 8 月 13 日送达听证通知，于 8 月 19 日进行了听证，翔峰公司委托的参加听证人员对深圳发改委拟作出的行政处罚决定及其相关证据均无异议，对 2014 年度实际碳排放量、需要提交的配额数量和罚款额度的合理性有异议。2015 年 9 月 7 日，深圳发改委根据认定的事实，依据《深圳市碳排放权交易管理暂行办法》第 36 条第 1 款、第 75 条第 1 款的规定，对翔峰公司作出从 2015 年度配额中扣除 2014 年度未足额补交的配额，并处以罚款 633,642.24 元的处罚决定，依据的事实清楚，证据确凿，适用法律正确，处罚程序合法。

（3）二审法院的判决意见

综上，二审法院认为，翔峰公司认为深圳发改委作出的处罚决定认定事实错误、处罚程序违法的上诉理由不成立，要求撤销一审判决和行政处罚决定的上诉请求不成立，二审法院不予支持。一审判决认定事实清楚，适用法律正确，二审法院予以维持。依照《行政诉讼法》第 89 条第 1 款第 1 项之规定，判决驳回上诉，维持原判。

6. 分析和评论

该案例反映涉及碳排放权相关法规依据、重点排放单位对于碳排放实际配额和实际排放量的认知、对于碳排放计算认定和发电量的关系、对于碳核查结果有异议时的程序权利应用、对于不遵守行政机关作出的责令改正法律后果的理解等多方面的问题。从加紧完善法规制度及提示重点排放单位依法管理法律风险的角度，择要分析评论如下：

(1)碳排放配额直接影响重点排放单位的生存和发展,完善相关法律制度迫在眉睫

众所周知,碳排放配额将直接影响重点排放单位的生产经营规模、成本和利润,例如,对于新建项目,《广东省2016年度碳排放配额分配实施方案》规定,新建项目企业须在新建项目竣工验收前购足有偿配额。目前,虽然国家相关政策法规规定要尽快制定全国的排放配额分配方法,包括2015年1月施行的《碳排放权交易管理暂行办法》规定,国务院碳交易主管部门应及时向社会公布纳入重点排放单位名单和排放配额分配方法;2016年3月25日颁布的《国务院批转国家发展改革委关于2016年深化经济体制改革重点工作意见的通知》(国发〔2016〕21号)指出,要制定全国碳排放权交易总量设定与配额分配方案,推动碳市场建设;同年10月27日颁布的《国务院关于印发"十三五"控制温室气体排放工作方案的通知》(国发〔2016〕61号)要求,各地区根据国家确定的配额分配方案对本行政区域内重点排放企业开展配额分配;但是,国家还没有制定关于碳排放权交易或碳排放管理的法律和行政法规,2015年起草的《碳排放权交易管理条例(送审稿)》还在立法过程中,国务院碳交易主管部门还未公布排放配额分配方法。

从现状来看,各省级碳交易主管部门都在积极尝试进行相关的地方法规和地方政府规章的立法,但是,各有差异,不仅重点排放单位的范围不同,排放配额的分配方法也有区别。例如,关于纳入重点排放单位管理的标准,《广东省2016年度碳排放配额分配实施方案》规定,2016年度纳入碳排放管理和交易范围的行业企业分别是原有的电力、钢铁、石化和水泥四大行业企业,以及航空等新纳入的行业企业;规定对广东省行政区域内(深圳市除外,下同)电力、钢铁、石化和水泥等行业年排放2万吨二氧化碳(或年综合能源消费量1万吨 标准煤)及以上的企业,作为控排企业进行管理。而《福建省2016年度碳排放配额分配实施方案》则规定,根据福建省2013年至2015年中任意一年综合能源消费总量达1万吨标准煤以上(含)的企业法人单位或独立核算单位碳排放核查结果,确定电力、钢铁、化工、石化、有色、

民航、建材、造纸、陶瓷9大行业的企业，作为重点排放单位纳入配额管理。又如，关于排放配额的分配方法，广东省规定2016年度企业配额主要采用基准线法和历史排放法计算分配，福建省则规定2016年重点排放单位配额采用基准线法、历史强度法、历史总量法相结合的方法计算。

从经济性、公平性及可预期性角度讲，虽然各地经济构成、行业重点、企业规模以及环境气候条件均有差异，也应在碳排放配额的分配过程中考虑具体的历史原因、发展需求、社会资源及承受能力，但是，总体而言，尽快制定全国统一的配额分配方法，使得各省市在统一的大原则和共同方法下，进一步结合地方具体情况制定当地规定，对于各地经济平衡发展、降低企业制度成本以及公平竞争，不无裨益。

（2）重点排放单位应重视配额分配和实际排放量的计算方法，知悉违反配额清缴义务的法律风险

本案中，深圳发改委对于翔峰公司进行行政处罚的基础，是翔峰公司未能按时、足额履行配额清缴义务。判断一个重点排放单位应履行多少配额清缴义务，要结合配额分配的数量和该单位的实际排放量，看后者是否不大于前者，否则，重点排放单位即负有按时补足后者超出前者数量的法定义务。

对于配额分配数量，按照深圳市的相关规定，翔峰公司的实际排放配额数量应按照计算公式即“本单位上一年度实际工业增加值乘以上一年度目标碳强度”进行计算；结合由深圳市统计局计算的该公司上一年度实际工业增加值（714万元），以及上一年度目标碳强度（2.362吨/万元），可以计算得出其2014年可获得的实际配额数量为1686吨（714万元×2.362吨/万元≈1686吨）。对于实际排放量，由第三方核查形成并经翔峰公司确认的《深圳市碳排放权交易组织温室气体排放核查报告》载明：翔峰公司2014年1月1日至2014年12月31日的温室气体直接排放量为5.91吨二氧化碳当量，能源间接温室气体排放量为6608.24吨二氧化碳当量，总排放量为6614.15吨二氧化碳当量。深圳发改委据此计算翔峰公司的配额清缴需补

差数额为4928吨(1686－6614＝－4928)。

案例判决书显示,翔峰公司在案件两审中的实体性申辩理由,均为该公司2014年度实际用电量减少则实际碳排放量应当减少。该理由显示出翔峰公司对当地配额分配和实际排放量计算方法的忽视。事实上,正如二审判决书中分析的,如果翔峰公司对于第三方核查数量有异议,应当按照规定程序提出异议;相反,翔峰公司在确认了第三方核查报告数据后,又以自以为是的理由判断己方不构成违法行为,明显属于对于法定计算方法的无理由否定,必然无法获得法院的支持。退一步讲,即便假设翔峰公司在受到行政处罚前,实际知悉其风险而因其他事由未能按时足额清缴配额或用以抵消配额的CCER,那么,翔峰公司只要适度重视了解地方法规政策的相关规定,结合其自身生产和排放核查情况,作为一个理性的市场主体,翔峰公司也不应费时费力支付额外成本,提起一个几乎必然败诉、可能进一步扩大对于公司声誉造成的负面影响且无任何利益的行政诉讼。

(3)排放单位可以采取碳排放权交易方式,保障按时足额履行配额清缴义务

本案中,如果翔峰公司在履约期到期前,清楚知悉配额分配和实际排放量的计算方法,即可尽早自行计算出存在4928吨的配额缺口,并应尽早以较低成本采购碳排放权中的配额和CCER,在履约期满时足额清缴。其中,翔峰公司可以结合深圳市关于CCER可以抵消配额的百分比及种类规定,比较CCER与配额价格的差异,如果两种碳排放权交易品种的组合总价更经济,则可以以购入的两种碳排放权,纳入深圳市碳排放注册登记簿系统,履行配额清缴义务。

实务中,重点排放单位还可以更早地预计本单位当年6月30日应清缴的配额数量,更早安排相应数量的碳排放权交易,不论是利用已有碳排放配额的持有周期进行融资或其他可能的营利交易,还是预约购买将要使用的配额和核证自愿减排量。当然,重点排放单位应在较好理解市场的基础上,量力而行。按照通常情况,越接近每年6月30日的履约期,碳排放权交易

的成交价格越高。有购买需要的单位,可以结合相关交易标的的可获得性、价格、付出金额的资金成本等多个相关约束因素,进行交易时机的选择,并应在非现货交易的合同条款中,约定对方无法按期足额交割时应承担足以覆盖己方损失的违约责任。

(二)[案例三]北仲某风力发电项目 CCER 购买权协议争议仲裁案例述评①

1. 引言

为了控制温室气体排放,加快绿色生态经济发展,落实《巴黎协定》等国际条约义务,可以预见,中国将在已经加快进行的全国统一碳排放权交易市场、绿色发展促进机制等方面,进行更大力度的制度保障和市场培育。碳排放权交易能否形成良性可持续的交易秩序和市场活力,应是当前制度建设的重点关注。根据国家目前政策法规,碳排放权交易标的包括碳配额和 CCER,而后者目前处于暂停受理备案的状态。一方面,研究既有交易实践中显现的问题,对于制度完善和政策制定有一定参考价值;另一方面,CCER 备案的暂停受理,对已经进行预先交易安排的市场主体,可能产生一定的负面影响。所以,也有必要针对 CCER 交易的争议问题进行相关研究。

实践中,尽管总体交易量以及合同争议有限,但是,围绕碳排放权交易创新的交易合同,在变动的政策和市场背景下,已经发生了部分索赔、争议甚至案件。本案例拟结合某 CCER 购买权协议发生争议仲裁案,在简化案情的基础上,从程序、案情、仲裁庭意见等侧面概述案例主要争议及审理情况,并结合案例特点,分析总结对新型复杂交易仲裁案件的审理注意事项,提出对合同订立履行法律视角的风险管理观察和建议,以便通过微观的个案剖析,提供关于 CCER 交易的一个实务研究样本。

---

① 该案例述评作为项目的部分研究成果,以《某核证自愿减排量(CCER)购买权争议仲裁案例述评》为题,载于《北京仲裁》2017 年第 3 期。

2. 程序概要

A[①] 公司作为申请人(以下简称申请人),依据《温室气体核证自愿减排量购买权交易协议》(以下简称购买权协议)中的仲裁条款,以 B 公司及 C 公司、D 公司、E 公司、F 公司、G 公司、H 公司、I 公司等十余个关联公司为被申请人(以下简称被申请人),向北京仲裁委员会(以下简称仲裁委)提起仲裁申请。被申请人随后以申请人为反请求的被申请人,提出了该案仲裁反请求。[②] 申请人对于被申请人的仲裁反请求提出管辖权异议,不同意在该案中解决反请求争议。按照仲裁规则,仲裁庭适用普通程序审理该案,先后两次开庭;因调解未果,以裁决方式结案。

3. 案情简述

(1)申请人的仲裁请求

申请人称:双方当事人签订购买权协议,约定了被申请人作为联合卖方向申请人作为买方出售标的为一定份数(以下简称全部标的)的、针对卖方下属特定项目在补充计入期内所产生的 CCER 的购买权(以下简称购买权),每份购买权对应 1 吨核证自愿减排量;约定购买权的单价、总价、支付日期,权利自买方按约付款后转移,买方行使购买权的期限至 201 × 年 12 月 1 日(含)(以下简称最后行权日);还约定截至最后行权日,由特定项目包和后备项目包产出的自愿减排量仍无法满足买方的行权要求,视为卖方违约,买方有权要求卖方返还对应购买权价款,并支付按照第 6.1(f)条的赔偿金计算公式约定方法计算的赔偿金。

申请人按约全额支付了购买权价款,并在最后行权日前,要求行使全部购买权。但被申请人仅使约合全部标的四分之一(以下简称四分之一)购买权对应的 CCER 满足了申请人的行权要求,剩余均未满足申请人的行权要求(均未将相应 CCER 置于买方在环境能源交易所开立的账户内,并处

① 考虑到案例信息保密之目的,以及碳排放权交易市场体量有限的具体情况,本案例分析中将相关当事人、项目名称、备案编号、日期、数量、份额、金额等,均隐去或以字母代号指代。

② 为行文及阅读方便之目的,对于双方当事人在仲裁请求及反请求项下的简称不变。

于可交割状态），导致剩余四分之三购买权无法行使。

申请人认为被申请人构成根本性违约，致使申请人无法实现合同目的。申请人提出的主要仲裁请求包括：裁决解除购买权协议；裁决被申请人返还四分之三购买权价款、支付赔偿金××××万元、支付律师费和仲裁费等；以及裁决被申请人相互承担连带责任。

（2）被申请人关于仲裁请求的答辩

被申请人认为应驳回全部仲裁请求，理由包括：第一，因行使市场价值较高的四分之一购买权，申请人已获巨大利益，对四分之三购买权因市场下行没有继续交易的真实意图。第二，被申请人积极推动项目备案及核证减排量备案，不存在违约行为。a、b 项目 CCER 实际签发延迟 22 日，系主管部门原因所致。最后行权日前被申请人未获备案的 CCER 仅为 30 余万吨二氧化碳当量。第三，申请人截至 11 月 30 日，才提出 12 月 1 日即最后行权日前签署合同、减排量转至交易所账户等要求，是不想继续履约而故意制造的障碍，应由申请人自行承担违约责任。第四，申请人拖欠被申请人 CCER 交易合同款项，被申请人不属于违约方。第五，购买权协议约定的赔偿金，仅限于截至最后行权日减排量项目不能产出约定量的自愿减排量的情形，而不是未取得 CCER 的情形。根据协议附件对核证减排量、减排量的不同定义，第 6.1（f）条对被申请人违约的定义为“产出的自愿减排量”而不是“核证减排量”，被申请人项目下产出的减排量完全能满足协议要求的份额。另，申请人没有实际损失，约定的赔偿金远超过实际损失 30% 的限额。

针对被申请人的答辩，申请人补充述称，对四分之三购买权的行权要求，被申请人回复将满足行权的项目中，在最后行权日时，仍未获得主管部门备案的 a、b、c、d、e 项目 CCER，合计 70 余万吨二氧化碳当量。

（3）被申请人的仲裁反请求

被申请人称：购买权协议约定，就具体行权事宜，双方应在一个月内另行签署 CCER 购买协议。双方已就四分之一进行了 CCER 交易。根据双方签订的《核证自愿减排量（CCER）交易协议》（以下简称 CCER 交易协议)的约定,申请人欠付 CCER 购买价款,应按约支付欠付价款、逾期付款违约金及相应费用。被申请人的仲裁反请求主要包括:裁决申请人支付 CCER 交易协议欠付价款、逾期付款违约金及律师费和仲裁费。

(4)申请人对仲裁反请求的管辖权异议

申请人认为反请求事项应当依法由人民法院管辖,请求仲裁委予以撤销。理由为:第一,仲裁请求基于购买权协议提出,反请求基于申请人分别与 B 公司、C 公司、D 公司签订的三份 CCER 交易协议提出,二者为不同的合同、法律关系。第二三份 CCER 交易协议中已明确约定法院诉讼解决争议。申请人不同意仲裁方式解决所涉争议。第三,反请求律师费金额不合理。

被申请人说明,三份 CCER 交易协议分别依据购买权协议签订,系其组成部分;购买权协议是总合同。即便 CCER 合同分别约定了诉讼条款,也应按照主合同或总合同的解决争议方式仲裁;且双方同意把支付与购买权协议争议一并处理;律师费为仲裁请求和反请求费用,无法拆分。

(5)双方围绕仲裁请求和反请求形成的争议焦点

双方当事人在该案中形成的主要争议焦点为:①仲裁委对于仲裁反请求是否具有管辖权;②对申请人的行权要求,至最后行权日被申请人未完成 CCER 备案的数量;③被申请人未完成 CCER 备案及未达成 CCER 交易合同,是否构成违约;④购买权协议是否应予以解除;⑤申请人是否有权要求返还购买权价款并支付约定比例的赔偿金。

(6)双方当事人的证据和质证意见

双方当事人提交的证据包括购买权协议、价款支付凭证、拟交割项目中部分的自愿减排量核证情况、往来邮件、已交易的 CCER 交易合同、CCER 备案情况清单,自愿减排项目备案函、核证自愿减排量备案函、相关交易所交易情况截图等。双方当事人认可对方绝大部分证据的真实性,不认可部分证据的完整性、关联性及证明目的。

4. 认定的案件事实

根据当事人的一致陈述和举证、质证，仲裁庭认定的主要事实包括：

（1）双方当事人就 CCER 购买权交易签署该案合同。购买权协议由申请人作为“买方”，与各被申请人作为“联合卖方”共同签订。协议约定，被申请人向申请人出售针对卖方下属的特定项目在补充计入期内所产出的 CCER 的购买权，最晚行权时间为 201×年 12 月 1 日（含）即最后行权日；约定了购买权总份数、单价、总价，每份购买权对应以约定的执行价格购买由特定项目在补充计入期产出的 1 吨 CCER 的权利；买卖双方需在每一笔 CCER 交割前签署相应的 CCER 交易合同（以下简称 CCER 交易合同）；以及截至最后行权日，由特定项目包和后备项目包产出的自愿减排量仍无法满足买方行权要求时的违约赔偿责任。

（2）申请人已全额支付购买权协议价款，获得行使 CCER 购买权的权利。

（3）申请人对四分之一购买权行权，已签署 CCER 交易合同并获交割。截至 201×年 11 月 25 日之前，申请人就四分之一购买权行权，双方已签数笔 CCER 交易合同。其流程为：①申请人通知行权，提供待确认 CCER 交易合同文本。②被申请人确认 CCER 项目、数量、卖方及合同文本，将 CCER 存入交易所账户。③申请人打印 CCER 交易合同、盖章并寄给卖方供盖章；同期，交易双方在交易所交割 CCER，支付价款。磋商合同时被申请人已完成 CCER 备案。反请求涉及的三份 CCER 交易合同均约定，争议由协议乙方所在地的人民法院诉讼解决。

（4）申请人在 201×年 11 月 25 日之后对四分之三购买权行权，与被申请人未达成 CCER 交易合同。双方交涉要点包括：①申请人于 201×年 11 月 26 日通知被申请人行权。②被申请人 11 月 30 日要求申请人明确行权数量。③申请人当天回复确认对剩余四分之三购买权全部行权，附 CCER 交易合同文本，待被申请人确认卖方、CCER 项目、数量等；并要求被申请人在最后行权日即次日交割 CCER 等。④被申请人当天再回复申请人，列出合计四分之三购买权的 CCER 项目名称、数量及注册编号表(以下简称被申请人 1130CCER 表)。⑤被申请人 12 月 3 日回复申请人,确认申请人的行权要求,指出申请人的其他要求没有合同依据。⑥被申请人 12 月 4 日回复关于 CCER 交易合同文本的修改意见,未填写待其确认的卖方、CCER 项目、数量,并对交割期间、违约责任、不可抗力等提出不同意见。此后,双方当事人未达成一致意见。

(5)四分之三购买权涉及的 CCER,迟于最后行权日 22 天获得备案。被申请人 1130CCER 表中共计 17 个项目,其中 a、b、c、d、e 5 个项目合计 70 余万吨二氧化碳当量,至 12 月 23 日方获备案。申请人提出四分之三购买权行权之前,被申请人 11 月告知在另外 3 个项目及 a、b 项目中另完成备案的 30 余万吨 CCER,未被列入被申请人 1130CCER 表。

5. 主要争议焦点及仲裁庭意见

围绕该案仲裁请求和反请求,双方形成的主要争议焦点和仲裁庭意见分别为:

(1)仲裁委对于仲裁反请求是否具有管辖权

仲裁庭认为,第一,被申请人在该案中的反请求实体内容有两项,对于被申请人在第二项反请求中涉及仲裁本请求案件处理发生的律师费事项,与该案具有直接关联性,申请人关于该部分仲裁反请求管辖权的异议不成立。第二,对于被申请人在第一项仲裁反请求三份 CCER 交易合同价款、违约金,以及在第二项仲裁反请求中涉及反请求案件处理的部分律师费,需要结合三份 CCER 交易合同的争议解决约定及与购买权协议的关系予以裁定。就此事项,涉及两个基础性分歧:①三份 CCER 交易合同是否是购买权协议的组成部分。②当事人关于三份 CCER 交易合同争议解决的约定。对此,仲裁庭分述如下:

①三份 CCER 交易合同是否是购买权协议的组成部分

仲裁庭注意到,购买权协议约定,买卖双方需在本协议下每一笔 CCER 交割前签署相应的 CCER 交易合同;申请人行权时,与被申请人中具体的

CCER 卖方签署 CCER 交易合同。三份 CCER 交易合同，是若干笔 CCER 交易中的三份合同，系由履行购买权协议义务而产生，与购买权协议具有关联性。同时，仲裁庭也注意到，三份 CCER 交易合同的当事人、交易标的、价格、履行期限以及当事人的主要合同权利和义务，均与购买权协议各不相同，且其合同约定及购买权协议约定也未显示任何相互包含、从属或援引的关系。所以，仲裁庭认定，三份 CCER 交易合同不是购买权协议的组成部分，二者是具有一定关联关系的独立合同。

②当事人关于三份 CCER 交易合同争议解决的约定

对被申请人关于购买权协议是三份 CCER 交易合同的总合同，在争议解决约定不同时，应按照购买权协议的约定仲裁的主张，仲裁庭不予认可。仲裁庭认为，虽然与购买权协议具有关联性，但是，三份 CCER 交易合同一旦签署生效，即成为分别约束申请人与相应合同卖方的独立合同，其因购买权协议产生不足以成为购买权协议的争议解决方式当然适用于三份 CCER 交易合同的理由。如果双方当事人发生争议，应遵守三份 CCER 交易合同各自约定的争议解决方式。因合同约定了由人民法院诉讼解决争议，且没有证据表明当事人变更争议解决方式，故仲裁委对三份 CCER 交易合同的争议不具有管辖权。

综上，除仲裁反请求中涉及该案仲裁请求的律师费之外，申请人关于其他仲裁反请求的管辖权异议成立。

(2)对申请人的行权要求，被申请人至最后行权日未完成 CCER 备案的数量

关于该争议焦点，被申请人主张为 30 余万吨二氧化碳当量，申请人主张为 70 余万吨二氧化碳当量。结合该案合同约定、双方履约互动意思表示及备案情况，仲裁庭认定，至最后行权日被申请人未完成 CCER 备案的数量为 70 余万吨二氧化碳当量。相关事实和理由如下：

第一，按照购买权协议约定及双方履行惯例，特定项目包和后备项目包预计产出 CCER 总量高于申请人有权行权购买 CCER 的总量；申请人行权

时,需要被申请人决定出售 CCER 的具体卖方、项目、数量等关键交易信息。申请人有权按照约定的执行价格、购买权行权期限及限额内数量提出行权要求,但是,申请人没有权利、也没有能力决定具体向哪个被申请人、购买哪个项目的多少数量的 CCER;在购买权协议双方当事人之间,只有被申请人有权利并有能力决定这些交易要件。被申请人在满足申请人的行权要求之外,有权将超出申请人行权数量之外的 CCER 另行出售。

第二,在申请人 11 月 26 日提出行权之前,因没有申请人的行权要求,对被申请人 CCER 备案的信息沟通,不能理解为双方达成具体 CCER 交易的意思表示。该信息沟通约束申请人或被申请人。只要在申请人提出行权时,被申请人有足够数量 CCER,则被申请人完全享有将其余 CCER 出售给第三方的自由,包括已经告知申请人完成备案的 CCER。

第三,申请人要求行使四分之三购买权时,被申请人 1130CCER 表是对被申请人将用哪些项目、分别多少数量的 CCER,履行 CCER 出售义务的明确意思表示。被申请人对于其在手可出售 CCER 项目、数量具有信息优势和决定权,而申请人无从了解被申请人是否与第三方存在交易。因申请人仅得依赖被申请人的行权回应做出判断,按照诚实信用原则,仲裁庭支持根据该表内容及其备案时间予以评判,认定在最后行权日未完成备案的 CCER 为 70 余万吨二氧化碳当量。

(3)被申请人未完成 CCER 备案及未达成 CCER 交易合同,是否构成违约

仲裁庭注意到,双方当事人认可申请人按期全额支付购买权协议价款,获得全部份额 CCER 购买权的事实。仲裁庭认为,双方当事人关于被申请人是否违约的争议涉及三个相关分歧:一是购买权协议第 6.1(f)条中关于"自愿减排量"的理解和解释;二是被申请人晚于最后行权日完成 a、b 项目 CCER 备案,是否构成违约;三是双方当事人未能达成 CCER 交易合同,是否系被申请人违约造成。对此,仲裁庭意见如下:

①购买权协议第6.1(f)条中关于“自愿减排量”的理解和解释

购买权协议第6.1(f)条约定,截至最后行权日,被申请人由特定项目包和后备项目包产出的自愿减排量仍无法满足买方的行权要求,即构成违约事件。就该约定中的“自愿减排量”,是CCER即“核证自愿减排量”,还是也包括未完成备案但已经产出的“自愿减排量”,双方发生分歧。

仲裁庭认为,购买权协议约定的交易标的为CCER即“核证自愿减排量”的购买权。根据管理规则,只有自愿减排项目的“自愿减排量”经过核证、完成备案程序,方能成为可以交易的“核证自愿减排量”,进行碳排放权交易及用作抵消碳排放量。合同附件1对于“自愿减排量”和“核证自愿减排量”做了有区别的定义;“自愿减排量”仅是“指根据管理规则颁行的一种计量单位,根据管理规则计算,其相当于1公吨的二氧化碳当量”。结合管理规则的规定,此处关于“自愿减排量”的定义,意为“相当于1吨二氧化碳当量的自愿减排量”。故按照合同约定文义及交易目的,对第6.1(f)条的约定作理解和解释,则此处的“自愿减排量”是计量单位;在该词语之前,省略了其唯一可以计量的“核证自愿减排量”的表述。相应地,应认定第6.1(f)条约定的是:截至最后行权日,被申请人由特定项目包和后备项目包产出(“核证自愿减排量”)的“自愿减排量”(数量)仍无法满足买方的行权要求,即构成违约事件。即该项约定针对的是已完成备案的CCER,不应包括未完成备案、还未成为CCER的自愿减排量。

②被申请人晚于最后行权日完成a、b项目CCER备案,是否构成违约

仲裁庭认为,按照购买权协议约定,被申请人晚于最后行权日完成a、b项目CCER备案,构成违约。理由如下:

第一,双方当事人应各自承担购买权协议的合同义务和风险。购买权协议的基本交易安排和主要条件是,申请人付出CCER购买权权利价款,被申请人在约定的申请人行权期限内备足CCER,供双方按照购买权协议约定的执行价格、在申请人行使购买权的数量范围内实施CCER交易。在该交易安排之下,申请人的主要合同义务在于付清全部价款,主要合同权利

在于自行决定是否行使 CCER 的购买权;相关地,申请人需自行承担碳排放权交易市场中的价格风险。

第二,被申请人的主要合同义务在于按期、足额完成约定项目的减排量备案成为 CCER,满足申请人的行权要求。相应地,被申请人应自行承担不能足额、按期获得 CCER 的风险。被申请人在购买权协议交易之初,应已知晓 CCER 的产生、获取周期、申请条件、步骤及相应风险,包括获得 CCER 需要经过项目备案、减排量备案,以及两次备案期间的第三方机构的审定、核证、专家论证和国家主管部门的审查。购买权协议约定的直接管理规则《暂行办法》未发生改变。虽然 a、b 项目在减排量备案过程中,发生了两次上会审查的情况,但是,国家主管部门结合项目情况和不同时期政策需要,掌握相关备案审查节奏,其审查的松紧快慢,本身就是获得 CCER 过程中不确定因素,是被申请人在购买权协议项下应自行承担的风险。被申请人证据不足以证明 a、b 项目 CCER 备案迟延,系因管理规则改变或不可抗力等免责事件所致。

③双方当事人未能达成 CCER 交易合同是否系被申请人违约造成

仲裁庭认为,双方当事人未能达成购买权协议约定的 CCER 交易合同,系被申请人的违约造成。相关事实和理由为:第一,截至最后行权日,被申请人明确表示满足行权、拟出售的项目 CCER 中仍有 70 余万吨未完成备案。第二,虽然 CCER 购买权是可以分拆履行的标的,但是,被申请人并未就其已经完成备案的 CCER,在 CCER 交易合同磋商时进行任何部分标的的确认和承诺。第三,双方当事人已实施 CCER 交易的惯例显示,被申请人在申请人提出行权后、CCER 交易合同完成签约前,多单 CCER 即已在交易所账户交割。但对四分之三购买权行权后,被申请人既未签约,也未就其已获 CCER 进行交割。第四,被申请人存在拖延签订 CCER 交易合同的嫌疑。申请人行权提出的 CCER 交易合同文本与此前签约条款大体一致,被申请人磋商回复中,既未明确合同卖方、CCER 项目、数量等必要交易信息,还在未足额完成 CCER 备案时要求将主管部门备案延迟纳入不可抗力约定、要求较长的 CCER 交割时间、要求减轻违约责任等。

但同时，仲裁庭也注意到，申请人于 11 月 30 日明确行权数额时，要求被申请人于次日即最后行权日，必须备足 CCER 并存入交易所账户交割。最后行权日是申请人行使购买权的最后期限，并不当然是被申请人签约、交割 CCER 的最后期限。申请人的该主张既无充分的合同依据，也未考虑对方必要的履约准备时间，且该主张对于双方形成对立争议、未能尽快达成 CCER 交易合同，存在一定影响。仲裁庭认为，申请人的主张和相关行为虽然不改变被申请人上述违约事实的认定，但是，应公平合理考虑其影响及违约责任。

关于被申请人主张申请人没有真实的行权意愿，仲裁庭认为，申请人行权通知和 CCER 交易合同文本，构成购买权协议项下明确的、充分的行权意思表示；对此，被申请人只需要确认具体拟出售 CCER 的卖方、项目、数量等相关信息，足以成就具有法律约束力的 CCER 交易合同；双方当事人在完成四分之一购买权行权、签约及 CCER 交割后，持续地进行的后续 CCER 信息沟通，说明申请人后续行权的可能。需要指出的是，即便市场行情变化，被申请人无须也无权代替申请人进行商业经营的考量和判断；即使第三类项目 CCER 市场行情走低，无论申请人是否作出行权决定，都对被申请人应按时、足额完成 CCER 备案的合同义务及相关违约事实，没有任何参与性的影响，不能成为被申请人发生违约行为时免责的理由。

综上，仲裁庭认为，对于申请人就四分之三购买权行权，被申请人未完成满足行权份额 CCER 的备案、也未就 CCER 买卖进行必要交易信息的确认和承诺，构成购买权协议第 6.1(f)条和第 6.1(a)条约定的违约事件；申请人行权后双方未达成 CCER 交易，主要系被申请人的违约行为造成。

（4）购买权协议是否应予以解除

仲裁庭认为，结合该案合同性质、合同目的及相关事实，因被申请人违约导致申请人无法在最后行权日实现购买 CCER 的合同目的，购买权协议依法应予解除。相关事实和理由主要为：申请人提出行权要求后，在最后行权日,被申请人未完成备案的CCER为70余万吨二氧化碳当量,占购买权协议约定总量比例较大;该违约事件属于不可补救的违约情况;且在申请人提出CCER交易合同磋商时,被申请人未进行任何部分CCER的确认和承诺,导致申请人在按期付清购买权协议全部价款的情况下,对四分之三购买权无法行权,涉及数额巨大,直接影响申请人实现其购买CCER的合同目的,所以,应支持申请人解除购买权协议的请求。

(5)申请人是否有权要求返还购买权价款并支付约定比例的赔偿金

申请人主张返还全部四分之三CCER购买权对应的购买权协议价款,并由被申请人赔偿以该金额为基数、按照购买权协议约定的比例即1××%计算的赔偿金。被申请人认为申请人没有损失,约定的赔偿金过高应予下调。仲裁庭认为,因仲裁庭支持申请人解除购买权协议的请求,故对申请人返还四分之三购买权相应价款予以支持。关于赔偿金比例,应结合申请人实际损失、预期利益损失、当事人履约情况等综合因素,按照公平合理原则予以衡量和调整。因约定赔偿金计算方法为第6.1(f)条约定的违约事件,故对计算赔偿金的基数应认定为被申请人未完成备案的70余万份购买权价款金额。综上,对四分之三购买权中,被申请人构成第6.1(f)条约定违约事件的70余万份合同标的,应由被申请人返还相应购买权价款,并支付以该部分价款为基数与下调后比例计算的赔偿金;对于其余的份额,综合考虑双方当事人在行权、签约交涉等情况,由被申请人无息返还相应购买权价款。

在查明上述事实和审理争议焦点的基础上,仲裁庭裁决支持申请人关于解除购买权协议、返还四分之三购买权价款的仲裁请求,支持部分赔偿金请求及申请人律师费;因被申请人为联合卖方且无法区分其具体合同义务及责任,支持关于由各被申请人承担连带责任的仲裁请求;驳回申请人其他仲裁请求;驳回被申请人的反请求,并裁决仲裁请求的仲裁费用由申请人和被申请人分别按照40%、60%承担,仲裁反请求的费用全部由被申请人承担。

6. 分析和评论

碳排放权交易系近年依据法规政策而产生，与 CCER 买卖相关的交易及其市场均在初步探索中。市场主体围绕碳排放权交易努力进行各种创新，本案涉及的 CCER 购买权交易，就是多种创新业务中的一种前沿性尝试。事实上，不仅 CCER 购买权交易合同争议解决对于法律界属于新鲜事物，[①]即便对于温室气体减排的相关市场和商务人士也是全新的探索。下面拟在分析该案的基本特点的基础上，讨论碳排放权交易等新型交易合同的订立和履行的注意事项。

（1）该案的基本特点

①该案合同涉及新型交易

该案合同涉及与传统交易具有明显区别的新型交易，交易本身的创新性即导致发生合同争议、进行仲裁审理时的难度。该案所涉基础交易之“新”，表现在两个层面：

首先，该案合同约定涉及的 CCER，系新型碳排放权交易的两个品种之一。

CCER 是由国家通过法规创设，由交易主体依法开展，是碳排放权交易的一种新型交易标的。碳排放权交易在我国无疑属于非常新鲜的新型交易，这从《碳排放权交易管理暂行办法》（国家发展改革委 2014 年第 17 号令）、《国家发展改革委关于印发〈温室气体自愿减排交易管理暂行办法〉的通知》（发改气候〔2012〕1668 号）等主要管理规定的颁布时间即可知晓。CCER 作为与碳配额并列的温室气体自愿减排交易的法定标的之一，相关法规规定和商事实践均较为有限。依据现有规定，CCER 必须符合温室气体品种、项目类别以及项目备案和自愿减排量备案的双重备案等法定要求和程序，并纳入国家登记簿登记、在备案的交易所内进行交易。国家对重点排放单位实施碳排放配额管理，CCER 可以由重点排放单位按规定用于抵

① 搜索裁判文书网 http://wenshu.court.gov.cn/，至 2017 年 7 月 8 日为止尚未显示任何关于核证自愿减排量（CCER）案件的民事案件判决书。

消部分碳排放量。政策性是 CCER 的明显特点之一，CCER 的交易风险与法规政策变动具有密切关联度，尤其是关于 CCER 用于抵销碳排放量的政策，直接影响 CCER 交易的市场及价格。[①] 该案中双方当事人在仲裁申请及答辩的事实和理由陈述中，多个理由与 CCER 自身的上述新型特点相关。

其次，该案合同标的为 CCER 购买权，是叠加了 CCER 和购买权交易的双重性新型交易。

需要指出的是，该案合同标的并非 CCER，而是 CCER 购买权。这就在 CCER 这个新型交易品种基础上又叠加了购买权交易的特点，是以 CCER 为基础的衍生性交易。购买权交易的实质是一种期权性交易，期权交易针对的具体交易标的则可以多种多样，由合同当事人在期权合同中予以确定。作为购买权交易的期权交易，具有超越行权具体交易标的的共同特点。通常而言，购买权交易针对买方享有某种具体交易标的的购买权利设定，其交易基本权利义务为，买方支付购买权的权利金或权利价款后，获得购买权协议赋予的在一定的时间或期限内、按照预先确定的价格即执行价格，向卖方购买一定数量具体交易标的的权利；而卖方则在收取权利金后，负有在约定时间应买方的行权要求、按照执行价格出售具体交易标的的义务。买方支付权利金后，获得行使购买权的权利而非义务，如果买方放弃行权则以丧失已支付的权利金为代价；卖方收到权利金，无论市场情况如何，一旦买方提出行权，则负有按买方要求数量及约定的执行价格出售具体交易标的的义务，否则即构成违约需承担相应责任。该案合同标的为 CCER 购买权，则该案合同交易不可避免地叠加了 CCER 和购买权的双重交易特点，因二者相对于通常货物买卖、工程承包、投融资等传统型交易均具有明显的差异性新特点，所以在一定程度上可谓“新上加新”。

②该案交易安排复杂

该案交易安排的复杂性，源于两个方面：

---

① 黄瑞：《温室气体核证自愿减排量（CCER）交易特点及合同争议仲裁》，载《北京仲裁》2016 年第 3 期。

第一，该案合同卖方为多个关联公司组成的联合卖方，购买权针对的具体交易标的CCER源自多个项目，形成较为复杂的一对多交易结构。该案合同的买方为申请人一个公司，卖方为十余个关联公司共同作为联合卖方。同时，该案合同将联合卖方的多个项目打包进入供买方行使购买权的范围。合同管理幅度的增加，会增加管理难度和风险系数，对于该案合同涉及新型交易而言，进一步增加了新型和复杂叠加形成的管理难度和风险程度。

第二，该案合同的履行，同时涉及多项目CCER的备案及多个CCER交易合同安排。对于该案合同的双方当事人而言，虽然在CCER购买权的交易安排下，各自的义务及风险存在明显区别，但是，因该案交易叠加了多重创新和复杂的因素，客观上也增加了双方当事人各自有别的风险，甚至在一方当事人过于关注对方风险情况而忽略己方义务和风险时，出现履约应对方面的偏差。仅从内容看，该案合同的履行，同时涉及多个项目产生的CCER拟用于具体交易，而一旦买方针对任何部分购买权行权，则双方需相应分别达成CCER交易合同；换言之，双方对该案合同的履行，在买方多次行权的情况下，将需要达成多个CCER交易合同进入备案的交易所进行交付。

在这样一揽子、大体量、一定期限内不限次数和单次行权数量的交易安排下，结合行政管理和市场价格对履约的必然影响，双方当事人各自的合同风险因“大而括之”的包揽性安排而放大。具体而言，对于该案合同的买方，虽然不排除打包到一定体量可能降低购买权权利金的可能性，但是，因其体量必然也导致买方在一次性支付全部权利金后，承担较大体量份额的市场价格较买方预期走低的风险，结合CCER的政策性特点所决定的其价格、可用于抵销碳排放量的地域、比例、项目种类等因素会受到多省市政策及项目来源地影响的情况，风险加大亦属必然。对于该案合同的卖方，多个项目打包于该案合同，最直接的风险表现是任何部分CCER不能满足买方的行权要求时，则可能牵连整个联合卖方的违约及责任承担。对于双方当事人而言，为履行该案合同，将就多次行权及相应的多个CCER交易合同磋商,本身即容易带来不同经办人员对于条款约定的理解差异及把握不当时的利益受损。

③该案涉及的争议复杂

由于该案合同涉及交易叠加了新型、复杂的特点,同时,该新型复杂交易又天然具有易受政策和市场影响的特点,在类似创新业务探索的初期,因某些偶然因素触发合同争议甚至于诉诸争议解决机制,则不足为奇。如前述案情、证据、事实认定及争议焦点,因该案合同涉及新型交易且安排复杂,表现为双方发生案件争议时,涉及对事实认定及法律判断的多个争议点,形成纵横交织的复杂争议格局。从争议涉及的合同及相关文件看,既包括双方当事人关于 CCER 购买权交易的该案合同,又涉及申请人分别与不同被申请人在行使四分之一购买权后就已经行权部分所签署的 CCER 交易合同,还涉及直接触发该案争议的申请人四分之三购买权行权过程中双方正在磋商的合同订立关系,同时,双方当事人关于上述合同及文件的关系均存在分歧。从争议涉及的内容看,既包括该案合同条款的解释,也包括对于 CCER 管理规则及合同约定的理解,还包括对于双方当事人在交易中的合同风险承担的理解,以及对于违约事件及责任条款的适用。从争议涉及的项目及 CCER 看,既包括该案合同约及履约中项目及 CCER 差异的关系,又包括十余个不同备案减排项目及其具体备案的 CCER。从争议涉及焦点属性看,既包括截至最后行权日被申请人拟满足申请人行权通知的项目未获 CCER 数量分歧的事实性争议,也包括被申请人迟延 22 天后获得足额 CCER 是否构成违约,以及被申请人对于申请人关于四分之三购买权行权要求未予全部或部分确认,是否足以认定妨碍申请人实现购买权协议的合同目的等法律性争议。

(2)新型交易合同的订立和履行

①认清新型交易的创新特点,结合己方风险管理能力订立合同

作为创新交易的当事人,需要特别清楚所进行新型交易的特点,包括与对方各自的基本义务、权利、风险及责任,与相关类似交易的区别,交易的目

的及可选路径及风险收益比较，并在综合权衡的基础上，结合己方的风险管理能力订立合同。交易目标是核心，风险管理能力及收益预期是主要选择判断因素。例如，在该案合同中，对于买方而言，如果买方预期 CCER 未来价格走势上涨超过权利金及执行价格金额，或者在一定的价格区间可以给买方带来其他连带效益，同时，买方具有付出乃至丧失全部权利金承受错误判断的风险能力，则买方希望提前锁定一定期限内的购买权，其交易目的就是未来有权利而无义务买入 CCER。如果买方未来一定期限内必需买入 CCER，或者买方不能承受丧失权利金的风险，则买方可以评估比较是否直接签署安排带有分期付款以及价格、数量调整约定的 CCER 买卖合同，其交易目的是未来能够买入 CCER 且不丧失预付款。对于卖方而言，该案合同安排能够实现在购买权权利金支付时即实现业务收入的交易目的，同时，其负有在买方行权时出售 CCER 的义务，即承担足量获得预期能够完成主管部门备案 CCER 的风险。在该案合同所安排的创新交易下，双方当事人的风险、义务、收益及管理重点均不同。作为第三方无从评价其是否妥当，但需要指出的是，合同当事人在磋商、决策、实施一个创新型的交易时，应事先清楚各自的交易目的，关注己方是否能够承担约定义务和风险，知晓双方在交易合同中的各自风险节点和管理能力，这样才能稳妥地以创新探索新的盈利和市场，避免为创新而创新或者思虑不周地在创新的概念下莽撞冒险。

②加强法律风险防范意识，由深入理解商务意图的律师参与合同的订立和履行

对于新型交易的合同订立，具有一定风险管理意识的当事人往往会安排律师参加合同的订立，其中若干当事人还会安排律师对履约提供法律咨询。之所以特别提出该事项，原因在于律师参与项目合同的订立和履行深度、节点不同，对于交易法律风险的管理效果而言，差异很大甚至天壤之别。事实上，形式上的律师参与，与实质上律师能否有效发挥法律风险防范的作用，实质效果相去千里。

仅假设律师都是具有足够专业水平和敬业程度的情况而言,在合同订立阶段,大体有两种不同的律师参与情况:一种是律师主要按照当事人说明的情况,结合个人执业经验审核合同文件(或者参与个别条款的磋商和谈判);另一种是律师在深入理解项目交易的商务意图及当事人资源的情况下,从项目的交易安排策划、合同条件要点设置、文本起草修改、合同谈判及辅助决策直至合同最终文本审定的全程性咨询服务。对于新型交易而言,一个审慎的成功的商务安排,往往是集合了商务和法律智慧的综合平衡的产物。如果能够由专业水平足够的律师在项目交易安排策划之时即参与,则可以发挥其随时识别法律风险、针对具体交易目的规划多种法律解决路径,或者及时评价不同商务交易安排隐含的法律风险,甚至在与对方的互动谈判中发现误解和特别风险点等作用,及时纳入决策的综合考虑之内。

在合同履行阶段,从风险识别机制看,至少有三种不同的律师参与情况:一是业务人员识别启动风险应对机制;二是合同履行的里程碑节点风险检查机制;三是形成争议涉案风险触发机制。第一种情况对于通常的履约管理已经有了一定的法律风险管理保障,但是,是否能够发挥作用,取决于合同执行业务人员的风险识别和筛选能力。第二种情况对于疑难复杂的新型交易,是比较有效的全覆盖式风险管理措施,但其基础在于里程碑节点选择具有一定的连贯性,不要过于跳跃以至于架空该机制的效用,同时,该机制相对而言会产生较高的管理成本,所以,对于具有一定规模效益的项目更适合。第三种情况属于律师最低程度参与履约法律服务的一种,虽然较之前两种的法律风险管理效果较弱,但是,相比于真正到了发生案件才请律师参与处理的情况,还是有一定的主动性,在某些情况下,因律师的参与可以将争议妥善解决而避免形成案件。

③客观理智研判争议事项,法律和商务人员密切合作管理履约事件的法律风险

对于新型交易合同的争议事项,因为其交易之“新”,往往对具体分歧事项见仁见智,又缺少既有的处理方法和类似案例供参考,导致交易当事人

很难预期争议的结果而形成案件。对于履约中的争议事项，往往商务人员无法凭经验判断是非对错及风险后果，而律师也难以套用传统类似案件预期争议案件结论。商务和法律人员在合同履行中，尤其应密切配合，相互充分沟通交流，发挥各自专业特长进行分析研判和风险评估。

例如，在该案中，申请人提出对四分之三购买权行权时，被申请人已经有获得备案在手的可以确认出售的 CCER。虽然被申请人在案件中答辩称 CCER 是可以分割确认并交付标的的，但是，被申请人未能证明其曾经对于申请人的行权通知中要求购买的 CCER 进行任何部分的出售确认。对此，或许与被申请人的业务人员在合同履行交涉中，更多将注意力集中于主张申请人无权要求被申请人在最后行权日即行权次日要求备妥并签约、交割全部四分之三购买权的 CCER 有关。

又如，对于申请人于 201 × 年 11 月向被申请人要求行使购买权协议项下四分之三购买权时，被申请人未获得相应减排量备案成为 CCER 的二氧化碳当量数额，是申请人主张的 70 余万吨，还是被申请人主张的 30 余万吨的争议焦点，如果被申请人在履约过程中咨询律师的意见进行相关回复，则被申请人在该事项上或可避免部分损失；或者在双方发生争议后由律师进行专业的法律风险评估，则被申请人应能预知其抗辩将不获支持的结果，而更理智主动地处理争议。事实上，该案合同中，被申请人拟供申请人行权的多个自愿减排项目，预计产生备案的 CCER 数量超过申请人在约定期限内行权购买的最大数量，而且申请人无法决定被申请人将哪些项目的多少 CCER 出售给己方、其余超出部分的 CCER 作何处理。虽然在双方当事人沟通中，申请人在最后行权日前提出对四分之三购买权全部行权之前，被申请人曾经告知申请人其获得 CCER 的项目和数量，但是，该告知不能等同于在申请人提出行权之后被申请人回复拟满足申请人行权即将出售给申请人的 CCER 的项目和数量。假设被申请人在履约时确曾可以将之前告知已经获得的全部 CCER 出售给申请人，那么，只要被申请人稍有合同法律风险意识，或者咨询其律师如何回复申请人的行权通知，则被申请人完全可以在回复中将其已经获得的全部的CCER项目及其数量回复给申请人,那么,被申请人在最后行权日未能获得备案用于履约的CCER数量及其相应违约数量和赔偿金则会是另一种结果。换言之,同样是被申请人未能完成备案的数量不变,假如被申请人将其回复包括全部在手CCER用于履约,则因其回复行为导致需承担的法律责任是有明显差别的。

此外,被申请人在本案中抗辩申请人在最后行权日对四分之三购买权的行权没有真实的购买意愿,理由是当时CCER在的市场价格下降,而申请人已经在此前对四分之一购买权行权的交易中获得了利润,不可能在下行的市场中真的愿意购买CCER。对此,申请人提交了充分的证据证明其已经清晰无误地向被申请人要求购买,还向被申请人发送了符合购买权协议约定执行价格的CCER交易合同文本,只需被申请人填写具体出售CCER的项目和数量即可;同时,申请人指出正是被申请人认为市场下行导致其误判申请人不会行权而违约。上文已经说明对该争议事项的具体评判,此处不再赘述。需要特别指出的是,双方当事人在新型交易中,首先应清晰知晓各自的风险边界及合同义务,能够区分各自的合同权限而不应代替对方做出判断,更不能将己方代替对方对市场或利害的判断混淆为己方决策的理由。在购买权协议中,被申请人没有义务、也没有权利代申请人作出是否行权的判断,更不能以市场下行作出申请人不能够行权的理由,或据此对于申请人的行权质疑其真实性。如果被申请人清晰知晓其合同义务和风险边界,则应能理解,按照购买权协议的约定,除不可抗力等特殊情况外,申请人行权的唯一前提条件仅是及时足额支付权利金;申请人行使购买权后是否亏损不属于被申请人的考虑范围,更不是其抗拒申请人行权的适当理由;与此相关地,在市场下行情况下,被申请人越发应谨慎管理其及时足量完成CCER备案的风险。

正如很多案例所显示的,一旦交易合同订立后,市场价格波动会不断触动合同各方的利益,而当事人都会力图通过合同约定维护己方权益,其实质上是在不断力图依法转移市场风险或维护市场收益。形成案件的当事人往往可以梳理出很多具体事实和理由，但真正导致和引发案件的原因，可能在具体案件的专业技术方面并不显现。对于新型交易，特别是复杂的新型交易，因市场和风险都较传统交易更为多变，所以，建议及早安排专业律师加入交易安排及合同订立和履行，以更全面地评估法律风险，细致深入地进行风险应对，最大限度地维护创新交易成果。

（三）［案例四］北京仲裁委员会某广西水电站项目开发CDM相关服务合同争议仲裁调解案例

1. 引言

调解与仲裁相结合，是我国仲裁案件处理的特点。通常的仲裁案件调解，是在双方当事人之间就争议范围争议事项进行调解。也存在有的仲裁案件的实际争议发生或实体责任承担涉及第三方的情况，碳交易相关合同争议案例中也有实体责任和问题涉及第三方的，本案就是在某CDM开发相关的技术咨询服务合同争议仲裁案中，因案件被申请人与案外第三方属委托关系、而申请人提出仲裁申请时未将委托方一并作为被申请人提出仲裁请求的案例。仲裁委员会在审理查明事实的基础上，为当事人进行一揽子实体争议调解，帮助双方当事人案结事了，彻底摆脱了后续诉累。

2. 程序概要

2012年9月19日，北京仲裁委员会（以下简称仲裁委）受理了A公司作为申请人以B公司为被申请人，就2007年签订的《广西××市××河打捆水电项目合格性审定合同》（以下简称本案合同）争议提起的仲裁案件（以下简称本案）。被申请人以与案外第三方（以下简称第三方）的关系为由对本案提出管辖权及主体资格异议。按照仲裁规则规定，本案仲裁庭于2012年12月13日开庭，先就被申请人提出的管辖权及主体资格异议事项进行审理，在查明相关事实的基础上，仲裁庭经征求双方当事人的同意，对本案进行调解。当事人双方当庭未达成和解协议，表达了进一步进行调解的意愿。最终，双方当事人就本案争议及第三方的责任，达成一揽子和解协议。

3. 案情简述

(1)申请人的仲裁申请

申请人在本案中请求:解除本案合同;被申请人退还已收取的服务费用,赔偿申请人经济损失××万元人民币、×万欧元;承担全部仲裁费用。具体理由为:

①本案合同约定被申请人承担温室气体减排项目合格性审定服务工作

申请人称,2007年4月18日,双方签订了本案合同,约定申请人委托被申请人承担执行温室气体减排项目的合格性审定的工作,被申请人主要完成的服务内容包括:“1. 对PDD(注:指项目设计文件)和其他现存的文件(比如权威机构的批准)评审和评估,这些文件都是与确认该项目在未来作为合格的CDM(注:指清洁能源机制)项目相关的;2. 在30天的周期内在联合国气候变化公约网站上运作该项目的全球利害相关方程序;3. 草拟一份报告,说明所有的审核事实(以便为可能的调整留出时间);4. 编制审定报告;5. 向联合国气候框架公约CDM执行理事会申请该项目的注册。”

②被申请人违反本案合同义务,导致项目无法在联合国CDM执行理事会申请注册

2007年5月22日,申请人向被申请人提供了××河打捆水电项目(“项目”)的PDD文件;2007年6月,该项目在联合国UNFCCC网站上予以全球利益相关方公示;随后,被申请人的审核员进行了现场审核;2007年9月4日,被申请人交付了该项目的《审定报告》(草稿);期间申请人根据被申请人的意见予以了修改;2008年1月,被申请人答复该公司的德国总部很快会出《审定报告》(终稿);之后申请人不断催促;2008年3月,被申请人通知ACM0002 V6版方法学过期,需要按新方法学重新编写相关文件;2008年9月,申请人向被申请人提供了按照新方法学修改的PDD文件;之后申请人不断在催促。但自签订合同至今,已经有5年多的时间,被申请人以各种理由拖延,没有提供《审定报告》(终稿),更无法向联合国气候框架

公约 CDM 执行理事会申请该项目的注册。

③申请人如约支付服务费，因被申请人违约遭受经济损失

在本案合同履行过程中，申请人如约履行了相关义务，并按时向被申请人支付了服务费人民币 × 万元。而被申请人的行为属于严重违约，并使申请人遭受了巨大的经济损失。现依据双方的合同约定，以及《合同法》的相关规定，恳请贵委依法支持申请人的全部仲裁请求，以维护申请人的合法权益。

（2）被申请人的管辖权异议和答辩意见

被申请人主张，被申请人不是本案合同的当事人，不受该合同仲裁条款约束，不是本案的适格主体，仲裁庭应直接驳回申请人的全部仲裁请求。具体理由为：

①被申请人系德国 C 公司的关联公司分公司

被申请人对管辖权及主体资格提出异议申请，称：德国 × × 服务有限公司（以下简称德国 C 公司）是被联合国气候变化框架公约执行董事会指定的世界首批可以从事与《京都议定书》有关的 CDM 项目审定、核查工作的指定经营实体（DOE），是德国 × × 集团公司（以下简称德国 D 集团）下属的子公司。江苏 × × 服务有限公司（以下简称江苏 E 公司）也是德国 D 集团设立的认证机构，与德国 C 公司系德国 E 集团下的关联公司。被申请人 B 公司为江苏 E 公司从事管理体系认证及产品认证业务的分公司。

②申请人是专业的 CDM 开发咨询公司

申请人是国家发改委应对气候变化司主办的 CDM 网站上公布的“咨询机构”之一，“是从事环境技术领域开发和咨询的专业化公司”，可以“针对 CDM 开发和咨询提供全程一站式服务。也可以根据委托人的需要提供阶段式服务”。

③申请人知悉被申请人被德国 C 公司授权代表后者与申请人签订本案合同

2006 年 6 月 27 日，德国 C 公司签署《授权书》，授权被申请人代表其签

署 CDM 项目的审定合同。2007 年 4 月 16 日，被申请人的工作人员刘某向申请人法定代表人李某邮件沟通本案合同的样本以及德国 C 公司的项目订单样本的意见。2007 年 4 月 17 日，李某签署了项目的项目订单，订单明确显示接受方为德国 C 公司，内容称“报价由认证实体德国 C 公司‘气候和能源’执行”，并“允许认证公司的审核员参与审核并将项目作为见证审核项目”。

以上订单签署后，2007 年 4 月 18 日，被申请人代表德国 C 公司与申请人正式签订本案合同。合同明确注明，“申请人与被申请人，代表德国 C 公司‘气候和能源’认证机构，达成合同。”合同约定的主要工作为项目温室气体减排的合格性审定工作，包括：对 PDD 和其他现存的文件（比如权威机构的批注）评审和评估；对修订后的 PDD 和其他现存的文件进行评审和评估；审核和检查；编制审定报告；向联合国气候框架公约 CDM 执行董事会申请项目的注册等。

④德国 C 公司实际履行了本案合同

2007 年 5 月 18 日，李某邮件回复刘某，允许德国 C 公司开展项目的全球公示，并在联合国气候变化框架公约的网站上发布 PDD。2007 年 6 月，德国 C 公司根据申请人的授权，在联合国气候变化框架公约网站上为项目进行了项目文件公示。2008 年 8 月 5 日，德国 C 公司的审核员邮件告知李某，由于项目 PDD 存在问题，所以项目不能通过审定，将被出具否定性报告。2008 年 10 月，因项目名称变更，德国 C 公司在联合国气候变化框架公约网站上再次为项目进行了项目文件公示。

⑤本案合同依法直接约束申请人和德国 C 公司，被申请人不是本案的适格主体

被申请人认为，被申请人系在德国 C 公司的授权范围内，代表德国 C 公司与申请人签署了本案合同，系德国 C 公司的代理人，申请人在订立合同时，也明知被申请人与德国 C 公司间的代理关系。故本案合同及其仲裁条款应直接约束德国 C 公司与申请人，不应对被申请人有约束力，被申请

人不是本案的适格主体。申请人作为行业内的专业中介机构，对于本案合同的相对方系德国C公司而非被申请人是明知的，不会发生误认。在本案合同的履行过程中，实际也是有德国C公司履行的具体审定义务，对此，申请人明知并且接受，从未对义务履行主体提出过异议，包括在联合国气候变化框架公约网站上为项目进行的项目文件公示，项目审定过程中申请人与德国C公司工作人员的讨论。根据《清洁发展机制经营实体认可标准》第30条的规定，指定经营实体可以分派部分的职能给其总部办公室以外的场所。在本案合同履行中，被申请人仅是接受德国C公司的分派而参与到项目的审定工作中，并非以自己的名义履行合同义务。因此，本案合同的审定义务也是由德国C公司履行的，其为本案合同的真正当事人，被申请人不是本案合同的一方当事人。

⑥作为德国C公司的代理人，被申请人不是本案合同主体且不受仲裁条款约束

根据《民法通则》第63条第2款规定，代理人在代理权限内，以被代理人的名义实施民事法律行为。被代理人对代理人的代理行为承担民事责任。本案中，虽然是被申请人在合同上盖章，但由于其系在德国C公司的代理权限内代表其订立合同，故根据上述规定，本案合同应直接约束德国C公司与申请人，不应对被申请人有约束力。即使根据《合同法》第402条的规定，受托人以自己的名义，在委托人的授权范围内与第三人订立的合同，第三人在订立合同时知道委托人与受托人之间的代理关系的，该合同直接约束委托人和第三人，但有确切证据证明该合同只约束受托人和第三人的除外。由于申请人在本案合同订立时就明知该代理关系，本案合同也是直接约束德国C公司与申请人，被申请人不是本案合同主体，不受仲裁条款约束。

(3)双方当事人的证据

申请人提交了水电站CDM项目开发技术服务合同、第三方购买485,358吨(加20%储备量)二氧化碳当量的指示性原则条款和排他协议、

国家发展改革委关于同意项目作为清洁发展机制项目的批复、项目合格性审定合同、项目审核费支出凭证、终止项目的通知、往来电子邮件、2007 年 1 月审定报告等证据材料。

被申请人提交了联合国气候变化框架公约官方网站（UNFCCC 网站）所公示的《〈京都议定书〉第 12 条规定的清洁发展机制的形式和程序》节选内容、UNFCCC 网站公示的“指定经营实体认可标准”节选内容、《清洁发展机制执行理事会第 69 次会议报告》内容节选、指定经营实体名单、关于“清洁发展机制网”“指定经营实体”栏目中有关德国 D 集团公司和申请人相关信息的网站内容、德国 C 公司于 2006 年 6 月出具的委托书、往来电子邮件、项目订单、UNFCCC 网站上由德国 C 公司为申请人进行的项目文件公示等证据材料。

双方认可绝大部分对方证据材料的真实性，不认可对方部分证据的关联性和证明目的。

4. 仲裁庭的审理和调解

（1）仲裁庭审理查明的事实

根据双方当事人的当庭陈述和举证，就被申请人提出的管辖权和主体资格异议，仲裁庭查明并认定以下事实：

①本案合同载明被申请人代表德国 C 公司签约

本案合同于 2007 年 4 月由申请人和被申请人法定代表人签字并加盖公章，系申请人和被申请人的真实意思表示。本案合同以中英文书就，约定：申请人与被申请人代表德国 C 公司达成合同，在双方签字当天生效。合同的有效性、解释和执行均受中华人民共和国各项法律（都是已经发布和公开提供的）的管辖，以及受中华人民共和国签署的条约和国际协议的制约。因合同相关事项引起的任何争议、争论或索赔，都应通过双方的友好协商来解决。如果不能友好解决，则应将该争议提交到北京仲裁委员会按照其仲裁规则进行仲裁。仲裁庭应由三名仲裁员组成。仲裁裁决书将是最终的，对合同各方都有约束力，仲裁费将由败诉方承担。本案合同不违反中国法律和行政法规的强制性规定，合法有效，对双方均具有约束力。

②德国 C 公司具有相关项目认证资格，可以授权被申请人与申请人签约

根据《京都议定书》的相关规定，UNFCCC CDM 应对 DOE 进行认证和公示，经过认证的可以进行 CDM 项目的审定和核查工作。UNFCCC 网站公示的《指定经营实体认可标准》明确规定，DOE 可以分派部分的职能给其总部办公室以外的场所；只有 DOE 可以与 CDM 项目参与方订立审定合同和/或核定/核证合同；其他主体不得订立此类合同。与 CDM 项目参与方之间的审定和/或核定/核证合同可以通过授权委托书委托不受雇于 DOE 的人进行签署，但这类合同必须以指定经营实体的名义签订。

德国 D 集团公司是国家发改委应对气候变化司主办的“CDM 信息平台”上公布的 DOE 之一，其驻华机构为江苏 E 公司。德国 C 公司于 2004 年被联合国 CDM 执行委员会（EB）授权成为世界首批可以从事与《京都议定书》有关的气候变化项目认证的经营实体之一。

③申请人是中国主管部门认可的 CDM 项目咨询机构

申请人是国家发改委应对气候变化司主办的“CDM 信息平台”上公布的咨询机构之一。在关于该咨询机构的介绍中载明：申请人在 CDM 开发及管理方面拥有专业化的队伍和专家库，拥有良好的资讯和政策把握以及畅通的渠道等，可以针对 CDM 开发和资讯提供全程一站式服务。

（2）仲裁庭关于被申请人管辖权和主体资格异议的意见

被申请人认为，因本案合同中明确约定被申请人代表德国 C 公司与申请人签署本案合同，且被申请人在本案合同签署前已经向申请人出示过德国 C 公司委托授权其代为签订本案合同，故本案双方均知晓被申请人是受德国 C 公司委托签订本案合同，根据《民法通则》和《合同法》关于委托代理的相关规定，本案合同直接约束申请人和德国 C 公司，被申请人不是本案的适格主体，不受本案合同仲裁条款的约束，仲裁委对本案无管辖权。申请人认为，本案合同由双方签署，且申请人不认可本案合同签署前被申请人向

其出示过德国C公司的授权委托书，故本案合同当然约束双方，仲裁委对双方的关于本案合同的争议享有管辖权，应支持申请人的仲裁请求。

仲裁庭认为，根据本案合同约定和适用法律的规定，仲裁委对本案具有管辖权，同时，被申请人关于责任承担的主体资格异议成立。具体意见为：

①关于仲裁委的管辖权

本案合同明确约定，因本合同或因本合同相关的事项而引起的任何争议、争论或索赔，如果不能友好协商解决，则应将争议提交仲裁委进行仲裁。按照该约定，仲裁委对双方之间的任何争议，包括本案中被申请人提出的被申请人是否是本案合同的适格主体、本案合同是否直接约束申请人和德国C公司而不约束被申请人等问题，均有管辖权。

②关于被申请人责任承担的主体资格

一方面，本案合同明确约定，申请人与被申请人所代表的德国C公司签订合同，说明申请人在订立合同时知道被申请人是受德国C公司委托，代表德国C公司与申请人签订本案合同；另一方面，申请人虽然否认事先收到德国C公司对被申请人的授权委托书，但是，被申请人不是符合联合国要求的DOE，是以有DOE资格的德国C公司之名义在中国开展CDM项目的推广工作，而申请人作为专业的CDM项目咨询单位，理应了解联合国关于CDM项目中DOE的基本要求，即只有联合国的DOE才能签订CDM项目文件审定合同及办理联合国相关手续，事实上也认为是通过本案合同委托了德国C公司办理项目文件审定及联合国相关手续；此外，德国C公司作为联合国的DOE事实上参与了本案合同的履行，对此事实，没有任何证据显示双方或德国C公司在本案之前有任何异议。

综上，仲裁庭有理由认定，双方及德国C公司在订立本案合同时，均知道被申请人与德国C公司之间的代理关系，且不存在本案合同只约束被申请人和申请人的情况。本案合同关于适用中国法律的明确约定，以及根据《合同法》第402条的规定，本案合同直接约束委托人和德国C公司，申请人关于本案合同权利义务和责任的主张应针对德国C公司进行。因此，被申请人不是本案合同责任承担的适格主体,申请人在本案中针对被申请人的仲裁请求应予驳回。

(3)仲裁庭的调解

①调解的基础

本案调解的基础,在于双方当事人在本案及未来可能发生的案件中存在可以妥协的利害平衡区。与此相关的基本面有两个:一是本案中申请人仅以被申请人提出仲裁申请;二是本案合同履行中,确实存在未完成合格性审定服务、以至于无法完成项目 CDM 在联合国相关机构申请注册的情况。那么,一方面,仅就该案双方当事人而言,被申请人的抗辩成立,申请人的仲裁请求将不被支持;但是,申请人如果继续以德国 C 公司为被申请人启动新的仲裁案件,则其仲裁请求存在被支持或部分支持的可能性;另一方面,如果申请人在该案败诉后,另行以德国 C 公司为被申请人提出仲裁请求,则对于被申请人而言也必将面临其关联公司无可回避的实体性被诉局面和败诉可能。

②调解的努力

为彻底帮助当事人解决合同争议,仲裁委的办案秘书和仲裁庭启动了仲裁中的调解程序。在了解签约履约事实的基础上,协助当事人进行深入的面对面和背靠背的调解,促使被申请人结合交易履约事实与其关联企业充分沟通、预判未来涉案风险,也说服申请人正视本案中双方当事人的证据和案件风险,最终促成申请人、被申请人及其代表的德国 C 公司就本案以及涉案合同的实体争议,达成了一揽子和解协议。

5. 调解结果

本案当事人及被申请人的关联公司达成调解,由被申请人代表其关联公司向申请人支付一定金额的补偿,申请人放弃后续再行向被申请人及其关联公司索赔的权利,双方协议解除涉案合同。

通过调解,申请人避免了本案败诉以及另案向德国 C 公司提起仲裁的额外费用支出、时间成本和案件处理风险,并获得调解金额的补偿。被申请人在本案中没有损失，同时为其德国关联公司避免了另案被诉风险以及另案中败诉或部分败诉时必然发生的更多对方办案费用损失补偿风险，还通过调解协商确定了己方可以接受的支付金额。应该说，调解结果对双方是双赢的。调解方案达成后很快得以履行，申请人收到了补偿款，被申请人及其德国关联公司也消除了另案被诉之累。

6. 分析和评论

（1）碳交易安排应注意明确合同关系及当事人

《京都议定书》于1997年12月11日签订，于2005年2月16日生效。国家发改委等部委联合颁布的《清洁发展机制项目运行管理暂行办法》先后于2004年、2005年、2011年频繁修订。CDM项目开发运行管理作为新生事物，在不断探索过程中。对于包括碳交易在内的任何创新交易探索和业务开发，涉及交易关系合同安排时，当事人均应特别注意相关法律适用及合同约定风险管理，至少应明晰一项具体交易由谁和谁、干什么、怎么干，以及有哪些相关问题和出现问题时的风险、责任分配。

本案合同于2007年协商签署，属于各地正在大力积极探索CDM项目的创新过程中。本案的问题首先发生在申请人没有从法律风险的角度，厘清到底在和谁签订合同，以及发生争议案件时应该要求谁承担合同责任。

（2）关于仲裁协议的约定

本案合同的一个亮点，在于仲裁条款约定了仲裁庭由三人组成。相对而言，CDM项目开发因其发展时间和业务体量，对很多人属于新型合同而且专业度很高。仲裁协议中未区分争议金额地约定仲裁庭的组成人数，保证了按照其选定的北京仲裁委员会的仲裁规则，不论当事人具体案件争议金额的高低，仲裁庭将由双方当事人各自有权选定的一名仲裁员和共同选定或者按照仲裁规则指定的首席仲裁员共同组成。在本案中，双方当事人均行使了选择仲裁员的权利。而仲裁员在案件调解中共同努力，尤其是在背靠背调解过程中，当事人选定的仲裁员发挥了积极的作用，最终促成当事人在充分信任仲裁庭和仲裁委的基础上，达成本案超常规的拉入第三方的调解方案。

（3）申请人应准确全面确定被申请人

客观上讲，本案调解成功是各种机缘巧合的结果。按照通常商事案件成功调解比例看，无法达成调解，是大多数仲裁案件的实际情况。那么，本案中，申请人因仅仅选定受委托代表德国C公司的江苏E公司的分公司为被申请人，设若本案未能成功调解，申请人必然要承受未能准确全面选定案件的被申请人的被诉后果，虽然，申请人在本案被诉后还有权以德国C公司为被申请人另案提起仲裁申请。对申请人而言，其在本案中片面选定错误的被申请人，如果没有仲裁委和仲裁庭不懈的调解努力，则必然面临另案起诉较长的时间成本和新案中能否胜诉获偿的现实风险。

（4）选择专业的案件代理律师

对于申请人而言，之所以造成本案如果裁决结案必然败诉的局面，与该案中申请人的代理人对相关法律专业水平不足有关。假设申请人以被申请人及其关联公司德国C公司为共同被申请人，则可以避免仅以受委托签约代理人为被申请人所将面临的败诉局面。对于被申请人而言，因为其代理律师熟悉中国法律关于委托合同责任承担的特别规定，所以能够运用适用法律规定，抓住了申请人仅以代理人为被申请人的机会，获得若仅论本案的审理较高的胜诉机会，达到充分依法维护其当事人合法权益的目的。

（5）当事人利益至上的代理律师对成功调解至关重要

很多成功调解的仲裁案件经验显示，当事人本机构的人员、特别是决策人员参与案件审理和调解，能够更大概率促成案件的妥协和成功调解。相关地，案件代理律师在调解成功的案件中，作用差异很大。有的代理律师以“打官司”为定位，对调解持不积极也不作梗的态度，将是否接受调解及具体方案全部甩给当事人考虑；有的代理律师则可能受案件代理合同的收费、案件胜诉的实现感等各种各样的因素影响，或明或暗地反对当事人调解；当然，也有的律师在当事人成功调解中，发挥了积极的甚至至关重要的作用的，包括对案件优劣形势和风险评估的判断，对于双方诉求的分析，甚至结合其谈判经验对多种调解方案的提议等。

本案中,被申请人的代理律师就发挥了至关重要的作用。可以看出,被申请人的代理律师并不以本案胜诉为全部追求,而是以管辖权和主体资格异议作为帮助其当事人及其关联公司加大彻底和解解决涉案合同实体争议机会的手段,并且真正以其当事人及其关联公司的利益至上,而不追求本案胜诉以及申请人另案仲裁时被申请人代理律师在新案中的代理业务和或许总体更高的案件代理收费。相信这样对当事人负责任的律师,也因其真正关注并维护当事人的利益,而必然获得当事人更大的信任,从而也获得更多的业务机会。

(四)[案例五]江苏某光伏发电项目CCER开发合同解除诉讼案例①

1. 引言

2017年3月14日,国家发展改革委发布《国家发展和改革委员会公告》(2017年第2号)宣称:为进一步完善和规范温室气体自愿减排交易,促进绿色低碳发展,按照简政放权、放管结合、优化服务的要求,我委正在组织修订《温室气体自愿减排交易管理暂行办法》。即日起,我委暂缓受理温室气体自愿减排交易方法学、项目、减排量、审定与核证机构、交易机构备案申请。待《温室气体自愿减排交易管理暂行办法》修订完成并发布后,将依据新办法受理相关申请。② 此次暂缓受理温室气体自愿减排交易备案申请,不影响已备案的温室气体自愿减排项目和减排量在国家登记簿登记,也不影响已备案的CCER参与交易。已向我委政务服务大厅提出备案申请、但尚未备案的事项,③我委将登记在册,待《温室气体自愿减排交易管理暂行办法》修订完成后,依据新办法优先办理。

---

① 参见http://wenshu.court.gov.cn/,最后访问日期:2018年10月17日。

② 截至2018年12月21日,尚未见到受理重启的公开通知或报道。

③ 根据该公告公布的附件清单,涉及全国温室气体自愿减排相关的方法学、项目、减排量等备案申请共592项。

CCER 备案政策的这一变动，对于正在进行备案申请的自愿减排项目及减排量，显然影响是巨大的，将直接导致相关交易合同履行的受阻。更为现实的问题是，该政策变动时，国家发展改革委显然也无法给出大体可预期的恢复备案申请时间表。事实上，至今已经近两年并无恢复的迹象。对于受影响的合同当事人而言，主管部门的无确定期限的暂缓，实际上就是暂停甚至停止。在超出当事人忍受程度时，或者叠加了其他相关影响和风险因素时，则很可能发生相关合同争议案件。

案涉合同争议发生在该政策变动之前。原告于 2017 年 2 月起诉立案，双方争议事由涉及四个自愿减排项目的审定与减排量核证备案为 CCER 的合同履行。上述国家发展改革委暂缓受理 CCER 备案政策的出现，被该案双方当事人进行了不同的解读。被告在答辩意见中称原告“未能按期完成相应服务，导致现已取得的审定报告也可能出现无法使用的后果，使《服务协议》的目的无法实现”，而原告则主张政策变动“并不影响已备案的 CCER 参与交易，因诉争项目已于 2016 年通过备案，并不受政策调整的影响”。

2. 程序概要

江苏省无锡市新吴区人民法院于 2017 年 2 月 22 日立案受理后，依法组成由审判长雷海亮、代理审判员毕俊、人民陪审员唐振白组成合议庭（书记员何彦霖），公开开庭进行了审理，双方当事人的代理人参加本案审理。人民法院于 2017 年 8 月 18 日作出本案一审民事判决书［（2017）苏 0214 民初 1213 号］。如果当事人未依法提起上诉，则本案一审民事判决即为终审判决文书。①

3. 案情简述

原告北京天擎动力国际清洁能源咨询有限公司（以下简称天擎公司）因与被告顺风光电投资（中国）有限公司（以下简称顺风公司）发生关于《中

① 截至 2018 年 12 月 18 日，中国裁判文书网（http://wenshu.court.gov.cn/）上未显示该案存在二审等其他诉讼程序。

国温室气体自愿减排项目开发服务协议》(以下简称《服务协议》)纠纷,向法院提起诉讼。

(1)原告天擎公司的起诉事由和诉讼请求

原告天擎公司诉称:

2014年7月4日,天擎公司与顺风公司签订了《服务协议》,约定由顺风公司全权委托天擎公司负责下列四个项目的温室气体自愿减排交易专业服务:①尚德红星二场50兆瓦并网光伏电站建设项目一期30兆瓦工程;②金坛正信喀什麦盖提20兆瓦光伏并网发电项目;③中建材喀什疏附20兆瓦光伏并网发电项目;④浚鑫科技喀什疏附20兆瓦光伏并网发电项目;四个项目分别完成:项目设计文件开发;协助项目通过国家主管机构备案的审定机构审定;协助项目通过国家主管机构的项目备案申请的评估、备案和登记;协助项目执行、项目监测计划,完成项目减排量检测报告,通过国家主管机构备案的核证机构核证;协助通过国家主管机构的减排量备案申请的审批、备案和登记的5项任务,顺风公司于每个项目的每一阶段任务完成后分别支付相应合同价款。

上述4个项目,分别于2016年2月24日、2016年3月11日、2016年5月10日、2016年7月11日获得由国家主管机关备案的审定机构签字盖章的项目审定报告,并由天擎公司提交给顺风公司。服务内容任务1:项目设计文件的开发。任务2:协助顺风公司使项目通过经国家主管机构备案的审定机构的审定,任务完成标志为获得由审定机构签字的最终版项目审定报告。任务3:协助顺风公司使项目通过国家主管机构的项目备案申请的评估、备案和登记,任务完成标志为项目通过国家主管机构的审查和备案,并在国家登记簿处登记。因此按照合同约定,天擎公司已经完成全部四个项目的任务2,顺风公司应支付每个项目5万元,合计20万元的服务费用。

此外,尚德红星二场一期项目于2016年10月通过国家主管机构的审查和备案,并在国家登记簿处登记,按照合同约定,天擎公司已完成尚德红星项目的任务3,顺风公司应支付2.6万元服务费用。

而根据《服务协议》第7条第6款之约定，被告应按照中国人民银行短期贷款基准利率4.35%加2‰日利率支付逾期付款利息，自2016年11月4日起计算至2017年1月31日止为89天，利息合计为人民币46,855.48元。上述款项合计为人民币272,855.48元，天擎公司分别于2016年8月24日、2016年10月18日向顺风公司发送了《请款通知书》和《催款通知书》，但截至起诉之日被告仍未支付上述款项。天擎公司决定解除合同，并于2017年1月20日向顺风公司发送了《解约通知书》，现顺风公司请求判如所请。

擎天公司提出的诉讼请求是：①判令解除天擎与顺风公司签订的《中国温室气体自愿减排项目开发服务协议》；②判令顺风公司支付合同约定的服务费用合计226,000元及逾期付款的利息（按照合同约定，按中国人民银行短期贷款基准利率4.35%加2‰日利率计算复利，自2016年11月4日起暂计算至2017年1月31日止，暂计89天，为人民币46,855.48元），合计272,855.48元；③判令顺风公司承担全部诉讼费用。

（2）被告顺风公司的答辩

被告顺风公司答辩称：天擎公司未按照合同约定完成相应的服务内容，使顺风公司不能完全实现合同目的，根据开发合作协议约定，合同已经自动终止，双方权利义务消灭，顺风公司无须支付相应费用及利息。根据合同约定，因减排量交易的最终目的尚未实现，且国家政策正在作调整，天擎公司未能按照合同约定的周期完成审定及其他服务内容，政策调整后相关审定报告存在无法使用的可能性。故该合同已自动终止，无须解除，顺风公司也无须支付服务费用及利息。

4.法院查明的事实

法院经审理认定的事实如下：

2014年7月4日，顺风公司与天擎公司签订《中国温室气体自愿减排项目开发服务协议》1份，约定由顺风公司全权委托天擎公司负责下列四个项目的温室气体自愿减排交易专业服务：（1）尚德红星二场50兆瓦并网光伏电站建设项目一期30兆瓦工程;(2)金坛正信喀什麦盖提20兆瓦光伏并网发电项目;(3)中建材喀什疏附20兆瓦光伏并网发电项目;(4)浚鑫科技喀什疏附20兆瓦光伏并网发电项目。天擎公司协助顺风公司在一年内完成上述项目在国家发改委的登记注册,在随后18个月内完成项目减排量在国家主管机构备案和国家登记簿登记,如天擎公司未能按时完成,且经友好协商后判定天擎公司无能力继续协助顺风公司的CCER项目设计及开发事宜,则本协议终止。

合同约定的付款条件为:天擎公司完成每个项目的任务2后,顺风公司在收到天擎公司发送的付款通知及相应数额的咨询费发票后十个工作日内(以较晚者为准),针对每个项目汇款50,000元,四个项目共计200,000元;天擎公司在完成任务3后,顺风公司在收到天擎公司发送的付款通知及相应数额的咨询费发票后的十个工作日内(以较晚者为准),针对每个项目汇款26,000元。如顺风公司在规定期限内未能及时支付协议中规定的费用,则天擎公司有权就逾期未付款项按中国人民银行公布的利率加上2‰的日利率对到期应付金额按日计收复利,计息期从到期日起至该款项被全额支付之日止。

中国质量中心分别于2016年1月30日出具《尚德红星二场50兆瓦并网光伏电站建设项目一期30兆瓦工程审定报告》、于2016年2月18日出具《中建材喀什疏附20兆瓦光伏并网发电项目审定报告》、于2016年2月22日出具《浚鑫科技喀什疏附20兆瓦光伏并网发电项目审定报告》、于2016年7月8日出具《金坛正信喀什麦盖提20兆瓦光伏并网发电项目审定报告》,天擎公司并于2016年7月25日向国家发改委政务服务大厅提交尚德红星温室气体自愿减排交易项目备案材料并办理了备案手续。

2017年1月20日,天擎公司向顺风公司发出《解约通知书》1份,要求顺风公司尽快支付合同约定的共计244,596.74元的款项及逾期付款利息,同时提出解除《服务协议》。2017年2月22日,天擎公司提起诉讼。

诉讼中,顺风公司称因为天擎公司未能在合理期限内完成《服务协议》约定的服务内容,根据《服务协议》的约定,视为双方终止本协议,并由天擎公司自行承担所投入的成本及支付前期的费用。天擎公司则称未在约定的期限内完成服务内容系顺风公司迟迟未能提供项目的基本资料及信息所导致。顺风公司提供了国家发展改革委于 2017 年 3 月 14 日的公告 1 份,以证明国家发展改革委已暂缓受理温室气体自愿减排项目、减排量、审定和核证机构、交易机构备案申请。天擎公司未能按期完成相应服务,导致现已取得的审定报告也可能出现无法使用的后果,使《服务协议》的目的无法实现。天擎公司认可该公告的真实性,但认为并不影响已备案的 CCER 参与交易,因诉争项目已于 2016 年通过备案,并不受政策调整的影响。

此外,天擎公司提供请款通知书、催款通知书各 1 份及邮件若干以证明其曾向顺风公司催要款项的事实,顺风公司则称因承办人离职的原因,故无法确认是否已收到上述通知书。

5. 法院意见和判决

从上述双方的各自主张看,双方就《服务协议》是否终止、顺风公司是否应免除支付义务,发生分歧形成争议。对此,法院的意见及判决如下:

天擎公司与顺风公司之间的《服务协议》合法有效,现双方均有解除协议的意思表示,故法院确认该《服务协议》的未履行部分予以解除。关于顺风公司已经完成的各个项目的任务 2 以及尚德红星二场 50 兆瓦并网光伏电站建设项目一期 30 兆瓦工程项目的任务 3,天擎公司提供的证据已能够证明其确实按照协议约定履行了相应义务。

虽然天擎公司未能在《服务协议》约定期限内完成服务,但因双方在《服务协议》中约定要在经友好协商后、判定天擎公司无能力继续履行协议时才终止协议,再结合天擎公司已向顺风公司交付审定报告而顺风公司也予以接受并未提出异议的情形,法院判定天擎公司主张的 226,000 元服务费用已符合付款条件,顺风公司应予支付。关于逾期付款利息,双方在《服务协议》中约定的利息远超银行同期贷款利率的四倍,经顺风公司请求,法院酌定逾期付款利率为中国人民银行同期同档贷款基准利率的四倍，从起诉之日起计算至实际给付之日止。据此，依照《合同法》第93条、第97条、第107条、第109条，《民事诉讼法》第142条之规定，判决如下：

（1）解除天擎公司与顺风公司于2014年7月4日签订的《服务协议》的未履行部分；

（2）顺风公司于本判决发生法律效力之日起十日内向天擎公司支付服务费用226,000元，并支付该款自2017年2月22日起至实际支付之日止按照中国人民银行同期同档贷款基准利率四倍计算的逾期付款利息；

（3）驳回天擎公司的其他诉讼请求。

案件受理费10,200元，财产保全费1920元，合计12,120元（此款已由天擎公司预交），由顺风公司负担。顺风公司于本判决发生法律效力之日起十日内将该款支付给天擎公司。

6. 分析和评论

结合上述案件审理情况及判决，从主管部门暂缓受理CCER备案申请的政策变动对当事人合同的影响、法院判决的妥当性、当事人谈判签约及争议处理等三个不同角度，对本案分析并评论如下：

（1）CCER暂缓受理备案申请对涉案合同的影响

如果了解CCER备案程序，就能理解如果仅有自愿减排项目的审定，不能办理减排量的核证、获得CCER备案，那么，项目单位并不能从审定备案的项目中，直接获得任何经济利益。自愿减排项目的审定是获得CCER备案的必要前置性过程，但是，未获得备案登记的CCER，则“前功”虽不算“尽弃”，也至多是等待继续盘活的状态。所以，该案中，除部分约定的项目完成了CCER的开发服务，可以说已经使被告顺风公司将备案的CCER用于清缴履约或交易，对其他仅完成任务2，即减排项目审定备案的项目而言，其预期的CCER备案开发在目前国家主管部门无限期暂缓受理的情况下，已经构成合同目的近期无法实现的情形，且在何时有望实现，也无法做出合理预期。

（2）法院判决的妥当性

尽管CCER备案暂缓受理的政策变化，导致被告在原告未完成任务3的项目上的合同目的无法实现，但是，该政策变化并非原告天擎公司的原因导致，原告对此也没有任何过错。双方当事人均确认合同没有继续履行的必要，法院在此基础上判决解除《服务协议》是恰当的。需要指出的是，虽然被告的合同目的因主管部门的政策变化而无法实现，或者在合理时间内落空，但是，原告对政策变化不仅没有明确的违约性过错，还按照约定已经完成了部分服务工作量，也取得四个项目审定备案等成果，并为此付出了人力财力。此外，因涉案合同明确约定了原告完成任务2和任务3各自不同阶段性任务时的报酬和支付条件，且该案中也未显示合同约定原告与被告分担政府部门政策变化的损失，因此，法院按照合同约定的任务阶段完成情况，支持原告关于已完成的四个项目的项目审定备案合同价款20万元（每个项目审定后5万元）及一个获得减排量备案成为CCER的合同价款26,000元的诉讼请求，具有合同约定基础。

（3）关于《服务协议》的谈判签约和争议处理

从《服务协议》的谈判签约角度讲，上述将原告服务内容拆解计价的约定，显然是有利于原告的合同安排，因为该约定规避了政府主管部门在原告最终获得CCER备案前、变更政策导致的劳务服务落空的风险。当然，站在相反方的地位看，该约定是不利于被告的风险管控的。那么，能否由此断定被告的合同谈判签约发生了重大疏漏呢？也未必。因为双方在谈判签约中，是否充分考虑了多种风险，并在交易计价和相关合同条件安排中予以充分考虑，才是重要的判断因素。如果被告在《服务协议》的谈判签约过程中，实际考虑到政策变更风险，甚至曾经要求原告结合最终的服务成果计取服务收费，双方经过充分谈判，原告判断风险较大而宁愿以降低合同价格为条件转移上述风险，则当事人的交易谈判就是较为成熟稳健的。至于实际上后来发生了该风险，与在谈判签约时是否考虑到该风险并为自己选择的风险承担或转移付出代价，则是相关但不能等同或混淆的两件事。

另外，从争议处理的角度讲，被告的处理有失理性，除非其确实存在财务支付困难或其他非案内因素的理由。上述《服务协议》约定和履约事实均较为明确，双方因服务合同关系，在争议之前甚至案件初期均可能有较为密切的关系。同时，原告作为清洁能源服务商，通常也需要在相关业界的业主处争取良好口碑，进而具备以和为贵的协商基础。双方当事人之所以还能将争议升级到诉讼案件，也未能在案件初期进行协商谈判、和解撤案或调解结案，可见被告或许对其案件基本面判断存在过分乐观，甚至可能在案件发生后，看到国家发展改革委暂缓受理 CCER 备案申请的政策变化后，还误以为可资用作己方在案件中的有效抗辩。

（五）［案例六］上海太比雅环保有限公司诉北京挪华威认证有限公司 CDM 开发审定服务合同诉讼案例①

1. 引言

在 CDM 开发过程中，由于需要符合联合国《清洁发展机制经营实体认可标准》等相关规定，项目中往往国内受托开发 CDM 的公司，委托境外（多为欧洲经济体）相关认证机构提供审定、认证、注册等相关技术服务。在实际的交易安排中，境外机构往往授权委托其在华子公司或合作者提供代理及部分参与合同履行的服务。作为服务需求方的境内企业，在相关服务合同中往往直接与境外企业的国内代理商或合作者联系，甚至直接发生若干合同履行往来，包括价款支付。

不论因何种原因，发生 CDM 开发失败或停滞的情况时，境内服务需求方经常将服务合同委托在境内服务的代理商或合作者，作为合同对方提起诉讼或仲裁。相应地，被告则往往首先抗辩的是案件主体资格的适格性和管辖权问题。该案即是此类类型化案件中的另一个具体表现。

---

① 北大法宝引证码：CLI. C. 393829。

2. 程序概要

北京市朝阳区人民法院受理该案后，依法组成由审判长普翔、人民陪审员张金芳、人民陪审员冯立森组成合议庭（书记员沈飞），公开开庭进行了审理，双方当事人的代理人参加本案审理。人民法院于2011年8月3日作出本案民事裁定书［（2010）朝民初字第33478号］。

3. 案情简述

原告上海太比雅环保有限公司（以下简称太比雅环保公司）因与被告北京挪华威认证有限公司（以下简称挪华威认证公司）发生《气候变化服务协议》（以下简称《气候协议》）的技术服务合同纠纷，向法院提起诉讼。

（1）原告的起诉事由和诉讼请求

原告太比雅环保公司诉称：

2008年11月13日，我公司与挪华威认证公司达成了一份《气候协议》，根据协议约定，挪华威认证公司应于2009年11月19日前向我公司提供该服务协议项下所约定的审定意见，但挪华威认证公司一直未出具审定意见。直至2009年11月30日，挪华威认证公司才发出一份签署日期为2009年11月19日否定性的“审定意见书”，该意见书为日期倒签的意见书。我公司认为挪华威认证公司的上述行为致使我公司对客户构成违约，挪华威认证公司的行为严重违反职业道德、行业准则以及服务协议的相关约定。

原告的诉讼请求是，法院判令挪华威认证公司：更正审定意见书的出具日期，由2009年11月19日更改为2009年11月30日；退还项目审定费用人民币242,319元；书面公开赔礼道歉。

（2）被告的答辩

被告挪华威认证公司辩称：

第一，我公司不是适格的被告。理由如下：

①本案所涉及的《气候协议》的主体为太比雅环保公司与挪威真理认证有限公司（Det Norske Veritas Certification AS，以下简称DNV）。在本案

中，我公司只是作为 DNV 的分包商，并非《气候协议》的合同主体。《气候协议》第一部分明确约定了合同主体为 DNV 与太比雅环保公司，《气候协议》的第二部分有关双方的权利义务部分，也明确约定由 DNV 承担相关的权利义务。在法律适用与管辖法院部分，明确约定适用挪威法并由挪威法院管辖。在协议的签字盖章部分，明确写明了 Lai Chee Keong（赖志强）先生的签字以及答辩人的盖章系“代表 DNV”。

②根据联合国《清洁发展机制经营实体认可标准》的规定，DNV 才有资格签署《气候协议》，答辩人无权以自己名义签署《气候协议》。《清洁发展机制经营实体认可标准》第 86 条规定，只有指定经营实体可以就审定/核查活动签署合同，任何其他实体不得签署该等合同。就审定/核查活动而签署的合同可以通过授权委托书的形式，由指定经营实体员工以外的人士来签署，但是该等合同必须以指定经营实体的名义签署。同时，自愿碳标准协会指定 DNV 为符合条件的指定经营实体，但并未指定我公司为符合条件的指定经营实体。

③《气候协议》的签字人赖志强（Lai Chee Keong）先生系受 DNV 的授权，代表 DNV 在《气候协议》中签字。根据《清洁发展机制经营实体认可标准》第 86 条的规定，指定经营实体可以授权他人以指定经营实体的名义签署服务协议。2008 年 10 月 1 日，DNV 与答辩人签署了《气候变化分包协议》，明确授权赖志强（Lai Chee Keong）先生有权代表 DNV 签署合同。

④太比雅环保公司收到的审定意见由 DNV 出具。本案中，太比雅环保公司作为重要证据材料提供的，是 2009 年 11 月 19 日，DNV 出具的《中国“华光潭 8.5 万千瓦梯级水电工程项目”的负面审定意见》，该意见系由 DNV 出具，由 DNV 的气候变化服务技术总监 Michael Lehmann（迈克尔·莱曼）与项目经理 Huang Peng（黄芃）签署。该意见出具在 DNV 的官方信笺上，在意见第一页的右上角明确注明了 DNV 的信息。在意见的第一句，明确写明“上海太比雅环保有限公司已委托 DNV（DNV）就中国‘华光潭 8.5 万千瓦梯级水电工程项目’执行审定工作。”落款处注明代表

DNV。作为《气候协议》项下约定的合同标的,太比雅环保公司接受了该份审定意见,对于审定意见的出具主体从未提出任何异议。

⑤我公司系 DNV 的分包商,我公司在《气候协议》中盖章表明其受托处理相关事务的身份。如前所述,根据《清洁发展机制经营实体认可标准》第 86 条的规定,只有指定的经营实体才能对外签署服务协议。同时根据标准第 70 ~ 73 条的要求,在具体的服务过程中,标准允许指定经营实体委托分包商从事部分工作,指定经营实体对分包商的工作负责。根据 DNV 与我公司之间的《气候变化分包协议》的约定,在本案中,我公司是 DNV 的审定/核查服务的分包商,受 DNV 委托,代为准备提案以及合同、进行团队提名、制定审定计划与时间表、执行审定与核查项目、对审定报告进行技术性审核、代表 DNV 向客户开具发票。同时,《气候协议》的"一般条款与条件"的第 2.1条明确约定,DNV 有权将其在本协议项下的权利义务分包予 DNV 集团内的其他任何法人实体而无须事先通知客户,同时,该部分第 8.3 条也提及双方均可有己方的分包商。因此,答辩人是作为 DNV 的分包商,在《气候协议》中盖章,以表明自己受托为 DNV 履行部分审定、核查工作并代 DNV 受领相关款项的身份。但是《气候协议》项下的合同主体仍为 DNV,责任仍完全由 DNV 对外承担。

⑥太比雅环保公司在订立合同时就明知《气候协议》的相对方系 DNV,而非我公司。首先,《气候协议》的内容,已经明确表明合同一方主体是 DNV。其次,根据太比雅环保公司网站以及宣传册的介绍,太比雅环保公司系专业的 CDM 项目中介机构,参与了多个 CDM 的项目,应当明知联合国的相关规定,也明知除了指定经营实体之外,其他实体不得以自己的名义与项目业主签署服务协议。因此,太比雅环保公司作为专业机构,在订立《气候协议》之时,就已明知挪华威认证公司仅是 DNV 的分包商,而合同相对方是 DNV。在对本案纠纷的宣传中,太比雅环保公司更是在其网站明确指称"DNV 面临伪造控诉"。

⑦太比雅环保公司的主要负责人郭建科在其个人博客中发表了《不可

一世的挪威船级社(DNV)面临官司》的文章。在该文中,郭建科称:“碳减排行业的人都知道DNV……公司去年……一个项目让DNV审定,结果拖至项目有效期过后十天,DNV才姗姗而至一个‘否定’审定意见书。”郭建科是太比雅环保公司在华光潭项目中的主要负责人,根据其博客文章的内容,很明确地表明,太比雅环保公司是明知华光潭项目是交由“DNV”审定的,审定意见也是由DNV出具的。

⑧在本案纠纷发生后,太比雅环保公司曾与挪华威认证公司及DNV进行多次沟通,均表明其在订立合同时就明知《气候协议》的相对方系DNV,而非挪华威认证公司。如太比雅环保公司在2010年1月22日向我公司发送邮件中,有两份附件,在1月12日的附件中,太比雅环保公司称,就相关问题DNV并没有给太比雅环保公司解释的机会,同时,DNV在不给予说明的情况下,就出具了否定性的结论。在1月22日的附件中,太比雅环保公司称系DNV否定了本案涉及的华光潭项目,更表示要和举世闻名的DNV一起坐在被告席上。

⑨依据挪威法律解释,《气候协议》的一方合同主体亦为DNV,而非挪华威认证公司。《气候协议》“一般条款与条件”第13.1条明确约定:“本协议适用挪威法律并按其解释。”则关于协议主体的问题显然应该依据挪威法律进行解释。根据挪威律师于2011年3月29日出具的法律意见,根据挪威法律规定,《气候协议》的法定当事人是太比雅环保公司和DNV,挪华威认证公司不是《气候协议》的一方主体。

第二,DNV于2009年11月19日就已经完成华光潭项目的审定工作,其于2009年11月30日向太比雅环保公司交付审定报告,并不违反《气候协议》的约定。

①《气候协议》并未约定审定报告的交付时间。

②自愿碳标准(2007年)仅规定了DNV完成华光潭项目审定工作的时间,并未规定报告交付时间。根据自愿碳标准第5.2.1条规定,自愿碳标准审定应在项目开始之日起两年内完成,或者在2008年11月19日前完成或

立约;对于 2008 年 11 月 19 日之前签订的合同,其审定应在 2009 年 11 月 19 日前完成,而且应提供 2008 年 11 月 19 日前签订合同的证明资料。因此,根据上述自愿碳标准的规定,DNV 只需在 2009 年 11 月 19 日前完成华光潭项目的审定工作,无须在 2009 年 11 月 19 日前向太比雅环保公司交付审定报告。

③DNV 已经在 2009 年 11 月 19 日前完成了华光潭项目审定报告,履行了合同约定的义务。

④太比雅环保公司以书面方式同意 DNV 可以在 2009 年 12 月 2 日前交付审定报告。2009 年 11 月 27 日,太比雅环保公司向挪华威认证公司送达了《通告书》,要求挪华威认证公司在收到该函后 5 个工作日内(2009 年 12 月 2 日之前),立即提供符合注册要求的由 DNV 出具的审定报告;或在合理时间内提出能够令太比雅环保公司可接受的解决方案。太比雅环保公司通过该《通告书》,告知 DNV 可以在收到该函的 5 个工作日内交付审定报告。而 DNV 于 2009 年 11 月 30 日向太比雅环保公司交付否定性意见的审定报告,在太比雅环保公司允许的期限内。

第三,太比雅环保公司在履行《气候协议》义务时,存在给付迟延的情形,义务相对人的义务履行期间应当顺延。在本案中,太比雅环保公司存在付款迟延的事实。在太比雅环保公司存在在先给付迟延的情况下,DNV 履行合同项目下相应义务的时间也完全有权利顺延。

第四,DNV 于 2009 年 11 月 30 日交付的否定性审定报告,没有对太比雅环保公司造成任何损害。在本案中,只要 DNV 于 2009 年 11 月 19 日前完成华光潭项目的审定工作,太比雅环保公司或华光潭项目业主就可以在其后的任何时间进行注册。根据本案事实,DNV 于 2009 年 11 月 19 日就完成了华光潭项目的审定报告,并于 2009 年 11 月 30 日向太比雅环保公司交付了签署于 2009 年 11 月 19 日的审定报告。根据上述 VCS 的规定,DNV 于 2009 年 11 月 30 日向太比雅环保公司交付审定报告,如果是肯定性的审定报告的话,不会影响华光潭项目业主的注册,更不会给其造成任何经济损失。本案，由于华光潭项目本身并不能达到自愿碳标准的要求，DNV 出具了否定性报告，因此，华光潭项目才不能再进行碳排放配额的注册。不能注册是由于华光潭项目本身不符合相关标准导致，与太比雅环保公司在 2009 年 11 月 30 日收到报告无关。

第五，太比雅环保公司的诉讼请求相互矛盾，赔礼道歉的民事责任承担方式不适用于本案。太比雅环保公司在其起诉状中的第一项诉讼请求更正审定意见书的出具日期，其实质是要求协议继续履行。而第二项诉讼请求是返还其已经支付的全部审定费用，其实质是要求解除《气候协议》。太比雅环保公司的这两个诉讼请求本质上相互矛盾，不能同时得到支持。此外，赔礼道歉是侵权责任的责任承担方式，本案作为纯粹的服务合同纠纷，无从适用赔礼道歉的民事责任方式。

第六，太比雅环保公司提起本案诉讼的目的在于对 DNV 制造压力，利用本案诉讼，迫使 DNV 对其将来的清洁气体排放项目作出肯定性审定意见。太比雅环保公司的以上目的与意图在其 2009 年 11 月 27 日的《通告书》中已经表现得十分清晰，在其已经知悉否定性意见之后，该通告书却要求 DNV 出具符合注册要求的审定报告，即正面肯定性意见的报告。同时，在本案纠纷发生之后，DNV 曾试图与太比雅环保公司协商解决双方争议并委托答辩人与太比雅环保公司多次联系、协商。但在协商过程中，太比雅环保公司另行提出了 DNV 承接太比雅环保公司一个 CDM 项目、保证 DNV 给予肯定审核意见等条件。但 DNV 作为世界知名的认证机构，绝不可能放弃其中立、独立的立场给任何人进行该等承诺。在太比雅环保公司的条件不能得到满足之后，太比雅环保公司开始将双方间的纠纷通过媒体进行报道，在网络上进行传播，通过舆论的压力，迫使 DNV 放弃作为中立审定/核查机构的中立性，保证其申报的项目能通过审定/核查。太比雅环保公司一方面以答辩人为被告提起诉讼、不承认 DNV 为合同主体，另一方面又在媒体上广泛宣传自己与 DNV 进行诉讼。从其相互矛盾的态度亦可以明显看出，其提起本次诉讼，目的并不在于诉讼利益。对太比雅环保公司的此种恶意诉讼行为,人民法院不应予以支持。

综上所述,我公司不同意太比雅环保公司对我公司的诉讼意见,请求法院驳回太比雅环保公司的诉讼请求。

4. 法院认定的事实

经审理法院查明以下事实:

(1)《公约》是一部旨在稳定大气温室气体浓度、保护气候系统免受人为干扰破坏的具有法律约束力的国际公约,我国于1992年11月批准该公约。《公约》下设CDM执行委员会对CDM项目进行管理,并可以指定"经营实体"审定清洁发展机制项目计划书或核查所实施的项目是否达到了所计划的温室气体减排目标。DNV系CDM执行委员会指定的"经营实体"。

(2)挪华威认证公司由DNV于2004年3月发起设立,系外国法人独资企业。

(3)2008年10月1日,DNV与Lai Chee Keong签订了一份《分包合同——气候变化服务》(以下简称《分包合同》)。《分包合同》约定:获认可单位是DNV,分包商是挪华威认证公司上海分公司,分包商的联系人为Lai Chee Keong;获认可单位系CDM执行董事会授权的可以执行CDM审定及核查服务的获认可单位,获认可单位可将认证项下的部分服务予以分包,本合同的目的在于对部分服务分包商的工作执行情况进行相应的管理;获认可单位(DNV)对服务承担法律责任,获认可单位负责授予或撤销认可项下的任何审定、核查及认证意见;分包商按照获认可单位的程序与指令执行工作;工作范围包括,准备提案以及合同、进行团队提名、制定CDM审定及核查活动的计划及时间表、执行CDM审定及核查项目、由具有资质的人员执行对报告的技术性审核、代表获认可单位向客户开具发票;通过签署本分包合同,获认可单位的代表任命并正式授权签名的分包商代表担任获认可单位的职员,该职员有权遵照DNV授权章程的价值限制规定代表获认可单位签署合同。

(4)2008年11月13日,太比雅环保公司签订了《气候协议》。《气候协议》条款系用英文约定,该协议分四部分。

第一部分是合同文本,该部分约定如下:首部内容,一方是客户为太比雅环保公司,另一方为DNV;工作范围是按照自愿碳减排标准(2007年)的模式和程序,对中国华光潭8.5万千瓦梯级水电工程项目执行PURE-VER审定及核查;该协议尾部由太比雅环保公司签章处文字表述为“代表太比雅环保公司”,太比雅环保公司在该处加盖了公司合同专用章并由该公司总裁签字,DNV签章处的文字表述为“代表DNV DNV能效与气候变化服务总经理”,挪华威认证公司在该处加盖了公章并由Lai Chee Keong签字。

第二部分是一般条款和条件,该部分约定的主要内容有:DNV应以专业水准及以遵照本协议条款的方式执行工作;DNV将提供完全具有资质的人员以执行工作;DNV有权将其在本协议项下的全部或部分的权利义务转让、让渡或分包予DNV集团内的其他任何法人实体;任何提供给对方的文件或信息,经电子邮件发送且电子邮件收到收件确认时,即视为已提供给对方;审定、核查过程一经完成,若DNV认定工作过程符合相关方案,则DNV将自行决定向客户出具报告;客户应当按照本协议第三部分工作范围与报酬的规定,向DNV支付工作报酬;本协议适用挪威法律并按其解释;与本协议相关或由本协议引起的任何争议,如果双方不能通过友好协商解决,应由挪威奥斯陆法院裁决。

第三部分是工作范围与报酬,该部分约定的主要内容有:按照自愿碳减排标准(2007年)的模式和程序,对中国华光潭8.5万千瓦梯级水电工程项目执行PURE-VER审定及核查;VER审定工作的费用为人民币35万元、VER核查工作的费用为人民币10万元;合同签署后,支付30%的费用,最终核查报告出具后,支付40%的费用;审定工作的费用包括DNV的所有管理费用;审定工作的费用不包括UNFCCC的登记费用,当地的差旅、住宿费用将按实际结算。

第四部分是特殊条款与条件,该部分约定的主要内容有:客户应当提前

2 周告知 DNV(中国)具体的开工日期,DNV(中国)应在 1 周内提供具体的工作计划。

5. 争议焦点和法院的意见及裁定

法院认为,太比雅环保公司系依据《气候协议》提起的诉讼,故确定谁是《气候协议》的缔约当事人,既是本案首先需要解决的程序问题,又是本案双方当事人争议的焦点。对此,法院认为,结合案件上述事实,挪华威认证公司不是案涉《气候协议》的当事人。法院具体分析如下:

第一,《气候协议》的约定清晰表明合同当事人是原告与 DNV。

合同的订立,是指两个或两个以上的当事人为意思表示,达成合意而缔结合同的过程和状态。合同的缔约当事人既可以是缔结合同的当事人,也可以是合同当事人的代理人。对于涉案的《气候协议》的缔约主体,其中一方是太比雅环保公司,本案双方并无争议,也符合《气候协议》中对缔约主体的表述。至于相对方是谁,太比雅环保公司则和挪华威认证公司产生较大分歧。从《气候协议》的合同文本部分、一般条款和条件部分、工作范围与报酬部分以及合同尾部签章处表述的文字信息看,缔约相对方均清晰的指向 DNV,并无歧义。

第二,挪华威认证公司在《气候协议》上的签章不足以认定其为合同当事人。

太比雅环保公司起诉挪华威认证公司的理由在于,挪华威认证公司在《气候协议》应由 DNV 签章处加盖了挪华威认证公司的合同专用章,故其成了《气候协议》的缔约相对方。对于盖章的行为,挪华威认证公司解释为只是以分包商的身份代表 DNV 签署。就挪华威认证公司分包商的身份,其提交了经过公证和认证的《分包合同》。依据《分包合同》约定,挪华威认证公司上海分公司系分包商,而 Lai Chee Keong 系可以代表 DNV 对外签署合同的代表人。

考察《气候协议》DNV 签章处的签章情况,系由挪华威认证公司盖章以及 Lai Chee Keong 签字。虽然盖章主体是挪华威认证公司,考虑到挪华威认证公司上海分公司与挪华威认证公司系分公司和总公司的关系，而挪华威认证公司上海分公司并不具备独立的法人资格，故对外由挪华威认证公司盖章的行为并无不妥。更为重要的是，在《分包合同》中明确约定了只有 Lai Chee Keong 个人才可以代表 DNV 对外签署合同，而《气候协议》DNV 的签章处除挪华威认证公司盖章外正是由《分包合同》授权的 Lai Chee Keong 签字。

综上，挪华威认证公司在《气候协议》DNV 签章处盖章的行为，并非代表自己作为缔约主体签约，而只是以分包商的身份代表 DNV 签约的行为。正如《分包合同》约定的那样，代表签署协议后，最终对外服务产生的法律责任是由 DNV 承担。因此，《气候协议》的缔约主体，在《气候协议》的文本中已经明确约定，系太比雅环保公司和 DNV。太比雅环保公司系《气候协议》的缔约方，《气候协议》文本和内容已经写明了缔约对方为 DNV，对此太比雅环保公司在签约时应是清楚的，现太比雅环保公司提出因为挪华威认证公司在《气候协议》上加盖了合同章就成为《气候协议》缔约主体的主张，法院不予采纳。

由于与太比雅环保公司缔结《气候协议》的合同相对方系 DNV，故本案太比雅环保公司依据《气候协议》对挪华威认证公司提起诉讼，系起诉主体有误。

综上，法院依据《民事诉讼法》第 108 条之规定，裁定驳回原告上海太比雅环保有限公司的起诉。

6. 分析与评论

第一，该案与案例四有类似的交易模式，但也有区别和不同。类似之处在于，境外服务提供方都是委托其境内代理商或合作者进行合同履行过程中的部分代理，基本交易安排和合同履行情况存在类似的表现。区别则在于，该案涉《气候协议》约定的适用法律为挪威法律，争议解决方式似乎未约定仲裁。这样的合同约定，对于中国境内企业而言，在发生争议形成涉外诉讼时，进一步增大了诉讼的难度和成本。结合涉案合同的金额看，这也体现了当事人或许因合同金额不高，对涉外交易合同安排的风险估计不足。

第二，该案民事裁定书显示内容反映了双方当事人对于案件的投入和准备，相差迥异。被告的律师显然更加专业，全方位深入细致地阐述其抗辩事由，同时，被告证据形成和管理能力明显更强，甚至，从缔约之初，被告就对基本交易模式及法律风险进行过全面的考虑和抉择。相反，原告的律师的诉讼选择和具体策略都存在可以再反思之处。当然，在不了解进一步信息的情况下，具体原因不能一概而论是否能片面归属于当事人或代理律师中的任何一方。至少在裁定书中，原告的诉讼事由中未显示其对《气候协议》上表明了当事人为原告和 DNV 这一与其诉讼主张显然有悖的情况，有何合理的能够支持其主张的理由。

第三，如果涉案合同约定适用中国法律，则按照中国《合同法》第 402 条的规定，原告可以直接在中国法院起诉 DNV 及其委托代理商（如果合同中确实没有仲裁约定），[①]从而在一个案件中解决双方全部争议。至于挪威法律是否有此类似规定，则不得而知。而且约定了适用挪威法律，显然在案件阶段对境内企业必将发生较大的法律费用，同时，还存在因知悉该国法律的专业人士有限导致的法律服务卖方市场，对案件原告当然不是好消息。此外，该案也反映出原告方人员存在法律认识上的误区，以为被告挪华威认证公司在《气候协议》上签约了，就是该合同的当事人，就应当作为合同对方承担责任。这不仅是本案中显示的问题，也是涉外交易中中国企业经常发生的风险，即将与自己在谈判磋商合同中接触最多的人员，误以为是合同当事人授权代表，在签约时不仔细核对交易对方及签约人员的授权手续。

---

① 境外企业与境内签订的合同，不论合同类别、金额大小、履约周期，往往非常重视法律风险，也特别坚持采用仲裁方式解决合同争议，以避免国家法院对本国当事人的特别保护，或者司法裁决仅能在有限的国家间司法协助安排下才能获得跨法域强制执行的缺点。

（六）［案例七］湖南某水电站发电机组设备买卖合同争议涉 CDM 损失诉讼案例[①]

1. 引言

南宁广发重工集团有限公司（以下简称广发公司）、南宁发电设备总厂（以下简称南发总厂）与湖南新华晒北滩水电开发有限公司（以下简称新华公司）因买卖合同产生纠纷，此案共经历了一审、二审和再审程序。本案一审法院为湖南省永州市中级人民法院，二审法院为湖南省高级人民法院。广发公司和南发总厂不服一审法院判决，提起上诉。二审法院对一审判决进行了部分撤销和改判，广发公司和南发总厂依然不服，提起再审申请。最高人民法院对本案进行了提审，撤销了一审判决和二审判决，对本案作出终审判决。

本案当事人争议事项涉及电站设备质量、责任、损失等多个复杂方面。与碳排放权相关的是，新华公司将电站项目如果正常运行时、已经预先进行合同安排却因设备质量问题导致无法顺利开发 CDM、包括已经向瑞典第三方销售减排量购买协议所将产生的收益，是否可以纳入本案合同"可得利益"，向设备供应商主张相应损失赔偿。对此，一审法院认为应纳入损失赔偿计算，二审法院认为不应当支持，最高人民法院则是总体性论述了关于可得利益的考量，并在终审判决中认定了可得利益损失的赔偿数额，但对可得利益损失金额的具体构成未做细分。

2. 案情简介

新华公司与南发总厂于 2004 年 5 月 29 日签订了《湖南晒北滩水电站水轮发电机组及其附属设备经济合同》（以下简称《经济合同》）。同时，双方还签订了《技术协议》，约定了发电机组的技术指标及机组的交付时间等问题。从 2004 年至 2010 年，新华公司依合同约定向南发总厂共支付货款

① 参见中华人民共和国最高人民法院民事判决书，(2015) 民提字第 143 号。

及垫付款 13,525,072.40 元。买卖双方确定的最迟交货时间是 2007 年 6 月 15 日。然而,直至 2009 年 6 月 22 日,南方总厂才将两套机组交付新华公司。但两台机组因存在质量问题,仍未能正常投入使用,使新华公司未能按照计划使用两台设备。除此之外,新华公司与瑞典碳资产管理公司签订了 CDM 减排量购买协议,“转让该项目生产的温室气体减排量,转让总量不超过 50 万吨二氧化碳当量,每吨二氧化碳当量转让价不低于 10.5 美元。2011 年 4 月 18 日,新华公司获得从 2010 年 3 月 1 日到 2010 年 7 月 15 日减排期的碳排量销售款 227,942 欧元,折合人民币 2,128,818.72 元。2010 年 3 月 1 日以前,新华公司 CDM 减排量因发电机组质量问题而未发电上网,故没有获得该项销售收益”。[①]

同时,因南发总厂与南重厂合并重组成立广发公司,债权债务一并由广发公司接收和承担。2010 年和 2011 年,广发公司的年检报告书中均将南发总厂列为南宁发电设备总厂管理部,对南发总厂的财务等统一进行管理。新华公司于 2011 年 8 月 2 日起诉请求判令广发公司及南发总厂承担“因延期交货和产品质量问题给原告造成的直接经济损失 49,897,658.73 元,并负担本案诉讼、鉴定等一切费用。”南发总厂反诉请求法院判令“新华公司支付所欠设备款 152.21 万元及银行同期贷款利息,赔偿因追收货款而支出的差旅费 2000 元。”

一审法院认定,本案南发总厂销售给新华公司涉案发电机组,存在延期交货和产品质量问题,并因此给新华公司造成了经济损失。为此,南发总厂依法应对新华公司的损失予以赔偿,广发公司应该承担连带赔偿责任。一审法院判决原告新华公司诉讼请求成立,予以支持;反诉原告南发总厂的反诉请求部分成立,部分予以采纳。广发公司和南发总厂不服一审判决,向湖南省高级人民法院提起上诉。二审法院认为,南发总厂确实存在逾期交货及存在货物质量的问题,且确实给新华公司造成了经济损失,应由南发总厂

① 参见中华人民共和国最高人民法院民事判决书,(2015)民提字第 143 号。

与广发公司承担连带责任。一审法院在审理期间委托国众联评估公司对新华公司的经济损失进行评估,国众联具有评估资质,其出具的评估报告具有可参考性。然而二审法院认为,一审法院在认定逾期交货时间、认定新华公司经济损失数量及新华公司所欠货款的数额上存在错误。综上,二审法院认为一审认定的部分事实不清,适用法律不当,依法应予纠正。广发公司和南发总厂的部分上诉理由成立,依法应予支持。广发公司与南发总厂不服二审判决,向最高人民法院申请再审。

3. 案件主要争点

(1)对南发总厂迟延交货问题的认定?

根据工作联系单,虽然可以证明南发总厂在 2008 年 7 月 28 日履行了交货义务,然而工作联系单上同时记载了因设备安装过程中有零件的缺失,因此无法进行安装,设备退回,由南发总厂进行维修。而根据双方于 2008 年 7 月 31 日签订的补充协议,两台机器应在 2008 年 12 月 15 日前完成全套设备的生产及发货。由于南发总厂未按照此约定的时间按时交货,且无相关证据证明其具体交货的时间。根据双方于 2011 年 8 月 10 日出具的"延期交货情况说明",两套机组交货的时间为 2008 年 7 月和 2009 年 6 月 22 日,因此可以认定南发总厂有延期交货的事实。

(2)设备是否有质量瑕疵?

新华公司与南发总厂签订的《经济合同》第 24 条约定,"水轮发电机组在安装过程中如发现疑问,乙方在 48 小时内派员到达工地,如因乙方原因,则由乙方免费处理。在机组试运转调试期间乙方应派相关人员前往,免费参加调试"。在设备安装调试的过程中,新华公司将发生事故的原因函告了南发总厂。南发总厂在 2010 年 1 月 4 日给新华公司的回函中,并未对设备存在质量问题提出异议。且双方在事后的多次交往中,南发总厂也未对此质量问题提出异议,反而主动承担了维修费用,并对设备进行了维修。南发总厂的行为表示其已经承认设备存在质量问题,并且按照合同约定,对有质量问题的设备进行了调试。

（3）新华公司是否遭受损失？如果有损失，应当如何认定损失的数额？

①新华公司是否遭受损失？

根据国众联评估公司出具的《资产评估报告》，新华公司在正常情况下，每个月可以获得的收益分为两部分：发电收益和CDM项目碳交易销售收入。发电收益估算为每月1,649,542元，而CDM项目的利润估算为1,389,004.5美元。由于南发总厂存在延迟交货行为，并且其交付的设备存在质量瑕疵，使新华公司无法正常发电，造成了发电损失。而又因新华公司与瑞典公司签订了CDM项目购买协议，因为发电机组的质量问题，导致新华公司未能发电上网，使新华公司无法获得CDM项目可能带来的发电收益。从客观上看，南发总厂的违约行为实际上给新华公司造成了经济损失。

②在造成损失的情况下，南发总厂需要承担的责任大小？

根据新华公司与南发总厂签订的《经济合同》第11条，"每逾期交货一天罚款2000元，但最高不超过总价3%"。因本案有最高额的约定，违约金最高不得超过合同总价款1443万元的3%，即43.29万元，而南发总厂迟延交货给新华公司造成的实际损失超过了43.29万元，故本案的违约责任数额应按照最高额违约金计算，即43.29万元。

《经济合同》第26条约定，"机组按规定带满负荷试运转72小时后，设备应保证安全运行五年，定为保证期。在保证期内，如因乙方设计、制造质量不良造成缺陷，应由乙方负责调换或无偿处理。乙方赔偿由此造成的损失。在处理缺陷时甲方应给予乙方方便，由于甲方保管或使用不宜所造成的损失，应由甲方负责，乙方应给予处理缺陷提供方便。"《合同法》第113条也规定，"当事人一方不履行合同义务或者履行合同义务不符合约定，给对方造成损失的，损失赔偿额应当相当于因违约所造成的损失，包括合同履行后可以获得的利益，但不得超过违反合同一方订立合同时预见到或者应当预见到的因违反合同可能造成的损失。"据此，南发总厂应就其逾期交货和设备存在质量问题给新华公司造成的可得利益损失进行赔偿。而本案的争点问题在于,新华公司的哪部分损失,应当被视为《合同法》第113条项下的"可得利益"。

在本案中,因机器设备不能按时投入使用所造成的损失,可被视为可得利益损失。就发电损失而言,根据评估报告,每月的发电收入为164.9542万元,原审法院认为,因两台设备返修所造成的发电损失为1402.1107万元,这部分损失应当被视为新华公司的"可得利益",属于《合同法》第113条所指向的"合同履行后可以获得的利益"。而最高人民法院并未将全部的发电损失视为新华公司的"可得利益"。最高人民法院在再审判决书中指出,"可得利益仅是当事人在付出劳动、正常经营情况下可能获得的收入,可以作为判决赔偿的一个参照依据……本案合同约定的总标的额仅为1443万元,当事人很难遇见到迟延履行会承担上千万元的赔偿责任……综合考虑本案合同金额、履行情况以及国众联评估公司评估报告等,根据公平原则,酌情判定南发总厂向新华公司赔偿可得利益损失500万元。"①

本案的另一个争议在于,新华公司因与瑞典公司签订的CDM减排量购买协而产生的经济利益,是否也应当属于《合同法》第113条项下的"可得利益"的范畴?一般而言,可得利益的认定和计算应当考虑下列条件:1)可预见性,即"违约方在缔约时应当预见的因违约所造成的损失";2)减损规则,即"守约方应采取适当合理的措施以防止损失的扩大";3)损益相抵规则,即"当守约方因损失发生的同一违约行为而获益时,其所能请求的赔偿额应当是损失减去获益的差额"。② 本案一审法院认为南发总厂应对新华公司CDM项目的损失进行赔偿,而二审法院则认为,南发总厂在与新华公司签订买卖合同的时候,"无法预见几年后其违约可能造成对方与他人的合同利益损失,即使是在2008年7月31日签订补充协议时,也无法预见其近两个月后会因违约造成对方的合同利益损失。"同时二审法院还认为"新华公司与瑞典碳资产管理公司的CDM减排量购买协议,因新华公司

① 参见中华人民共和国最高人民法院民事判决书,(2015)民提字第143号。

② 《中华人民共和国合同法:注解与配套》,中国法制出版社2014年版。

的隧洞工程未完工也不具备发电条件，故新华公司主张的CDM项目损失不符合《合同法》第113条的规定，不应当予以支持。”

最高人民法院在再审的判决中，未将CDM项目的损失明确纳入或排除出“可得利益”的范畴。最高人民法院在对于新华公司损失数额这一争议焦点论述中，概括性表达的对于可得利益的观点及平衡各方利益的裁判考虑为“可得利益仅是当事人在付出劳动、正常经营情况下可能获得的收入，可以作为判决赔偿的一个参照依据。根据《合同法》第113条之规定，可得利益损失不得超过违反合同一方订立合同时预见到或者应当预见到的因违反合同可能造成的损失。本案合同约定的总标的额仅1443万元，当事人很难预见到迟延履行会承担上千万元的赔偿责任。综合考虑本案合同金额、履行情况以及国众联评估公司评估报告等，根据公平原则，本院酌情判定南发总厂向新华公司赔偿可得利益损失500万元。综合违约责任和损失赔偿责任，两项合计南发总厂应对新华公司承担543.29万元的责任。”①

③广发公司是否应与南发总厂承担连带赔偿责任？

依据工商登记材料及相关审计材料，广发公司是由南发总厂和南宁重型机械厂合并重组形成的。广发公司继承了南发总厂与南宁重型机械厂的债权债务，并接管了两厂的资产。广发公司成立后，南发总厂依然存在，“仅供处理债权债务使用”，并未被注销。因此，最高人民法院认为，本案中南发总厂与广发公司应当承担连带责任。

① 参见中华人民共和国最高人民法院民事判决书，(2015)民提字第143号。

碳排放权交易相关法规、政策及交易规则（具体请扫二维码）

一、国际公约

《联合国气候变化框架公约》

《〈联合国气候变化框架公约〉京都议定书》

《〈联合国气候变化框架公约〉巴黎协定》

二、中共中央国务院文件

《中华人民共和国国民经济和社会发展第十三个五年规划纲要》（略）

《国家应对气候变化规划（2014—2020 年）》（略）

《国务院关于印发“十三五”控制温室气体排放工作方案的通知》

三、部门规章

《碳排放权交易管理暂行办法》

《温室气体自愿减排交易管理暂行办法》

四、部门规范性文件

《国家发展改革委办公厅关于开展碳排放权交易试点工作的通知》（略）

《国家发展改革委办公厅关于切实做好全国碳排放权交易市场启动重点工作的通知》（略）

《全国碳排放权交易市场建设方案（发电行业）》

五、地方法规、规章和规范性文件

《关于北京市在严格控制排放总量前提下开展碳排放权交易试点工作的决定》

《北京市碳排放权交易管理办法(试行)》

《北京市发展和改革委员会关于进一步开放碳排放权交易市场加强碳资产管理有关工作的通告》

《北京市发展和改革委员会　河北省发展和改革委员会　承德市人民政府关于推进跨区域碳排放权交易试点有关事项的通知》

《上海市碳排放管理试行办法》

《广东省碳排放管理试行办法》

《湖北省碳排放权配额分配方案》

《湖北省碳排放权管理和交易暂行办法》

《重庆市碳排放权交易管理暂行办法》

《深圳经济特区碳排放管理若干规定》

《深圳市碳排放权交易管理暂行办法》

六、交易所规则(略)

1. 北京：

《北京环境交易所碳排放权交易规则(试行)》

《北京环境交易所碳排放权交易规则配套细则(试行)》

《北京环境交易所碳排放权交易投资者适当性管理办法(试行)》

《北京环境交易所碳排放权公平交易管理办法(试行)》

《北京环境交易所碳排放权交易投资者信息管理办法(试行)》

《北京环境交易所碳排放权交易风险控制管理办法(试行)》

《北京环境交易所碳排放权交易信息披露管理办法(试行)》

《北京环境交易所碳排放权交易纠纷解决办法(试行)》

《北京环境交易所碳排放权交易客户投诉处理暂行办法(试行)》

《北京环境交易所碳排放权交易资金结算管理办法(试行)》

《北京环境交易所碳排放权交易系统应急事件处理预案(试行)》

2. 上海:

《上海环境能源交易所碳排放交易规则》

《上海环境能源交易所碳排放交易违规违约处理办法(试行)》

《上海环境能源交易所碳排放交易结算细则(试行)》

《上海环境能源交易所碳排放交易机构投资者适当性制度实施办法(试行)》

《上海环境能源交易所碳排放交易信息管理办法(试行)》

《上海环境能源交易所协助办理 CCER 质押业务规则》

《上海环境能源交易所借碳交易业务细则(试行)》

《上海环境能源交易所碳排放交易会员管理办法(试行)》

《上海环境能源交易所碳排放交易风险控制管理办法(试行)》

《上海碳配额远期业务规则》

3. 深圳:

《深圳排放权交易所现货交易规则(暂行)》

《深圳排放权交易所核证自愿减排量(CCER)项目挂牌上市细则(暂行)》

《深圳排放权交易所有限公司会员管理规则(暂行)》

《深圳排放权交易所托管会员管理细则(暂行)》

《深圳排放权交易所经纪会员管理细则(暂行)》

《深圳排放权交易所风险控制管理细则(暂行)》

《深圳排放权交易所异常情况处理实施细则(暂行)》

《深圳排放权交易所违规违约处理实施细则(暂行)》

《深圳排放权交易所结算细则(暂行)》

4. 天津:

《天津排放权交易所碳排放权交易规则(试行)》

《天津排放权交易所碳排放权交易风险管理控制管理办法(试行)》

5. 湖北：

《湖北碳排放权交易中心碳排放权交易规则》

《湖北碳排放权交易中心碳排放权现货远期交易规则》

《湖北碳排放权交易中心碳排放权现货远期交易风险控制管理办法》

《湖北碳排放权交易中心碳排放权现货远期交易履约细则》

《湖北碳排放权交易中心碳排放权现货远期交易结算细则》

《湖北碳排放权交易中心配额托管业务实施细则(试行)》

《湖北碳排放权交易中心有限公司经纪类会员管理办法(试行)》

6. 广东：

《广州碳排放权交易中心碳排放配额交易规则》

《广州碳排放权交易中心国家核证自愿减排量交易规则》

《广州碳排放权交易中心会员管理暂行办法》

《广州碳排放权交易中心广东省碳排放配额回购交易业务指引》

《广州碳排放权交易中心广东省碳排放配额抵押登记操作规程(试行)》

《广州碳排放权交易中心碳排放权交易风险控制管理细则》

《广州碳排放权交易中心远期交易业务指引》

《广东省碳排放配额托管业务指引》

《广州碳排放权交易中心广东省碳普惠制核证减排量交易规则》

7. 重庆：

《重庆联合产权交易所碳排放交易细则(试行)》

《重庆联合产权交易所碳排放交易结算管理办法(试行)》

《重庆联合产权交易所碳排放交易风险管理办法(试行)》

《重庆联合产权交易所碳排放交易信息管理办法(试行)》

《重庆联合产权交易所碳排放交易违规违约处理办法(试行)》

主要参考文献

一、中文原著

1. 德国国际合作机构，国家发改委应对气候变化司：《碳交易培训教材》（第二版），2014 年 8 月。
2. 戴彦德、康艳兵、熊小平等：《碳交易制度研究》，中国发展出版社 2014 年版。
3. 熊焰：《低碳之路重新定义世界和我们的生活》，中国经济出版社 2010 年版。
4. 世界可持续发展工商理事会、世界资源研究所：《温室气体核算体系：企业核算与报告标准》，陈欢主审，谢飞、孙玉清校订，许明珠、宋然平主译，经济科学出版社 2012 年版。
5. 张五常：《经济解释》，中信出版社 2015 年版。
6. 郑爽：《国际碳市场发展及其对中国的影响》，中国经济出版社 2013 年版。
7. 郑爽等：《全国七省市碳交易试点调查与研究》，中国经济出版社 2014 年版。
8. 中国清洁发展机制基金管理中心：《清洁发展机制与中国清洁发展机制基金》，经济科学出版社 2012 年版。

二、期刊、学位论文

1. 戴凡、周勇：《加州碳排放权交易市场的法律基础》，载《科学与管理》2014 年。
2. 戴宗翰：《论〈联合国气候变化框架公约〉下相关法律文件的地位与效力——兼论对我国气候外交谈判的启示》，载《国际法研究》2017 年第 1 期。

3. 邓敏贞:《我国碳排放权质押融资法律制度研究》,载《政治与法律》2015 年第 6 期。
4. 杜晨妍、李秀敏:《论碳排放权的私法逻辑构造》,载《东北师大学报》(哲学社会科学版)2016 年第 1 期。
5. 董勤:《绿色技术应用与〈巴黎协定〉的有效实施》,载《法学》2016 年第 8 期。
6. 董岩:《美国和欧盟碳交易价格的法律规制及其借鉴》,载《管理现代化》2011 年第 4 期。
7. 杜立:《论排污权的权利属性》,载《法律适用》2015 年第 9 期。
8. 高风:《〈联合国气候变化框架公约〉二十年与中国低碳发展进程》,载 http://www.faobserver.com/NewsInfo.aspx?id = 9581,最后访问日期:2019 年 11 月 30 日。
9. 高利红、余耀军:《论排污权的法律性质》,载《郑州大学学报》(哲学社会科学版)2003 年第 3 期。
10. 韩昭庆:《〈京都议定书〉的背景及其相关问题分析》,载《复旦学报》(社会科学版)2002 年第 2 期。
11. 何鑫:《碳:商品、金融工具、还是货币?——欧盟建议将排放权现货纳入金融工具监管体系的思考》,载《环境经济》2012 年第 4 期。
12. 黄瑞:《某核证自愿减排量(CCER)购买权争议仲裁案例述评——仲裁员办案札记》,载《北京仲裁》2017 年第 3 期。
13. 黄瑞:《温室气体核证自愿减排量(CCER)交易特点及合同争议仲裁》,载《北京仲裁》2016 年第 3 期。
14. 吕江:《〈巴黎协定〉:新的制度安排、不确定性及中国选择》,载《国际观察》2016 年第 3 期。
15. 彭峰、闫立东:《中国地方碳排放交易制度比较——基于七个试点法律文本的考察》,载《中国环境法治》2014 年第 2 期。
16. 苏苗罕:《气候资源权利归属与探测开发的法律规制》,载《法治研究》2013 年第 12 期。
17. 田春秀、冯相昭、张曦:《建立大气污染物与温室气体减排统一监管体制》,载《中国环境报》2013 年 12 月 10 日。
18. 陶巧玲:《略论美国〈清洁能源与安全法案〉及其对排污权交易体系的影响》,载

《金融服务法评论》2011 年第 2 期。

19. 叶斌:《EU – ETS 三阶段配额分配机制演进机理》,载《开放导报》2013 年第 3 期。

20. 王东风:《碳排放权交易的理论与实践——以欧盟减排交易机制为例》,载《沈阳师范大学学报》(社会科学版)2011 年第 5 期第 35 卷。

21. 王明远:《论碳排放权的准物权和发展权属性》,载《中国法学》2010 年第 6 期。

22. 王社坤:《环境容量利用:法律属性与权利构造》,载《中国人口 · 资源与环境》2011 年第 3 期。

23. 王小龙:《排污权性质研究》,载《甘肃政法学院学报》2009 年第 3 期。

24. 吴大磊、赵细康、王丽娟:《美国区域碳市场的运行绩效——以区域温室气体减排行动(RGGI)为例》,载《生态经济》2017 年第 2 期。

25. 伍艳:《论联合国气候变化框架公约下的资金机制》,载《国际论坛》2011 年第 1 期。

26. 夏梓耀:《碳排放权担保融资法律问题研究》,载《金融法苑》2016 年第 1 期。

27. 徐海燕、李莉:《论碳排放权设质依据及立法建议》,载《北方法学》2014 年第 1 期。

28. 张琪:《全球第二大碳交易市场启动》,载《中国能源报》2015 年 1 月 19 日。

29. 张忠利:《韩国碳排放权交易法律及其对我国的启示》,载《东北亚论坛》2016 年第 5 期(总第 127 期)。

30. 张泽平:《航空碳排放及其交易的国际法规制——从“欧盟航空碳排放案”说起》,载《环球法律评论》2013 年第 1 期。

31. 郑爽:《七省市碳交易试点调研报告》,载《能源与环境》2014 年第 36 期。

三、英文资料

1. [英]罗纳德 · 哈里 · 科斯(R. H. Coase):《社会成本问题》,载《法律与经济学杂志》1960 年 10 月第 3 卷。

2. Sunstein, C. R. Montreal vs. kyoto: a tale of two protocols. Social Science Electronic Publishing,(2006)31(536).

四、网上资料

1. 参见 https://library. wmo. int/opac/doc_num. php? explnum_id = 3084,最后访问日

期:2017 年 9 月 25 日。

2. "Allocation of allowances from the New Entrants' Reserve 2013 - 2020",载欧盟委员会网站:https://ec. europa. eu/clima/news/articles/news_2016071501_en,最后访问日期:2017 年 6 月 30 日。

3. "The Court declares invalid the maximum annual amount of free allowances for greenhouse gas emissions determined by the Commission for the period of 2013 - 2020",载欧盟法院网站:https://curia. europa. eu/jcms/upload/docs/application/pdf/2016 - 04/cp160047en. pdf,最后访问日期:2017 年 6 月 30 日。

4. " Commission re - appoints European Energy Exchange AG (EEX) as common auction platform",载欧盟委员会网站:https://ec. europa. eu/clima/news/articles/news_2016071502_en,最后访问日期:2017 年 6 月 30 日。

5. Monitoring and Reporting Regulation (MRR), COMMISSION REGULATION (EU) No. 601/2012.

6. Accreditation and Verification Regulation (AVR), COMMISSION REGULATION (EU) No. 600/2012.

7. UNFCCC: http://unfccc. int/essential_background/convention/items/6036. php, accessed 30 June 2017; 外交部:《〈联合国气候变化框架公约〉进程》,载 http://www. fmprc. gov. cn/web/ziliao_674904/tytj_674911/t1201175. shtml, 最后访问日期:2017 年 6 月 30 日。

8. 载商务部网站:http://www. mofcom. gov. cn/aarticle/i/jyjl/m/201212/20121208490753. html,最后访问日期:2017 年 7 月 20 日。

9. See UN News Centre, COP21: UN Chief Hails New Climate Change Agreement as "Monumental Triumph", http://www. un. org/apps/news/story. asp? NewsID = 52802#. Vm0TzNKl - DE, accessed 20 June 2017.

10. European Commission, EU - ETS Handbook, https://ec. europa. eu/clima/sites/clima/files/docs/ets_handbook_en. pdf. Accessed 25 September 2017.

11. Climate Action, European Commission (2017), https://ec. europa. eu/clima/policies/ets/pre2013_en. Accessed 25 September 2017.

12.《欧盟碳交易市场发展情况及对我国的启示》,载 http://www. chinapower. com.

cn/tjy/20160524/27694. html,最后访问日期:2017 年 8 月 20 日。

13. European Commission, "The EU Emissions Trading System(EU ETS)", https://ec. europa. eu/clima/sites/clima/files/factsheet_ets_en. pdf. Accessed 25 September 2017.

14.《美国加州碳排放交易体系:双重拍卖为拍卖收益指定用途》,载 http://www. tanpaifang. com/tanguwen/2015/0709/45714. html,最后访问日期: 2015 年 7 月 9 日。

15. RGGI(2017),RGGI Fact Sheet,载 https://www. rggi. org/docs/Documents/RGGI_Fact_Sheet. pdf. 最后访问日期:2017 年 9 月 10 日。

16. Act on the Allocation and Trading of Greenhouse - gas Emission Permits, 载 https://elaw. klri. re. kr/eng_service/lawView. do? hseq = 45670&lang = ENG, 最后访问日期:2018 年 11 月 26 日。

17.《国务院关于印发"十三五"控制温室气体排放工作方案的通知》,载 http://www. gov. cn/zhengce/content/2016 - 11/04/content_5128619. htm,最后访问日期:2017 年 9 月 11 日。

18. 中国裁判文书网网站:http://wenshu. court. gov. cn/。

19. 北京仲裁委员会网站:http:www. bjac. org. cn/。

图书在版编目(CIP)数据

碳排放权交易规则及合同争议解决 / 黄瑞等著. --
北京 : 法律出版社, 2020
ISBN 978 - 7 - 5197 - 4487 - 8

Ⅰ. ①碳… Ⅱ. ①黄… Ⅲ. ①二氧化碳-排污交易-环境保护法-研究②二氧化碳-排污交易-合同法-研究
Ⅳ. ①D912.604②D913.604

中国版本图书馆 CIP 数据核字(2020)第 075736 号

碳排放权交易规则及合同争议解决
TANPAIFANGQUAN JIAOYI GUIZE
JI HETONG ZHENGYI JIEJUE

黄 瑞 高 原 马 赛
刘文鹏 周 丞 丁建勇 著

策划编辑 赵明霞
责任编辑 赵明霞
装帧设计 汪奇峰

出版 法律出版社
总发行 中国法律图书有限公司
经销 新华书店
印刷 固安华明印业有限公司
责任校对 李景美
责任印制 胡晓雅

编辑统筹 法商出版分社
开本 710 毫米×1000 毫米 1/16
印张 14.75
字数 191 千
版本 2020 年 7 月第 1 版
印次 2020 年 7 月第 1 次印刷

法律出版社/北京市丰台区莲花池西里 7 号(100073)
网址/www.lawpress.com.cn
投稿邮箱/info@lawpress.com.cn
举报维权邮箱/jbwq@lawpress.com.cn
销售热线/400-660-8393
咨询电话/010-63939796

中国法律图书有限公司/北京市丰台区莲花池西里 7 号(100073)
全国各地中法图分、子公司销售电话:
统一销售客服/400-660-8393/6393
第一法律书店/010-83938432/8433 西安分公司/029-85330678 重庆分公司/023-67453036
上海分公司/021-62071639/1636 深圳分公司/0755-83072995

书号:ISBN 978-7-5197-4487-8 **定价**:68.00 元
(如有缺页或倒装,中国法律图书有限公司负责退换)